Knaur

Von Anne West ist außerdem erschienen:

Gute Mädchen tun's im Bett – böse überall
Sag Luder zu mir

Über die Autorin:

Anne West, geboren 1971 in Köln, lebt als freie Autorin in Hamburg. Nach ihrem Debüt als jüngste Redakteurin (19) bei Penthouse arbeitete die »Freizeit-Sexual-Anthropologin« als freie Journalistin u. a. für die Zeitschriftenverlage Axel Springer, Bauer und Burda.

Anne West

Warum Männer so schnell kommen und Frauen nur so tun als ob

Eine Gebrauchsanweisung für das andere Geschlecht

Knaur

Besuchen Sie uns im Internet:
www.droemer-knaur.de

Originalausgabe 2003

Umschlaggestaltung: ZERO Werbeagentur, München
Umschlagabbildung: Mauritius, Mittenwald/Photonica, Hamburg
Satz: Ventura Publisher im Verlag
Druck und Bindung: Nørhaven Paperback A/S
Printed in Denmark
ISBN 3-426-62468-0

10 9 8 7 6

Für Kara und Malcolm

Inhalt

Wenn es ums Denken geht,
sind Unterschiede zwischen den Männerköpfen
und Frauenköpfen ziemlich winzig;
in der Liebe dagegen unendlich groß.

Intro Frauen wollen Liebe, Männer wollen Sex

Sie: »Der Weg ist das Ziel!«
Er: »Das Ziel ist das Ziel.«

Am besten sagen wir gleich, wie es ist: Frauen und Männer gehen unter völlig verschiedenen Voraussetzungen und Erwartungen miteinander ins Bett. Männer wollen Sex, Frauen wollen Liebe. Und denken doch, sie würden unisono im Takt der Leidenschaft ticken.

Aber, let's face it: Wenn er kommt, ist der Spaß meist vorbei. Rammbadamm, thank you, Ma'am, Samen losgeworden, Feind erledigt, und ein wenig Schlummern wäre jetzt nicht schlecht. War's für dich auch so gut, Schatz? Das »Danke, nein« hört er schon nicht mehr, weil seine leisen Schnarcher ihn sanft ins Traumland der Großen Liebhaber spülen.

Sein Ziel ist das Ziel.

Die Lady liegt dann da und denkt sich: Hm. Fing ja ganz gut an. Sexy, aufregend – aber leider war Schluss, als ich grad auf Touren gekommen bin. Hat der Typ eigentlich schon mal was von einer Klitoris gehört? Wieso grunzte er »Komm, wenn du kannst« – und kam dann kurze Zeit später selbst, als erster? Wieso ist seine Lust jetzt verflogen, hat er auf einmal auch keine Hände mehr? Könnte mich wenigstens mal in den Arm nehmen, bin ja schließlich keine Matratze mit Loch. Na ja. Vielleicht beim nächsten Mal. Liegt's an mir? Es hätte noch ewig so weitergehen können …

Ihr Ziel ist der Weg.

Am nächsten Tag besprechen sich beide mit ihren Freunden. Er: »Boah. War gut, doch. Gehen wir ein Bier trinken. Meinst du, meine

Haare auf den Schultern stören sie?« Sie: »Also, küssen kann er, aber ihm wachsen Haare auf dem Rücken. Er hat dies, er hat das, und dann haben wir ... *(halbe Stunde später)* Ach ja, schlecht war's nicht.«

Was soll uns dieses Gleichnis sagen, werte Eleven der Liebe?!

These 1: Wir reden gern über Sex, Liebe, etc.; wobei Frauen mehr darüber reden als Männer, vor allem, wenn es sie selbst angeht.

These 2: Wir stellen uns, geschlechtsunabhängig, mit Wonne immer wieder dieselben banalen Fragen, die mit Weisheit soviel zu tun haben wie ein Frosch mit Fallschirmspringen.

These 3: Viele Leute meinen, sie wüssten ungemein viel über diese Angelegenheiten, verbreiten aber heftigsten Dünnsinn. Faseln Dinge wie: Männer wollen nur das eine, Frauen wollen geheiratet werden, oder: Wer einen weißen Minirock trägt, tut's auch für nen Schluck Cola. Andere glauben diesen Müll so lange, bis die Dame mit dem Mini ihnen eine schallert, sie die selbstauferlegten Denkverbote abschütteln und wieder bei null beginnen.

These 4: Dieses Buch hilft bei 1, 2 und vor allem 3.

Bevor Sie jetzt ungläubig den Kopf schütteln und dieses Handbuch der horizontalen Verständigung im nächstbesten Entsorgungsgefäß deponieren, sei noch hinzugefügt: Herzlichen Glückwunsch, wenn es bei Ihnen nicht so abläuft wie bei dem Paar Max und Eva von Allerwelt – er kommt, sie bleibt auf der Strecke, beide sind sprachlos. Alle anderen sind vielleicht nicht ganz so verkopft und bereit, das Darum! kennenzulernen.

Zum Beispiel weil sie sich fragen, wie eine Sache gleichzeitig so schön und doch so problembeladen sein kann: Sex. Sex im allgemeinen – und erst recht im speziellen, wenn das Geschenkpapier dazu kommt, wie Flirten, Liebe, Erotik, Leidenschaft, Langeweile, Zorn, Unsicherheit, Fürsorge, Sehnsucht, Risiko ...

Es ist ein Glücksfall der Evolution, dass »Sex etc.« trotz seiner biologischen Eigenschaft als Werkzeug der Fortpflanzung eine prikkelnde Angelegenheit ist. Allerdings ein Glücksfall mit tragischen Folgen, denn es wurden schon Kriege wegen einer »smart pussy«, einem Kuss, einem knackigen Hintern, wegen spröder Sabinerinnen oder aus Eifersucht geführt, Menschen machten sich unglücklich, weil jemand bei ihnen verborgene Saiten zum Klingen gebracht hatte oder es wagte, sich in die Genitalien anderer zu verirren; auf jedem verdammten Zeitschriftencover prangt nacktes Fleisch, der verborgene Subtext dazu lautet »Sexsexsex, du kannst ihn haben, immer, überall und den besten der Welt sowieso«. Auch dem letzten müsste also klar sein: Sex hält die Welt in Bewegung. Erst recht, wenn wir ihn nicht haben.

Um so tragischer, dass Frau und Mann zwar an gewissen Stellen außerordentlich kompatibel sind, um den Glücksgriff der Evolution genießen zu können (ohne sich dabei seinem eigentlichen Zweck, der Fortpflanzung, zu unterwerfen) – aber dummerweise eben nicht so perfekt harmonieren, dass ein Rundum-sorglos-Paket der Erotik daraus erblüht. Ihr Datenaustausch ähnelt vielmehr der Stillen Post: Am Anfang sagt irgendeiner die Wahrheit, aber durchs generative und schamhafte Weiterflüstern kommt zum Schluss was ganz anderes dabei raus. Am Anfang steht zum Beispiel diese Wahrheit: Frauen mögen dicke Schwänze. Flüsterkicherflüster. Und hinten kommt raus: Auf die Größe kommt's nicht an. Ha. Quatschkram, das sagen wir nur, damit Männer sich nicht gleich in die Hosen machen, weil sie fürchten, ihr Pipimann wäre ein Cocktailgürkchen. Ist schon okay, wir kommen mit dem zurecht, was da ist.

»Nur auf die Technik kommt's an« hat übrigens ein Kerl hinter die Größe-ist-relativ-Theorie gesetzt, damit es glaubwürdiger klingt, obgleich, mal praxisnah gesehen: WasfürneTechnikbitteschön? Das Rein- und Rauszwurbeln in einer Handvoll Varianten als »Technik« zu bezeichnen ist doch eher gewagt. Trotzdem birgt auch dieser Satz eine Wahrheit, die durch die verstohlene Weitergabe nur noch wischiwaschi rüberkommt. Nämlich: Wenn's der Schwanz nicht bringt, sollte sein Besitzer den Satz »Vorsprung durch Technik« auf andere Bereiche ausweiten, ich denke da an Finger, Hände, Zunge,

Mund, Küssen, Körper, Hirn, Gehalt, Herkunft … Ja. Und was er damit anstellt, wenn der Kleine klein bleibt.

Zurück zum Sorglospaket und der – außer etwa in Höhe der Körpermitte – unmöglichen Kompatibilität der Geschlechter. Und wo wir grad bei der Größe sind, ich sag nur: Zwei Zentimeter. Etwa diese Distanz herrscht von Miss K. (Klitoris) zu Miss P. (Pussy), wo sich bei der Liebe die meiste Action abspielt – ein bisschen näher beisammen wäre schon netter, was das Will-auch-mal-als-erste-Kommen! angeht. Ungerechte Konstruktion. Aber es liegt nicht nur an den zwei Zentimetern – die mit ein bisschen Geschick oder wenigstens mit der Hand zu überbrücken wären –, dass Männer und Frauen so schlecht zueinander passen, es liegt vor allem daran, dass sie einander schon von der inneren Gefühlsstruktur her niemals ähneln werden. Ein Mann wird kaum je wissen, wie sich eine Frau fühlt, warum sie verletzt ist, und eine Frau wird sich selten so ganz in einen Mann hineinversetzen können. Ein Rest Je-ne-sais-pas-quoi wird immer bleiben.

Blind, aber eifrig tapsen wir trotzdem im Bett oder sonstwo umeinander herum und versuchen, das Beste daraus zu machen. Ständiger trial & error ist jedoch nicht jedermanns/frau Sache, Routine liegt uns da schon eher im Gemüt, und so verharren wir im Status quo und stellen uns leicht larmoyant die immer selben Fragen: Warum ruft er nicht an? Was hat sie, was ich nicht habe? Warum will er mich nicht mehr? Wieso nicht gleich so? – Gewisse Fragen des Zwischeneinanders je zu lösen, scheint aussichtslos zu sein.

Früher dachte ich, es liegt an mir, dass sich die Gespräche drei Sekunden, nachdem ich mich in eine Runde einklinkte, ruckzuck immer um das eine drehten. Irgendwann merkte ich, dass es auch ganz gut ohne mich klappt. Unabhängig von Ort, Zeit und Alkoholpegel: Bis zum Erbrechen wird am liebsten über »the opposite sex« geredet. Hey, guck mal, wie der rüberguckt. Hast du die gesehen, irre, wie die sich bewegt. Ob Dings schon mal Analverkehr hatte? Ob Sowieso wohl auch nur auf Affären steht?

Und so kommt es, dass wir mit der Freundin am Küchentisch

sitzen, mit dem Kumpel an der Bar abtropfen, uns mit der Clique am Strand Sand durchs Haar wehen lassen und uns fragen: Was will das andere Geschlecht (oder auch dasselbe; es soll schon vorgekommen sein, dass selbst Frauen Frauen nicht verstehen)? Wieso ruft er nicht an? Warum stehen ältere Kerle auf junge Frauen? Wieso schaut er Pornos, obwohl wir ein Paar sind? Warum ist sie bloß so schwierig im Bett, warum nimmt sie ihn nicht in den Mund, wie kann ich ihr zeigen, dass sie schön ist, damit sie endlich mal das Licht anlässt? Und gibt es keine anderen Sorgen? Klar gibt's die, jede Menge sogar – aber dafür, dass Sex & Co angeblich nur eine Nebensache sind, dreht sich ein Haufen Gehirnmasse nur darum. Mal ehrlich: Ist ja auch zu amüsant, sich den Kopf darüber zu zerbrechen. Bis man irgendwann verzweifelt, weil die Antworten fehlen.

Das Gute daran: Sie sind nicht allein. Die wenigsten durchschauen das andere Geschlecht. Und einige von denen, die so tun oder so wirken, als täten sie es, sind Blender.

Mit Wonne werden die Großen Fragen von Sex, Liebe, Erotik, Romantik und dem ganzen Rest interpoliert. Eine Endlosschleife von Vermutungen, Erfahrungen, Fragen und Widersprüchen knüpft sich daran, genährt von der Tatsache, dass wir alle einander nicht ins Herz und Hirn schauen können. Auf der Suche nach Antworten bohren wir im anderen herum und kapieren ihn doch nicht. Mütter werden alarmiert, Freunde zu Rate gezogen, Barkeeper belästigt, Gruppentherapien gestürmt, Ratgeber gewälzt oder, ganz schick, Homosexuelle als Vertraute missbraucht …

Aufgeklärt und abgeklärt, wie wir alle sind, bringt uns das Leben zwar eine Menge Antworten vorbei (wäre ja noch schöner, wenn mir mit 40 noch so durchgeknallt wären wie mit 15) – aber es wirft mit zunehmenden Alter auch immer komplexere Fragen auf. »Mit dem Alter« wird zwar vieles erträglicher, die großen Probleme werden etwas übersichtlicher, jeder Mensch entwickelt sich schließlich. Nichts und niemand bleibt immer gleich, nur die verdammten Scheißfragen hören nicht auf. Und die betreffen meist die Träger der anderen Chromosomen. Und den Sinn des Lebens natürlich, aber da es darauf nur eine Antwort gibt – zu leben –, gibt es eben jetzt die vor Ihnen liegende »Gebrauchsanweisung für das andere Geschlecht«. Irgendwann sollte jeder mal eine für sich ganz allein schreiben, ernsthaft.

Selbst Vollzeit-Charmeure mit Rentenanspruch fragen sich »Was will das Weib?«, und machen wahlweise einen Literaturklassiker daraus oder dengeln einfach weiter durchs Leben und zucken mit den Schultern, ohne sich darum zu scheren, warum Männer und Frauen so unterschiedlich sind in ihrem Fühlen und Handeln. Dass Sie diese Zeilen lesen, lässt darauf schließen, dass Sie entweder neugierig oder mutig sind. Unausgesprochenes satt haben. Sich nicht scheuen, die philosophische Metaebene des Beziehungsgequassels zu verlassen, um zu erfahren, warum zum Kuckuck gerade in Sachen Erotik etc. Männer und Frauen immer noch so deppert voreinander stehen wie Adam und Eva. Was für ein Zirkus!

Glauben Sie bloß nicht, mir ginge es anders. Um dieses Buch zu schreiben, habe ich Unmengen von diskreten Beichten, offenen Bekundungen und schamlosen Übertreibungen angehört und ausgewertet; Allerweltsstudien dem Praxistest unterzogen; notfalls Psychologen und andere, die's wissen müssten, ausgequetscht; den eigenen Verstand benutzt. Selbst die Launenhaftigkeit eigener und fremder Meinungen habe ich einkalkuliert. Und, ja klar, gaaanz viel relativiert. Denn schon allein um diesen oberschlauen Typen zuvorzukommen, die sich alles höflich anhören, um dann mit dem Dämlich-Argument zu kommen: »Das gilt aber auch nicht für jeden«, sollte man Verallgemeinerungen ja nun ausschließen. Meist sind solche Leute zwar selbst Gestalt gewordene Klischees, aber da müssen sie wohl alleine durch. »Gilt nicht für jeden.« Tss. Ach ja. Es gibt aber noch was Neueres: Vieles gilt für viele. Weil wir uns alle für so schrecklich individuell halten und auch nicht jedem die Monaden-Theorie Leibniz' geläufig ist (die Sache mit der großen Einheit und der Dualität der Empfindungen), fühlen wir uns so unbehaglich, wenn einer daherkommt und meint, er habe eine Methode für alle gefunden. Für alle sechs Milliarden Menschen dieselbe Idee. Wir sind alle gleich, eins und eins ist zwei, das Wasser ist nass. Raten Sie, welche der drei Aussagen nicht stimmt.

Auf der anderen Seite wäre unseren kleinen unsicheren Seelchen nichts lieber, als nach Methode Sicher leben zu können. Ein wenig mehr Sicherheit im Umgang mit den anderen, und bitte dafür weniger Ungewissheit. Aufregung gern, aber mit Netz, Leidenschaft mit Schwimmflügeln, Abenteuer mit Happy-End-Garantie.

Nicht, dass wir auf unsere geliebten Küchengespräche verzichten möchten – aber ein paar Sachen wirklich zu wissen, wäre ja nicht schlecht. Wo, zum Beispiel, beginnt Intimität zwischen zwei Menschen? Mit dem ersten eingestandenen Pups oder wenn der andere als Begünstigter in die Lebensversicherung eingetragen wird? Kann man nur mit einem bestimmten Menschen glücklich werden oder lieben wir mehrfach? Reicht ein schlüpfriger Witz schon aus, um ihn zu schockieren? Kann aus einem One-Night-Stand eine Beziehung werden? Haben einem Bücher was zu sagen oder ist nur Mutti die Beste?

Betrachten Sie dieses Buch als Gesprächspartner, der Ihnen ein paar neue Drehs verpasst. Kompetent, nicht alkoholisiert und (anders als die Thekenfredis und männerbeleidigten Freundinnen) ohne jedes Interesse daran, Sie zu beeindrucken, zu manipulieren, zu verunsichern oder Ihnen besserwisserisch zu kommen – sondern nur mit der Absicht, zu informieren. Was Sie draus machen, wenn Sie erst mal erfahren haben, warum Frauen Orgasmen vortäuschen und Männer Wenker-Partys veranstalten, ist im Prinzip Ihr Kram. Die paar Tips und »BesserL(i)eben – jetzt!«-Vorlagen können zwar ganz hilfreich sein. Aber ob Sie die helfende Hand ergreifen oder doch lieber zubeißen – Ihre Sache. Ob Sie sich vor Fehlleistungen bewahren wollen oder eine Beziehung runder gestalten, in Partydiskussionen auftrumpfen oder aus den Antworten dieses Buches einen neuen Weg für sich finden möchten, liegt ganz bei Ihnen.

Ach, noch eins: Mehr als sieben Achtel der hier genannten Erfahrungswerte sind »von der Front«. Ich habe mit einer zweistelligen Zahl von Männern geschlafen, die näher an 100 als an 20 dran ist;

habe mit fünfmal so vielen Männern geflirtet und mit zehnmal so vielen Frauen über Männer gesprochen. Und mit halb so vielen Männern über Frauen. Männer wie Frauen jeglichen Alters und jeglicher Herkunft übrigens, und die europäischen Nationen sind zumindest mit je einem Repräsentanten vertreten. Alle wissen, dass sie irgendwann in einem meiner Bücher vorkommen, keiner wird ohne sein Wissen beklaut. Bis auf jene vielleicht, die so laut über ihr Elend jammerten, dass nicht nur ich, sondern die halbe Kneipe es mitbekommen hat. Und doch ist alles life und aus dem Leben und keine Sitcom. Ganz abgesehen davon war ich in der glücklichen Position (nicht Stellung, da kann nur on top uns Frauen weiterbringen), Menschen in ihren ehrlichen Momenten zu erwischen. Das bedeutet, sie haben mir ihre Seelen geöffnet und kleine Einblicke gestattet. Keine Marktforschung kann das, keine Studie, kein EKG, keine Umfrage – wo es medizinisch und faktisch zugeht, lügt der eine oder andere lieber ein wenig und beschönigt sein Leben. In Sachen Liebe usw. ist das sogar häufiger der Fall als beim Einkommen.

Menschen sind ein Konglomerat von Für und Wider, denn was vollkommen sein will, muss sich oft wandeln. Und wenn es einige sachdienliche Hinweise zu dem alten Spiel gibt – dann haben Sie sie jetzt in der Hand.

Eins Frauen und Männer werden niemals gleich sein. Gut so.

Sie: »Liebst du mich?«
Er: »Jetzt gleich?«

Gleichmacher sind Illusionisten

Wir hatten es ja schon immer geahnt – Männer sind anders als Frauen sind anders als Männer. No news today. Komisch ist nur, dass sie bisweilen trotzdem dazu neigen, so zu tun, als seien sie gleich. Es wäre alles nur halb so schlimm, wenn wir nicht alles gleichmachen würden. Doch dazu später.

Wenn auch Sie an den höchst informativen Büchern vom Ehepaar Pease oder dem Mars/Venus-Ding von John Gray nicht vorbeigelesen haben, wissen Sie ja bestens Bescheid über die »Unterschiede« mit dem höchsten Streitpotential; für alle anderen sei kurz zusammengefasst: Es sei normal, dass Frauen keine Straßenkarten lesen können, aber dafür Multitasking beherrschen, das heißt gleichzeitig kochen, Radio hören, telefonieren und mit ein wenig Anstrengung sogar ihren Kerl zurechtweisen können, indem sie ihm einen bösen Blick zuwerfen. Ein Mann könne nur eine Sache auf einmal machen – zum Beispiel Lesen, aber dabei nicht zuhören, oder Sex machen, aber dabei nicht reden; dafür könne er einen Laster mit Anhänger hochkant einparken und sei mehr der visuelle Typ, der auf optische Reize fliegt – was den Verkauf von Ausklappmagazinen mit Fleischbeschau vorwiegend an Männer erklärt. Und seine Schielerei auf fremder Frauen Hintern.

Die unterschiedliche Struktur des Gehirns, die absolut verschiedenen Hormone sowie das Selbstverständnis in der Gesellschaft tragen dazu bei, dass Frauen und Männer schon von Natur aus nicht gleich ticken können. Um es mit Berlins Erstem Mann (Stand: 2003) zu sagen: Und das ist auch gut so. Stellen Sie sich mal als Frau vor, mit so einem Schwanz unterm engen Kleid, wie sieht das denn aus. Oder Sie, als Mann, Sie würden pausenlos an Ihren Brüsten spielen, wie albern.

Gut, ernsthaft.

Männer werden heute oft als eine Art missglückte Frau bezeichnet, weil vieles, was Frauen ausmacht, in unserer Gesellschaft idealisiert wird. Schlecht ist das nicht, aber es hilft uns nicht sehr weiter. Eigentlich möchten wir ja miteinander umgehen, anstatt zu werten. Oder sogar zu entwerten.

Trotzdem meinen viele Frauen, es ginge ihnen subjektiv besser, wenn sie wie ein Mann behandelt würden. Klar, was den Job angeht – ich jubele auch nicht, dass ich bis zu einem Drittel weniger Kohle bekomme als die werten Kollegen, die denselben Job tun, dass also meine Körperlichkeit über die materielle Versorgung entscheidet; und manchmal kriege ich den Brechreiz, weil der Kfz-Meister jedesmal meinen Kerl anschaut, wenn er über MEIN Auto redet, und mich ignoriert, als ob ich keine Ahnung hätte, was ein Bremsklotz ist. Aber gut, ich bezahl ihn ja auch nur.

Was also die Lohntüte, den Respekt der Handwerker oder die Chancengleichheit angeht, sollte sich noch einiges tun, das Sein dem Bewusstsein angeglichen werden – im besten Emanzipationssinne, aber minus die Verbissenheit und den Krampf, auf Kerl zu machen. Nee, lieber nicht, dafür ist Frausein wirklich zu schön.

Aber immer noch schielen Frauen auf die vermeintlichen Vorteile, ein Mann zu sein. Merken Sie eigentlich als Frau, dass Sie von den meisten Männern wie ein Kerl behandelt werden? Nicht zuletzt deshalb verstehen Sie manchen Mann nicht. Weil er in einer Männersprache spricht, Männersachen denkt und keinen Schimmer davon hat, was Ihre bunte Welt ist. Weil er denkt, Sie wären kirre, wenn

Sie ihm zuhören, wie Sie einer Frau zuhören würden, mit den ganzen Ohs und Ahs und Nein, ach wirklich? Wieso sonst reagiert er erstaunt, wenn Sie sich beschweren, dass er nach dem ersten Mal nicht gleich angerufen hat? Wieso sonst glaubt ein Mann, dass es stimmt, wenn wir auf seine Frage »Hast du was?« mit »Nichts« antworten, obwohl »Nichts« eigentlich bedeutet: »DubistschuldduSackundwenndusnichtbisttuwenigstenswasdagegen!« Wieso sonst vergisst er zwei Sachen, wenn man ihm drei aufträgt? Warum sonst drückt er ihr die Straßenkarte in die Hand, obwohl sie doch wenig damit anfangen kann? Warum sonst meint er, ein Spaziergang von der Bar zu ihm gelte als Vorspiel? Warum sonst meinen Kerle, Frauen ständen auf reiche Typen? – Warum? Weil sie von sich ausgehen, weil es bei ihnen so ist, weil sie es tun.

Umgekehrt ist es genauso: Frauen behandeln Männer oft wie Frauen, manchmal auch wie Hunde, was ja in den Staaten populär sein soll, *schüttel!!*, es sei denn, sie flirten mit ihnen. Oder warum sonst erzählen Frauen ihrem Kerl erst ihre Sorgen und beschweren sich dann, dass er sie nicht in den Arm nimmt, sondern gleich mit rationalen, also »eiskalten« Lösungen kommt? Warum sonst verstehen Frauen nicht, dass er sie nicht täglich seiner Liebe versichert, wenn sie es doch tun? Warum sonst schleifen Frauen ihre Männer zum Shoppen, obwohl sie auf männliche Kommentare wie eine Furie reagieren? Warum sonst streicheln Frauen Männer von Kopf bis Fuß ausgiebig, obwohl ihn das kitzelt und seine erogene Zone nur an zwei Stellen steckt – Kopf und Gemächt? Warum sonst sind Frauen auf jene Frauen eifersüchtig, deren Körperbau dem eigenen Wunschbild entspricht, und unterstellen ihrem Kerl, er fände sie auch attraktiver? – Warum? Weil sie von sich ausgehen, weil es bei ihnen so ist, weil sie es tun.

Weil wir beide uns schwertun, einzusehen, dass wir nicht immer von uns selbst ausgehen können. Und es doch immer wieder tun. Wieso ist er nicht wie ich? Wieso versteht sie mich nicht? Was macht er da, und warum ist sie so? Das Ganze nennt sich Verhaltensreaktion: Sie reagieren unmittelbar auf die Taten des Partners, anstatt sich auf die gefühlsmäßige Motivation dahinter einzulassen. Das würde nämlich ein hohes Maß an abstraktem Denken voraussetzen und eine hochentwickelte emotionale Intelligenz. Eher selten in unserer Gesellschaft, wo Emotionen so lästig sind wie ein Herpes.

Statt uns also die Mühe zu machen, uns in den anderen hineinzuversetzen, gehen wir davon aus, dass ein Mann denkt und fühlt wie eine Frau oder dass sie zumindest ansatzweise sein Denken und Fühlen nachvollziehen kann (und andersherum natürlich genauso), obwohl das objektiv ziemlich unmöglich ist. Ein Hamster könnte sich nicht blöder fühlen in seinem Laufrad, in dem er sich abkämpft und doch nirgends ankommt. Und trotzdem liebt er es. Wir ja irgendwie auch, wir Hamster auf zwei Beinen, auch wir rennen lieber auf der Stelle, statt zu realisieren, dass wir nur in einem Käfig stecken. Meinethalben auch in einer Matrix, die uns vorgaukelt, auf einem Planeten zu leben, auf dem alle Menschen gleich sind und sich doch wirklich mal annähern könnten.

Hören wir also auf so zu tun, als ob der andere so sein müsste wie wir selbst; hören wir auf damit, andere Menschen verändern zu wollen, bis sie einem selbst ähneln; hören wir auf, uns über Unterschiede zu beschweren – sondern greifen wir uns die Biester und nehmen sie auseinander.

Denken Sie auch gerade an den Spruch »Gegensätze ziehen sich an«? Ich sag Ihnen was: Das gilt nur für die Tatsache, dass einer den Dings und die andere das passende Gegenstück hat. Ansonsten suchen wir nämlich immer nach Gemeinsamkeiten und sind ganz erleichtert, wenn wir sie finden. Denn dann besteht die Chance, dass der andere nicht nur dasselbe tut oder meint wie man selbst, sondern mit ein bisschen Glück auch unserem Selbst ähnlich ist. Dann gibt es weniger Schwierigkeiten, weil wir von Natur aus bequeme Zeitgenossen sind und schnell begreifen und uns zurücklehnen wollen.

Keinen Sinn macht es, natürliche Unterschiede zwischen Mann und Frau zu hassen. Selbst ansonsten eher intelligent und feinfühlig wirkende Menschen haben schon trotzig das andere Geschlecht abgelehnt, es schlecht gemacht, wo es geht, und alle in einen Topf geschmissen, ohne auch nur mal umzurühren. Und das nur deshalb, weil die Gleichmacherei nicht funktioniert. Weil es eben nicht bloß der eine kleine Unterschied ist, sondern vielevieleviele. Nur wer damit überfordert ist, dass niemand so ist wie er selbst, greift zu Verallgemeinerungen oder Ablehnung – also sollten Sie dem nächsten, der Ihnen erzählen will, wie schlecht die Weiber und wie doof alle Kerle sind, zuprosten und sagen: »Meine Güte, bist du ein Egoman.« Gilt auch für weibliche Männerhasser.

Denn letztlich ist es so: Trotz aller Unterschiede verstehen wir uns. Die Konflikte entstehen nicht aufgrund der Unterschiede, sondern wegen der Sucht nach Gleichmacherei.

Das Vermächtnis der Ur-Gene

Alle reden immer vom Alphabullen. Dabei ist es eigentlich immer ein weibliches Wesen, das ein Rudel und sein Fortkommen aufrechterhält (nicht nur bei Rentieren, aber da auch). Das Weib sucht sich den stärksten Kerl aus, weil der am ehesten fähig ist, ihren Nachwuchs zu beschützen. Nicht er hat die Wahl – sie wählt, sie gestattet ihm, sie zu besamen. Er kann sie verletzen, hintergehen, kränken oder die Socken im Bett anlassen – solange er den Nachwuchs behütet oder dafür sorgt, dass sie in Ruhe und Sicherheit diese Aufgabe erfüllen kann, wird er der Erwählte bleiben.

Eine gewagte Theorie, viel zu sehr vereinfacht? Sicher, ich hätte sie auch hinter wissenschaftlichem Geschwafel verstecken können, trotzdem wäre sie deshalb nicht wahrer. Mein Freund Bernhard sagt immer, zu viele Leute verstecken ihre Ansichten hinter germanistischem Blabla, würden also, während sie etwas sagen, sich dafür entschuldigen, dass sie es überhaupt ansprechen. Ich tu es nicht. Nicht mehr.

Frauen wählen und Männer jagen und sammeln – allerdings Zeug für die Frau. Das Bild vom einsamen Wolf, dem Chef der ganzen Bande, ist eben nur eins: ein Bild. Denn kuscheln kommt er dann doch.

Deswegen haben heutzutage auch kleinwüchsige Kerle mit Glatze und kleinem Schwanz, aber dickem Benz, Hirn und Bankkonto die Chance, eine Frau vom Markt zu schnappen. Eine Frau kann sich ohne weiteres entscheiden, den Schönling mit den zehntausend Talenten und großem Dingens links liegen zu lassen und statt dessen den Zweifler mit nur fünf Begabungen zu wählen, der ihren kritischen Augen aber standhält, weil er für sie sorgen wird, weil er der Aufopferung fähig sind. Weil er die Demut und den Willen und die Kraft hat, sich zu quälen, damit er diese Frau bei sich hält. Wenn Sie *Irma la Douce* kennen, wissen Sie, was ich meine: Er rackert sich ab, schafft seiner Geliebten sogar eine Illusion in Form des Lords, der er selbst ist und doch nicht ist, damit sie alles hat, Sicherheit, Leidenschaft und das Selbstbild, in dem sie sich gefällt. Ja, so sehr können Männer leiden, wenn sie wollen und wenn eine Frau ihr Begehren erweckt hat.

Jahrhundertelang haben Männer ihre Liebe dadurch bewiesen, dass sie arbeiten gegangen sind. »Ich sorge für dich, für unsere Familie« war die Sprache der Zuneigung. Heute sieht das ganz anders aus, da reicht es nicht mehr, das Geld nach Hause zu bringen. Frauen verdienen ihr eigenes Geld, und das mit großer Lust und Selbstbewusstsein. Also müssen Liebesbeweise her, von deren Existenz die Männer noch vor ein paar Jahrzehnten keine Ahnung hatten! »Ich arbeite mich doch für euch ab, damit es euch gutgeht ...«, sorry, das zieht nicht mehr. Und dann stehen die Herren der Erschöpfung auch noch vor der misslichen Lage, dass wir Frauen dank Antibabypille auch noch ganz präzise entscheiden können, wer der Vater unserer ungeborenen Kinder sein wird. Reich sein ist dann eine Sache, praktisch, aber nicht ausschlaggebend; denn jetzt wird zusätzlich nach einem Prinzen mit Herz & Hirn gefahndet. Mit Charme und Anstand, mit Biss und Gefühl, und er wird einer sehr, sehr langen Checkliste unterzogen. Männer müssen zusehen, wo sie ihren Genpool loswerden. Allein mit Beschützerinstinkt, den die meisten immer noch intus haben, kommen sie heutzutage nicht mehr weit.

Diese Wahlmöglichkeit der Frauen und die Regeln der Balzrituale werden ein wenig übertüncht durch den heutigen Lebenswandel. Es mag so aussehen, als ob Männer sich Frauen nehmen, in Wahrheit ist es eher so, dass Frauen immer noch entscheiden, von wem sie sich schwängern lassen. Die Wahl wird getroffen. Es ist die Alphakuh, die wählt.

Och, nöööö! rufen jetzt passionierte Feministinnen und Intellektuelle, hier geht's doch nicht zu wie auf unserer kleinen Farm! Natürlich nicht. Es gibt Millionen Facetten dazwischen, und auf zwei Beinen können wir auch stehen. Aber eines muss jedem klar sein: Auch wenn wir uns in schicke Kostümchen schmeißen, in Pumps zwängen, im Internet so selbstverständlich surfen wie auf der Welle des Erfolgs, auf den Mond fliegen und Atome spalten, in jedem von uns steckt ein Urschleim an alten Genen, Verhaltensmustern, von Generation zu Generation weitergegebenen Regeln und Lebensversuchen. Und sehr viel später erst kam der Verstand dazu. Und die Methodik. Die Taktik. Plötzlich hatte da einer die Idee, dass Liebe nicht allein auf Instinkten beruht, sondern wohl bedacht sein sollte. Plötzlich gibt es eine Kultur des Streitens, Lebens, Versöhnens. Es gibt so vieles zu bedenken. Die Fassaden wollen aufrechterhalten werden. Jetzt bloß keinen Fehler machen! Steuern, manipulieren und dann wird das schon.

Ach? Im Straßenverkehr oder im Sommerschlussverkauf tobt ein Kampf, wie er archaischer nicht sein kann – und ausgerechnet im Bett oder in der Beziehung sollten plötzlich Zivilisation und Kultiviertheit ausbrechen?

Bis vor kurzem galt als anerkannte Wahrheit, Mädchen und Jungen kämen als ähnliche Wesen auf die Welt, gleich fast sogar, und würden erst durch Erziehung und Einfluss zu dem gemacht, was sie später sind – typisch Mann, typisch Frau.

Biologische Forschungsergebnisse indes liefern handfeste Beobachtungen, dass Männer nie etwas anderes sein werden als Männer.

So sind Jungs biologisch gesehen um einiges fragiler als Mädels, viermal häufiger kommen sie als Frühgeburt zur Welt, viermal häufiger plagen sie sich mit Hirnschäden und Hyperaktivität.

Kleine Jungen, so eine Studie des Londoner Kinderpsychiaters Sebastian Kraemer, reagieren stärker emotional als Mädchen, sind mehr auf die Mutter fixiert, empfinden häufiger Kummer und suchen mehr den Kontakt zu anderen als ihre weiblichen Pendants, ganz abgesehen davon, dass sie trotz all ihres Nähebedürfnisses ziemlich unkommunikativ, wenn nicht sogar sprachlos sind. Babyboys reagieren interessierter auf Sachen, Dinge, Mobiles oder quietschende Stoffschildkröten und fühlen sich bei intensivem Blickkontakt mit Mama ziemlich unbehaglich – Babygirls konzentrieren sich auf Menschen, Gesichter, die lächeln oder interessante Augen haben, Blickkontakt ist für sie wichtig. Männliche Kleinkinder bauen Gebäude, die hoch und ausgeklügelt sind – Mädels nehmen einen Karton und setzen Dinge hinein, die Menschen darstellen sollen, und lassen sie miteinander reden. Wenn man einem kleinen Jungen einen Miniroboter schenkt, wird er ihn nach kürzester Zeit zerlegen, um zu gucken, wie er funktioniert – während Mädels das Ding zu einem Gesprächspartner machen. Wenn Jungs und Mädchen von einem Klassenausflug erzählen sollen, fällt den Mädchen ein, wer alles dabei war und wie die Stimmung war; den Jungs aber eher, was es zu essen gab und wie groß die Zelte waren. Männliche Schulkinder erzählen wenig über ihren Alltag, außer »Geht so«, »Tolle Wurst« oder »Ja, war okay« wird man wenig aus ihnen herausbekommen. Schülerinnen dagegen sprudeln fast über vor Geschichten. Na ja. Und, hey: Niemand hat ihnen gesagt, sie sollen das tun – sie tun es einfach.

Und lange leben tun Jungs auch nicht – sie werden schneller krank, sterben früh (sieben Jahre früher als Frauen) und sind so was von, ja: wehleidig. Frauen sind eigentlich (dank Östrogen, das die Aktivität des Nervensystems stimuliert und Schmerzen schneller und intensiver weiterleitet) schmerzempfindlicher als Männer (die haben ihr Antischmerzhormon Testosteron am Start), aber die Wehleidigen hören stets auf männliche Namen. Klar ist es schön, sich dank weiblicher Pflegekraft umsorgt und betüddelt zu fühlen, da macht man aus einem Schnupfen gern mal eine Viruspest und aus Kopfweh einen Tumor; aber über ernsthafte Beschwerden schweigt Mann sich aus. Der John Wayne in ihm verbietet es, *ernsthafte* Schwächen einzugestehen, vor allem, wenn sie mit Kontrollverlust verbunden sind. 70 Prozent aller Männer fürchten sich vor dem Zahnarzt. Männer ignorieren Vorsorgeuntersuchungen oder Hinweise ihres Körpers, und so erkranken Männer öfter als Frauen, an Krebs, denn wir haben gelernt, auf unseren Körper zu hören und auf ihn zu achten. Männer lassen es bei Kleinigkeiten drauf ankommen (und hoffen auf fürsorgliche Pflege und »Unverwundbarkeit«), bei größeren Sachen weigern sie sich anzunehmen, dass es sie erwischt hat. Mann ist arm dran: Testosteron beschleunigt das Altern, und im letzten Lebensdrittel baut Mann erst recht ab – Eunuchen geht es da besser.

Weiblichkeit sichert bereits vor der Geburt bessere Überlebenschancen. Bei der Befruchtung gewinnen häufiger die Spermien mit X-Chromosomen, dem weiblichen genetischen Code, den Wettkampf ums Leben – und vor allem ums Überleben. Die Y-Spermien sind zwar schneller, dafür aber empfindlicher. Hat die mögliche Mutter in der Empfängnisphase Stress, sterben sie sofort ab, weibliche Chromosomen überstehen das Befruchtungstrauma besser. Diese Empfindlichkeit begleitet Männer von der Wiege bis zur Bahre. Und das sind messbare Werte, meine Herren, keine Frage der Erziehung – Sie werden nun mal nie wie eine Frau sein, und die nicht wie Sie.

Ein XY-Keimling ist anfälliger für Erbkrankheiten, der männliche Fötus stärker gefährdet, an einer vorgeburtlichen Krankheit zugrundezugehen. Auf rund 100 Mädchen werden zwar über 120 Jungen gezeugt, doch bei der Geburt kommen nur 105 Jungen auf die Welt. Im späteren Leben gefährdet die hohe Produktion von Stresshormonen kleine und große Helden. Diese Stressanfälligkeit ist ein Relikt aus der Urzeit, als die Hormone den Jäger noch zu Höchstleistungen anspornten. Heute sind sie kräftezehrende Krankmacher.

Ein Mann zu sein könnte sich, böse gesagt, als genetischer Defekt herausstellen.

Fatal ist es, wenn dieser »Defekt« durch traditionelles Rollenverhalten noch verstärkt wird. Der Bielefelder Soziologe Klaus Hurrelmann beklagt, dass Männer bis zur Selbstzerstörung am Mythos der Unverwundbarkeit festhalten, daher auch viel höhere Risiken beim Sport oder im Verkehr auf sich nehmen und entsprechend oft verunglücken. Er empfiehlt ein grundsätzliches Umdenken, da eine Erziehung nach dem Motto »Ein Indianer kennt keinen Schmerz« nachgerade eine Aufforderung zum Selbstmord auf Raten sei.

Die feministische Forderung, Männer und Frauen müssten sich einander angleichen, verschiebt sich beim Nachwuchs zu einem beängstigenden Ungleichgewicht, das frühestens unsere eigenen kleinen Töchter spüren werden: Männer werden zum nachweisbar schwächeren Geschlecht. Ihre Erziehung wird der Erziehung von Mädchen angeglichen, ihre natürlichen, biologischen Bedürfnisse werden im Vergleich zu den weiblichen abgewertet. Ihr natürlicher und höherer motorischer Drang zum Beispiel wird ihnen rasch als Aggression ausgelegt, ihre Risikobereitschaft als Unsinn, und immer weniger Eltern sind in der Lage, den Bübchen trotz ihrer enormen Emotionalität beizubiegen, wie sie ihre Gefühle kommunizieren. Mit ein bisschen Pech produzieren wir gerade ein männliches Volk an Nullnummern; an Männern, die sich weiblichem Verhalten anzunähern versuchen, ohne über die natürlichen Möglichkeiten und quasi die Basisausstattung dafür zu verfügen. Zumeist werden sie auch noch von Frauen aufgezogen, von Müttern, Kindergärtnerinnen, Lehrerinnen. Maskuline Erziehung ist oft Fehlanzeige, Männer sind in der Erziehungsschleife in der Minderheit. Die Pädagogin Katharina Rutschky bringt es brachial auf den Punkt: Jungen ohne männliche Vorbilder oder Bezugspersonen mausern sich in der Defensive zu so dummen Machos, wie man sie noch nicht gesehen hat. Und man muss als erzieherisch tätige Frau schon eine Menge Einfühlungsvermögen einbringen, um sich in Jungs-Seelen einzufühlen. Das sieht man ja auch an sich selbst.

Schauen wir doch mal auf eine klassische Situation: Er und sie haben einen *petit* Krach. Er ist betrunken, sie übermüdet. Er sagt Dinge, die sie kränken, einfach weil sich alles in ihm aufgestaut hat und sie durch einen einzigen Satz wie »Toll, kommst morgens um sieben nach Hause und hast auch noch meinen Falafel vergessen« die Schleusen seines Gefühlsozeans öffnet. Da verliert er den Boden unter den Füßen, in einem Moment der Klarheit wird er sich der Kraft ihrer Ablehnung bewusst, ihrer Macht, zu wählen. Er bekommt es mit der Angst zu tun. Bisher hat er ihr all diese Ängste wie »Geh doch zu anderen Kerlen, ich bin dir eh nicht gut genug; du bist die Tolle, ich bin der Idiot, du verdienst mehr, ich bin ein Säufer« nie gestanden, weil er sie nicht belasten, verletzen, geschweige denn auf seine Defizite hinweisen wollte. Plötzlich bricht alles aus ihm heraus.

Sie weint. Und schämt sich, dass sie weint, weil sie Schwäche zeigt, den Panzer ankratzen lässt, der doch so modern ist – taff muss man sein und autonom und bloß nicht anstrengend, wer weiß, vielleicht will er lieber eine unkomplizierte Frau... Sie weint, weil sie ihn doch liebt, er das aber nicht akzeptieren will. Nicht jetzt, nicht hier, nicht in dieser Kampfsituation. Sie kann den Zusammenhang zwischen dem Falafel und seinem Angebot, aus ihrem Leben zu verschwinden, nicht einordnen. Sie entschuldigt sich, obwohl sie gar nicht weiß wofür. Instinktiv erfasst sie, dass er Probleme hat, für die sie Verständnis zeigen würde, wenn sie nicht so geballt kämen. Aber jetzt und hier könnte sie den Scheißkerl rauswerfen, am liebsten gleich, und hinterher drei Jahre leiden, weil die Wunde doch zu tief ist und er nicht geblieben ist, sich nicht hinweggesetzt hat über ihr Verbot, sie je wieder anzurufen, obwohl sie es sich insgeheim wünschte. Sie weint, weil seine Art zu reagieren eine Beleidigung ist, und weil, obwohl sie rational über das Geschehen nachdenken kann, auch die emotionale Gehirnhälfte reagiert.

Er findet das außerordentlich befremdlich, fühlt sich als Versager und Volltrottel, wehrt sich nach Kräften, macht die Schotten dicht, um auch die ihren zu schließen ... Und dann steht man ziemlich dumm da.

Was schiefläuft, ist folgendes: Irgendwann fingen die Leute an, über Beziehungen und ihre Form zu reden. Als ob man der Liebe nur eine äußere Form zu geben bräuchte, damit sie klappt, fassbar, kontrollierbar sei. Aber haben Sie schon mal versucht, Wasser oder Luft eine äußere Form zu geben? Bei der Liebe versuchen wir festzulegen, wie sie zu leben ist. Lauter schlaue Menschen entwickelten Tips für dieses und jenes und jegliche Situation. Da heißt es dann: Keine Schwäche zeigen. Wer jammert, macht sich uninteressant. Droh ihr zu gehen, dann wird sie schon sehen, was sie davon hat. Ich will es ihm doch nicht schwermachen, also warum weine ich? Erpresst sie mich jetzt mit ihren Tränen? Ich will allein sein. Kann ich ihn gehen lassen, wird er dann nicht denken, er ist mir egal? Und einer will immer das letzte Wort haben. Dabei weiß kein (in Worten: kein!) Forscher bis heute, warum Liebe bei manchen Paaren über fünfzig. sechzig Jahre hält. Nur warum es nicht klappt, das wissen wir ganz gut.

Häufig verletzen beide sich, um einen Grund zu haben, zu leiden, und sich damit endlich dem Gefühlsstrom hingeben zu können. Manchmal provozieren wir uns gegenseitig, damit der andere versucht ist, es uns mit gleicher Münze heimzuzahlen. So wird Liebe auf den Prüfstand gestellt. Dabei wird nur eines vergessen: Alles, was du durchmachst, macht der andere auch durch. Dazu muss man nicht mal Rilke lesen, sondern ein wenig runterkommen von der Vorstellung, nur man selbst trage das Leid der Liebe auf den Schultern.

Und dabei wollen beide vielleicht doch nur eins: Sie wollen sich selbst sehen, zu zweit, im Sonnenlicht. Vielleicht ein kleines Mädchen neben sich, auf einem Fahrrad mit Stützrädern. Sie wollen gemeinsam nach Hause kommen, er weiß, dass sie grünen Tee mag, das Mädchen Kakao, und für ihn Orangensaft. Er will ihren Duft für immer bei sich behalten. Sie will ihm in die Augen sehen und darin lesen, dass sie für ihn existiert. Sie will ihm ansehen, dass er ihre Liebe sieht. Er will spüren, dass er vollkommen angenommen wird von ihr, auch in seinen Schwächen. Sie will, dass er begreift, dass sie auch im Jähzorn zu ihm stehen wird und er ihr Held ist. So soll es sein. »Soll«, nicht »sollte«, denn der Konjunktiv würde die Realisierung der Möglichkeit ausschließen, und es bliebe nur eine Illusion. So *soll* es sein.

Aber dann ... kommt die Methodik, der Stolz, die Angst, die Vorstellung, »sich bloß nicht die Butter vom Brot nehmen zu lassen«. So sind wir Deutschen. Bloß nicht klein beigeben, Liebe gilt rasch als Schwäche. Hey, wo ist hier eigentlich das Regelwerk zum »guten Streit«? Und wieso funktioniert das nicht mit dem »Punktesammeln auf dem Partnerschaftskonto«? Verfahren und hilflos und zu keinem klaren Gedanken fähig stehen sie voreinander. Er geht. Sie zerreißt es.

Am nächsten Tag schläft er lang und will sich an möglichst wenig erinnern und am liebsten nicht darüber diskutieren – und sie geht zum Friseur oder shoppen und übt sich in Verdrängung.

Das ist doch ein blödes Spiel. Es ist Show, es ist Fassade, es folgt Regeln ohne jede Emotionalität – anstatt methodisch zu lieben, sollten wir es instinktiv tun. Aber dafür haben wir zu viel widersprüchliches Wissen angehäuft. Wir sind inzwischen so verkopft und auf die Manipulation des anderen orientiert, dass für instinktives Vertrauen kein Platz mehr ist. Wir haben Angst, uns abhängig zu machen – dabei ist nichts von jemandem abhängig. Wer liebt und miteinander alt werden möchte, nimmt es an, wenn sie weint. Dann weint sie eben. Anstatt eine emotionale Erpressung dahinter zu vermuten oder sich selbst als schwach zu empfinden, sollten Tränen in einem Krach als das empfunden werden, was sie ausdrücken: Trauer darüber, an Probleme zu stoßen. Angst, etwas zerstört zu haben. Wer liebt, akzeptiert. Und spielt nicht nach Methode.

Doch da kommt uns wieder ein Unterschied zwischen männlichem und weiblichem Denken und Handeln in die Quere: Frauen wählen oft den kürzesten Weg, um zu einer Lösung zu gelangen. Sie leben mehr im Jetzt, reagieren unmittelbar, manchmal sogar ohne nachzudenken. Wenn sie ins Wasser fallen, schwimmen sie los.

Männer dagegen denken achtzig Schritte voraus, wägen ab, überlegen alle möglichen Szenarien vorab. Wenn ein Mann ins Wasser fällt, denkt er erst mal nach. Ob er lieber kraulen soll oder wassertreten, um sich warmzuhalten. Ob er seine Schuhe ausziehen soll oder jemanden anrufen. Ob er die Bewegung der Wellen ausnützen oder erst einmal seine Lungen aufpumpen sollte. Er überlegt und denkt – bis er auf einmal untergeht.

Deswegen stehen wir so oft vor der Situation, dass Frauen spontan und unmittelbar reagieren, während Männer fast untergehen im Für und Wider, bis sie in einer Ecke hängen, sich ducken und alles aus sich heraussprudeln lassen. Und dagegen soll Methodik helfen? Sind wir Menschen oder am Reißbrett entworfene Apparaturen mit vorhersagbaren Reaktionsweisen?

Vergessen Sie nie den Urtrieb, Ihre Instinkte und die pure Kraft und Ohnmacht des Männlichen und Weiblichen. Schämen Sie sich nicht, wenn Ihre Reaktionen nicht dem entsprechen, was die Ratgeber predigen. Halten Sie sich nicht für dumm, bloß weil bei Ihnen irgendwelche Tricks mit Gelinggarantie nicht funktionieren. Machen Sie nicht mit dabei, eine Gesellschaft und die darin zu führende Beziehung zu simulieren, sondern lernen Sie, Ihre Gefühle wieder zu verstehen und sich für die Unterschiede zu öffnen.

Denn es ist geht überhaupt nicht darum, wer besser ist. Bei Äpfeln und Birnen ist das ja auch keine Frage. Deswegen: Amüsieren Sie sich nicht nur über die Unterschiede, hören Sie auf, sie zu ignorieren. Integrieren Sie sie in Ihr Leben, lassen Sie instinktives Begreifen zu. Fühlen Sie sich ein bei jenen, die es wert sind. Denn eines ist klar: Gefühle können nicht vom Verstand beeinflusst werden. Der Verstand aber immer von Gefühlen.

Emotionale Intelligenz: Der Schlüssel heißt Reflektieren

Neben den offensichtlichen emotionalen und kommunikativen Unterschieden der Geschlechter gibt es noch ein geschlechtsunabhängiges Element: die Entwicklung der persönlichen emotionalen Intelligenz (EI oder auch EQ; ich bevorzuge die inländische Variante). Was nach einem Widerspruch in sich klingt – Emotion und Intelligenz, Gefühl und Verstand, hä? –, ist nichts anderes als die Fähigkeit, sich nachdenklich mit den eigenen Gefühlen und denen des anderen zu beschäftigen. Es meint die Fähigkeit, neben der eigenen Befindlichkeit die Emotionen anderer anzuerkennen. Emotionale Intelligenz ist die Gabe, nicht nur auf eine Handlung zu reagieren – er hat das Abendessen vergessen, er kümmert sich nur um seinen Job, er sitzt seit Stunden im Hobbykeller und ignoriert mich, der Mistkerl –, sondern zu erfassen, was diese Handlungen an emotionaler Motivation beinhalten. Es ist die Fähigkeit, selbst in einem Streit instinktiv zu erfassen, warum der andere überhaupt ausflippt. Diese Fähigkeit sorgt dafür, dass wir uns nicht beim kleinsten Missverständnis die Köpfe einschlagen, sie ist das Bindeglied zwischen Individuum und Verantwortung für eine Gruppe, sie lässt aus dem Wunsch nach Intimität, Geborgenheit, Vertrauen überhaupt erst Wirklichkeit werden. Sie bringt Licht ins Dunkel unserer Empfindungen und macht uns zu Menschen, mit denen man leben möchte; zu Menschen, die sich ohne große Worte verstehen, anstatt zu egomanen Soziopathen zu werden.

Nachdem jahrzehntelang die verstandesgemäßen Funktionen des Gehirns erforscht wurden, widmen sich inzwischen immer mehr Wissenschaftler auch den Emotionen; jenseits von Bauchgefühl und Intuition wollen sie erkläen und verstehbar machen, wie unsere Gefühle wirken und was sie bewirken. »Gute Gefühle« sind das kommende Lieblingsthema der Psychologen. Dahinter steht die These, die Fähigkeit, angemessen zu fühlen, würde uns dem Glück näher bringen; die Abwesenheit dieser Fähigkeit hingegen kann Leben und

Gesellschaften zerstören, weil die Menschen dann trotz hoher Intelligenz unfähig sind, mit anderen normal zu leben. »Ich fühle, also bin ich« statt »Ich denke, also bin ich«.

Was bedeutet diese mögliche emotionale Wende? Kann sie gegen die Mythen der Methodik helfen, die man uns bislang auf Gefühle anzuwenden hieß? Auf einen einfachen Nenner gebracht, sagen die Glücks- beziehungsweise Gefühlsforscher, dass der Verstand kein Ersatz für Gefühle ist. Banale Tips nach dem Motto: Bist du unglücklich, mach eine Schreitherapie; wenn du traurig bist, weine und höre traurige Musik, dann bessert es sich – sind also fragwürdig, wenn sie die Rolle der Gefühle nicht angemessen berücksichtigen.

Mathematiker haben bewiesen, dass sogenannte Bauchentscheidungen besser funktionieren als rationale Strategien: Menschen handeln klüger, wenn sie wenig berechnen, und sogar noch richtiger, wenn der Zeitdruck hoch und die Informationen denkbar gering sind. Denken sei in solchen Situationen zu gefährlich, weil man zu viel abwägt, auf zu viele Möglichkeiten kommt, und dabei eben auch auf zu viele falsche. Auch die Biologie liefert uns einen guten Grund für mehr Gefühl: Emotionalität sei nicht irrational, sondern beruhe auf dem limbischen System im Gehirn, das auf uralte Erfahrungen zurückgreift. Mehr Gefühl für sich, für andere entwickeln – ganz großes Tennis. Wenigstens ein Trend, der nicht nur schick zu sein scheint.

Also gilt: Wer nichts empfindet, kann auch nichts begreifen. Wer versucht, sich in Verhaltensschablonen zu pressen oder immer mehr rationale Gründe für oder gegen eine Handlung zu sammeln, ist ärmer dran als jene, die einen Kerl zum Beispiel nur deshalb heiraten, weil er blaue Augen hat. Das ist evolutionstheoretisch gesünder als immer mehr Argumente zu suchen, die für oder gegen einen Partner sprechen, und sich dann letztlich doch nicht entscheiden zu können. Instinkt, Emotion, Gefühl – ein neuer Weg für mehr Glück? Könnte gut sein. Fühlt sich zumindest gut an.

Zwei Menschen mit hoher ausgeprägter EI werden im besten

Fall direkter ein höheres Maß an Verbundenheit erreichen. Statt auf der Ebene rein handlungsbezogener Verhaltensreaktionen stehenzubleiben, werden sie sich zusätzlich ineinander einfühlen. Sich klarer werden, aus welchen Gefühlen heraus der andere wie handelt. Sie reflektieren. Sie entwickeln Emphatie, sie geben ihre Neigungen und Erwartungen preis, sie gehen über ihre individuellen Bedürfnisse hinaus und berücksichtigen auch die des anderen. Wechselseitig, damit Harmonie und Freiheit entsteht. Sie beschweren sich nicht gleich, warum der andere etwas so oder so tut, sondern sie blicken dahinter oder lassen es einfach mal so stehen, anstatt es zu sezieren. Machen einander eben nicht gleich, sondern lassen Unterschiede zu. Menschliche Unterschiede, nicht allein geschlechtsgeprägte. Und wissen über sich selbst: Emotionale Intelligenz schön und gut, aber ich kann trotzdem nicht 24 Stunden am Tag wissen, was der andere fühlt, und auch nicht immer hundertprozentig meinen Gefühlen nachspüren. Sie geben sich selbst die Chance, nicht mehr zu wissen als andere – aber bei sich und dem Partner zu akzeptieren, dass es so ist. Sie öffnen sich, machen sich verletzbar – aus der Ahnung heraus, dass sie so zu einer intimen Nähe gelangen.

Soweit die Theorie, die sich immer schneller schreiben als leben lässt. Bringt uns dieses Wunschbild in der Praxis wirklich nach vorn? Ein Beispiel, ganz banal: Ein Paar will Sex haben. Sie fangen also an, murkeln rum, und plötzlich sinkt er ihm ab. Frauen mit wenig EI denken sich als erstes: Na, toll. Ich mach ihn nicht an. Schlappsack. Hatte er heute schon ne andere? Sie versuchen, den kleinen Schniedel wieder aufzuwecken, also die Situation zu retten, indem sie bloß nicht darüber reden. Allenfalls noch sagen: Huch, macht doch nichts. Männer ohne Emotionale Intelligenz denken sich: Na, toll. Jetzt hält sie mich für einen Schlaffsack. Gott, ist das peinlich. Vielleicht sollte ich Kopfweh vortäuschen?

Anders Menschen mit EI. Frauen würden nicht sofort annehmen, es läge an ihnen. Sie würden fragen, ob er Kummer im Job hat, denn Stress wirkt sich auf Mister P. aus. Sie wüssten, dass ein Schwanz auch mal so absinkt, ohne Grund. Vielleicht würden sie noch nicht mal sagen »Macht doch nichts«, weil sie spüren, dass es ihm unangenehm ist. Sie würden ahnen, dass er sich mit etwas beschäftigt, was ihn nicht zur Ruhe kommen lässt. Wahrscheinlich würden sie ihn in den Arm nehmen und fragen: »Sorgen?«

Ein Mann mit EI in derselben Situation würde die Unsicherheit seiner Partnerin spüren, und zum Beispiel zu ihr sagen: »Hör zu, du bist eine begehrenswerte Frau, ich fände nichts schöner, als jetzt mit dir zu schlafen. Aber mich beschäftigen Dinge, die mich ablenken. Hilf mir, geil zu werden.«

Beide fangen sich auf in ihren Emotionen und Ängsten. Sie reagieren nicht auf das äußere Ereignis, sondern darauf, was es hervorruft. Sie interagieren nachdenklich emotional, nicht impulsiv auf die Sache bezogen.

EI ist keine Frage der geistigen Intelligenz, sondern eine Summe aus Erziehung, Erfahrung und einem schöpferischen Bewusstsein, die Quelle der Humanität. Sie wächst sogar, wenn man jemanden gefunden hat, mit dem man einen reifen Umgang mit Konflikten lernen kann, der fähig ist, Signale intuitiv zu deuten.

Hingegen kann jemand, der sich nur auf der Ebene konkreten Verhaltens bewegt, nur daran denken, was er tut, und nicht daran, was er empfindet – und reagiert so auch nur auf das, was der andere tut! Gefühle verstehen? Funktioniert nicht. Sobald sich ihm etwas in den Weg stellt – sie hat keine Lust zum Kino, er hat den Wein nicht aufgemacht, sie kommt zu spät –, reagiert er mit Handlungen, mit einem Gegenangriff, Schmollen, Liebesentzug. Anstatt den eigenen Ärger oder die Enttäuschung anzusprechen, wird mit vordergründigem Gegenhandeln reagiert – und schon fühlt sich der Partner absolut missverstanden, weil es wahrscheinlich einen emotionalen Grund für all die Verfehlungen gibt. Wenn der dann seinerseits nicht darüber spricht, sondern auf die aggressive oder vorwurfsvolle Reaktion des anderen ebenfalls mit Aggression oder Vorwürfen reagiert, schaukelt sich die Situation schnell zu einem unlösbaren Konflikt hoch, bei dem hinterher niemand mehr weiß, aus welchem nichtigen Anlass heraus er eigentlich entstanden ist.

Schlimm. Schlimm, schlimm. Ist ja auch eine recht komplizierte Sache. Vor allem, wenn jemand mit viel EI auf jemanden trifft mit wenig EI. Der, der sonst immer nur mit Gegenangriffen leben musste, wird plötzlich auf Gefühle angesprochen. Das kann verwirren, wütend machen (»Du prokelst in meiner Seele rum!«), und der mit viel EI wird sich damit arrangieren lernen, warum seine Öffnung der Seele kein Echo hervorruft. »Echo« im Sinne von: Guck mal, hier bin ich, erkenne mich, bitte, ich will dich auch erkennen, zeig dich! Es ist dann an Ihnen, wenn Sie sich hohes Emotionales Einfühlungsvermögen zu sprechen, auch zu respektieren, dass der andere sich auf diesen Ebenen des Miteinanders unbehaglich fühlt.

Als ob wir sonst keine Probleme hätten. Es lässt sich noch nicht mal sagen, ob Männer oder Frauen mehr EI haben; die Basis wird in der Kindheit gelegt und sollte dazu befähigen, zeit des Lebens zu immer neuen Stufen zu gelangen. Ein Kind muss lernen, sich seiner selbst bewusst zu werden, Gefühle zu artikulieren, sie zu zeigen, ohne Wertung. Sodann muss es begreifen, dass andere Menschen ebenso ein Anrecht haben auf Gefühle, und dass dies beileibe nicht dieselben wie seine eigenen sein müssen. Als Jugendlicher muss man schließlich nicht nur sich selbst einigermaßen gut kennen, sondern auch mit Gefühlen umgehen lernen, die mit neuen Erfahrungen und Lebensereignissen verbunden sind: Sexualität, Zurückweisung, Zugehörigkeit, Ablösung aus der Familie, Zukunftspläne, Konkurrenz, Verantwortung. Nur wer schon gelernt hat, seine eigenen und fremde Gefühle zu orten, wird diese Komplikationen gereift hinter sich bringen, anstatt sich herumschubsen zu lassen und hinter einem Panzer der Nicht-Reaktion zu verbergen. Jedes Stadium des Lebens bringt neue emotionale Themen mit sich.

Vielleicht haben Mädchen einen Nachteil, weil sie leider oft noch nur lieb sein dürfen, während Buben gefälligst auch mal hauen sollen; dafür ist Weinen bei den Jungs nicht so recht angesagt, und Mädels merken auch oft, dass sie weiterkommen, je unkomplizierter sie sind.

Was so scheißeinfach klingt, ist in Wahrheit also ganz schön schwierig. Das Ergebnis erleben wir jeden Tag wieder, wenn wir

Menschen begegnen, die ihre Gefühle nicht zeigen, Emotionen bei anderen als aufdringlich empfinden und, außerstande, sich in andere einzufühlen, nur darüber klagen, dass andere unfähig sind, ihren Maßstäben zu genügen. Viele können es nicht ertragen, dass die Menschen nicht so sind, wie sie sie sich wünschen.

Zu allem Überfluss kommt – neben mangelnder Emotionaler Intelligenz und den Mann/Frau-Unterschieden – noch ein weiterer Faktor hinzu, der das Zusammenleben erschwert: die Kulturindustrie. Kitschige Filme und Romane und nicht zuletzt die schöne falsche Werbewelt haben uns schon lange eine ideale Welt vorgespiegelt, die es so nicht gibt. Das Fatale daran: Wir richten unsere Vorstellungen, wie das Leben sein soll, an diesen künstlichen Idealen aus und stellen fest, dass unser Partner nicht so schön, unsere Beziehung nicht so aufregend ist, wie in diesen Medienwelten. Verstärkt wird diese Tendenz noch durch den Computer, der die Erfahrung in unseren Alltag hineinträgt, dass etwas perfekt funktioniert. Die Programme und Arbeitswege sind vorausschaubar. Bei den Spielen bin ich Gott oder was immer ich auch sein will. Das ist die Logik der Spiele, und sämtliche Programme streben einer Perfektion nach, die der Kontrollsucht und dem schnellen Reagieren Vorschub geben. Klick ich hier, machst du hopp, drücke ich die Leertaste, bist du hin, und ein Update, Reload oder Neustart aller Befindlichkeiten ist einfacher als ein Fertiggericht aufzutauen.

Manche gewöhnen sich so sehr an die voraussehbaren Reaktionen, die Perfektion und die Pseudomöglichkeiten der Maschinen, dass sie diese Muster auf ihre menschliche Umwelt übertragen. Das passt in unsere Zeit, in der schnelle Reaktionen mit einem klar vorhersagbaren Ergebnis gefragt sind. Dagegen verkümmert das Wechselspiel von Kommunikation und der gemeinsamen Suche nach Lösungen, die die Interessen beider Seiten berücksichtigen.

Psychologen stellen in fortschreitendem Maß bei Erwachsenen und, noch schlimmer, bei Kindern fest, dass die technische Perfektion zur Enttäuschung in der menschlichen Beziehung führt. Sobald ein Mensch nicht so voraussehbar tickt wie ein Programm, sind die Maschinengewöhnten irritiert, enttäuscht, und selbst Gewalt ist dann zur Durchsetzung ihrer Ziele nicht mehr auszuschließen. Sobald sich eine Situation auftut, die nichts mit dem spielerischen Kampf an der Kiste gemein hat, wird nicht nach emotionalen Lösungen gesucht, sondern es wird nach dem Wenn-dann-Prinzip der Maschinenlogik verfahren: Null oder Eins. Entweder oder. Maschinenkälte.

In meinem Freundeskreis gibt es allein drei solcher Beispiele, die sich an den Rechnern aufgehobener fühlen als unter Menschen. Einer davon ist gerade in Therapie, um seine Dissozialität zu überwinden, seinen Hang, per Mausklick und sofort Reaktionen seiner Mitmenschen einzufordern, oder sich einzubilden, ihre Gedankengänge so gut zu kennen wie die Levels eines Jump'n'run-Games. Da mein Freundeskreis recht übersichtlich ist, ist die Wahrscheinlichkeit hoch, da draußen einer Menge maschinengesteuerter Einzelgänger zu begegnen.

Auswege aus dem Dilemma sind bislang eher selten. Diese Macke ist noch zu neu, als dass es bereits pädagogische Konzepte dafür gäbe. Wer gibt schließlich schon gerne zu, dass er mit seinem Rechner lieber kommuniziert als mit anderen Menschen, weil die Kiste so gut wie immer Lösungen parat hat und nur äußerst selten widerspricht. Dass die wiederkehrenden Muster eines Spiels oder Arbeitsprogramms angenehmer sind als die menschliche Unberechenbarkeit, bei der man vor Überraschungen nie sicher ist. Das geht sogar so weit, dass im Internet, also über die Maschine, nach dem Traumpartner gefahndet wird. Per Klick zu bestellen, und dann steht man voreinander und alles ist ganz anders. Weg ist die Schutzzone des Chatrooms. Weg die Tipperei, bei der man sein Gesicht nicht zeigen muss und die einem das Gespräch so leicht macht.

Virtuelle Kommunikation beherrschen wir bestens. Auge in Auge wird es dafür um so schwieriger, wenn die ästhetischen Funktionsriten der Maschine wegfallen. Und nu? Zurück zu Meißel und Marmorplatte? Ist das ein Garant für mehr Gefühl und damit mehr Lebensweisheit?

Auch gefühlsbetonte Menschen mit hoher EI (und wenig Monitorstunden) sind nicht vollkommen. Manche wurden oft verletzt oder ließen sich zu oft verletzen (das kann man sogar selbst entscheiden, wussten Sie das? Sie können es durchaus steuern, wie sehr Sie jemanden in Ihrer Seele rumprokeln lassen!) und meinen, durch eine Öffnung der Seele seien sie überhaupt erst angreifbar geworden. Nun hadern sie damit, überhaupt auf ihr Bauchgefühl, ihre Instinkte, ihre Intuition gehört, und emotional, anstatt kühl-überlegt gehandelt zu haben. Man muss schon einen optimistischen, starken Charakter haben, um sich von Verletzungen nicht einbetonieren zu lassen, und um auch weiterhin seine Gefühle als etwas unabdingbar Positives anzusehen.

Ich habe meine eigene kleine Handtaschentheorie, die mir hilft, solche Anfechtungen zu bewältigen: Wenn es so ist, dass Verstand nie frei ist von Gefühlen, Gefühle aber auch ohne Verstand »funktionieren«, wenn Gefühle also unersetzbar sind, so muss Gefühl Wahrheit sein. Wahrheit führt durchaus zu Schmerz – man wird verletzt, weil man Emotionen folgte oder zeigte. Das ist zwar nicht schön, aber wahrhaftig. Wollte man statt dessen lieber mit einer Lüge, einem Gerüst leben, das der Verstand konstruiert hat? Wird man nicht um so ärmer, je weniger man mit der Wahrheit leben lernt und je mehr man statt dessen die Show, die Fassade, die Lüge hinnimmt? Sich ein Leben schafft, das zwar scheinbar erträglicher ist, aber um den Preis, jeden Gefühls ledig zu sein? Und das nur, um sich vordergründig zu schützen?

Gefühl kann nur Wahrheit sein, Wahrheit kann mit Schmerz, aber auch mit Glück einhergehen. Wahr ist auch, dass die meisten Menschen da draußen *nicht* darauf aus sind, einen permanent zu verletzen, zu manipulieren und auszunutzen. Nein. Es gibt sehr viele Menschen, die auf die Wahrhaftigkeit des Gefühls vertrauen. Nehmen Sie sich doch die Chance, so jemanden kennenzulernen.

Wenn Sie erst mal aufhören, anzunehmen, der andere müsste wie Sie selbst reagieren, sondern dazu übergehen, sich wirklich in ihn hineinzufühlen (oder es wenigstens zu wollen, Perfektion ist unmöglich) und seine Andersartigkeit zu verstehen, dann werden Sie auch einen Tick besser lieben. So, schon sind wir bei unserem Lieblingsthema: Sex. Los geht's.

Zwei Kommunikation. Warum er nicht anruft und Frauen öfter über Sex reden

Sie: »Warum hast du nicht angerufen?«
Er: »Wieso du nicht?«

»Warum hast du nicht angerufen?« würde, simultan übersetzt, heißen: »Warum ignorierst du mich, bin ich es nicht wert, warum machst du das mit mir, du hast mich verletzt.« Meint sie. Er meint dagegen: »Warum hast du nicht einfach angerufen?«

Zu seinen Gründen, warum er offenbar über Nacht verlernt hat, was ein Telefon ist und wie man es bedient, kommen wir später.

Männer und Frauen kommunizieren eindeutig aneinander vorbei. Dass sie sich trotzdem verstehen, gehört zu den letzten Rätseln der Menschheit, denn wo Frauen »dephlogistisch« reden und denken – also alles durch den Einsatz von täglich bis zu 18 000 Wörtern verdünnen –, reagieren, kommunizieren und denken Männer »phlogistisch«, das heißt sie verdichten gedanklich alles auf einen Punkt, überspitzen, fordern, knapp und sachlich, und verwenden dabei nur etwa 6000 Wörter. Anders gesagt: Männer reden im Schwarzweißformat mit wenigen Grautönen, Frauen in den Millionen Grautönen dazwischen und in allen Regenbogenfarben im Dolbysurround-Sound.

Hinzu kommt: Männer reden in Berichtssprache, Frauen in Kann-vielleicht-eventuell-zwischen-den-Zeilen-Sprache. Während ein Mann sagt: »Ich brauch jetzt einen Kaffee!«, sagt eine Frau: »Ein Kaffee wäre nicht schlecht, oder?« Ein Mann sagt: »Ich geh jetzt einkaufen«, während eine Frau wie beiläufig sagt, dass der Einkauf erledigt werden müsste.

Wie das im Alltag zu Konflikten führt, zeigt das bei Psychologen beliebte Ampel-Beispiel: Mann und Frau zuckeln durch die Gegend. Sie fährt. Er sagt: »Die Ampel ist grün!« Sie erwidert: »Fährst du oder fahre ich?«

Friedemann Schulz von Thun, ein Kommunikationswissenschaftler, hat untersucht, was passiert, wenn Menschen sich unterhalten. Er sagt: Alles, was ein Mensch einem anderen mitteilt, hat vier Bedeutungen (als wär's nicht auch ohne solch ein Quartett an Bedeutungen schon schlimm genug, aber bitte, Herr von Thun, sagen Sie's):

1. Zunächst enthält diese Nachricht eine Sachinformation. Der Mann teilt mit, dass die Ampel grün ist und nicht rot oder gelb.
2. In jeder Nachricht stecken Informationen über die Person, die redet. Zum Beispiel über den Mann: Vielleicht hat er es eilig. Und: Er »fährt mit«, nimmt Anteil. (Ich würde sagen, er kann es nicht ertragen, nicht selbst am Steuer zu sitzen, und muss zeigen, wer hier der Chef ist, aber das ist vielleicht etwas gemein.)
3. Aus der Nachricht geht hervor, wie der Redende zur Zuhörenden steht, wie er ihre Beziehung sieht. Will der Mann signalisieren, dass er es besser kann? Vielleicht ärgert er sich, dass die Frau fährt. Vielleicht ist er auch einfach hilfsbereit. Um das zu unterscheiden, müsste man hören, *wie* er das sagt. Seinen Tonfall. (Aber daraus, wie die Frau reagiert, können wir auch schon schließen, was sie denkt, dass er denkt, oder?)
4. Kaum etwas wird »nur so« gesagt, fast alle Nachrichten haben die Funktion, etwas bewirken zu wollen. Eine Art Appell. In diesem Fall könnte der lauten: »Los, mach schon, gib Gas, damit wir vorwärts kommen.«

Wofür es wichtig ist zu wissen, dass es diese vier Bedeutungen beim Miteinander-Reden gibt? Weil Menschen ziemlich oft aneinander vorbeireden. Er sagt: Die Ampel ist grün. Und sie hört: Ich glaube nicht an deine Fahrkünste.

Wenn ich es richtig verstehe, ist diese Viererkette der Kommunikation eine Art Duschvorhang: kann schimmeln, muss aber nicht. Das bedeutet: Er kann meinen, dass die Ampel grün ist und sie man zusehen soll, loszufahren anstatt sich weiter zu schminken. Kann aber auch sein, dass er um halb einen Termin hat, an dem seine Zukunft hängt, und sie wie immer den Wagen abwürgt, weshalb er am liebsten die Scheidung einreichen würde oder das nächste Mal ein Taxi nimmt. Himmel.

Aber so sind sie wohl, die Möglichkeiten des Sagens – Meinens – Reagierens. Und da Frauen sehr viel mehr darüber nachdenken, was sie hören, als Männer darüber, was die Frau denken könnte, wenn er sagt ... sind wir schon mitten drin im Dickicht des Duschvorhangschimmelns. Denn wir Weibsen neigen dazu, hinter einer Nachricht, einer Aussage, einer Frage gleich eine Wertung unserer Person zu erspähen. Oder uns einzubilden. Da wir in Sachen Kommunikation von uns selbst ausgehen, und ziemlich oft hübsche Stinkpakete in einfach-nette Worten verkleiden, nehmen wir das fatalerweise auch vom männlichen Gegenüber an! Völlig irre, wenn Sie mich fragen, aber als Fatalistin habe ich dazu die Einstellung: Einen Sinn wird es schon haben.

Zum Beispiel hier – er schlägt vor: »Lass uns doch mal Essen gehen.« Und sie hört: »Er hat sich in mich verliebt.« (Vielleicht hat er das tatsächlich, aber er weiß es noch nicht.) Er sagt: »Ich möchte am Wochenende Basketball spielen.« Und sie hört: »Ich bin ihm nicht mehr wichtig.« (Ein emotional geschulter Mann würde sagen: »Macht es dir was aus, wenn ich Basketball spielen gehe, oder fühlst du dich dann allein gelassen?«) Dabei will er einfach nur sagen: Ich möchte am Wochenende Basketball spielen ...

Die große Frage wäre sicher, wenn diese kommunikativen Unterschiede erst mal erkannt, respektiert und kapiert sind, wer den ersten Schritt macht, seine Kommunikation umzustellen, Kompromisse einzugehen oder sich einfach nur ein Stück weit auf die Art des anderen einzulassen. Natürlich wäre es praktisch, wenn Männer den ersten Schritt tun würden – dann sagt er eben »Wollen wir uns verabreden? Ich würde dich gern näher kennenlernen, um zu schauen, ob aus uns was werden könnte«, und nähme so der Frau die Lust, wilde Interpretationen aus einfachen Worten zu machen. Er würde damit sogar ihrer Tendenz den Wind aus den Segeln nehmen, sich künstlich auf- oder abgewertet zu fühlen.

Schön wäre aber auch, wenn die Frauen sich ein wenig mehr bemühen könnten, und nicht hinter jedem Wort einen Rattenschwanz an möglichen Bedeutungen, Urteilen oder nicht eingestandenen Gefühlen vermuten. Sondern den Mann nehmen, wie er ist. Und auf seine Ansage, Ball spielen zu gehen, erwidern: »Viel Spaß. Wenn du sowieso nicht da bist, werd ich die Zeit nutzen und zu meiner Schwester fahren.«

Bingo. Aber das wäre nur die angewandte Methodik, zu leben, es wäre kein Leben aus dem Instinkt heraus. Und, wenn Sie den Abschnitt zur Emotionalen Intelligenz (S. 37 ff.) nicht überblättert haben – auf Instinkt steh ich ja total. Sie auch?

Wenn ja, dürfte Ihnen folgendes Reaktionsmuster im beginnenden Mann-Frau-Dingens (»Dingens« deshalb, weil aus einem Aufeinandertreffen ein Beziehungsdings, ein Fickdings oder auch ein Kumpeldings werden kann; also: Dings) nicht unfremd sein: Mann trifft Frau. Frau gefällt Mann. Er setzt flugs eine Maske auf, kehrt die Schokoseiten raus, gibt nur das preis, was er an sich mag, schmeißt sich in Siegerpose und markiert die dicke Hose. Wieso? Manche meinen, dass Männer damit ihre Abgrenzung gegenüber Frauen betonen wollen, um möglichst männlich zu wirken. Andere meinen, weil er die Frau dazu bewegen möchte, ihn zu erwählen, schließlich sei er der tollste aller Stiere, und sie ja die Alphakuh. Wähle mich! Hier! Ich bin der Be-heeeste! Guck, mein Haus, mein Auto, mein Arsch, meine Fitnessclub-Fleißkärtchen, und hier hab ich auch noch meine tollen Zukunftspläne. Na? Bin ich gut oder was?

Frau findet Mann ganz klasse. Er ist ja aber auch ein Prachtexemplar. Haben wollen! Nachdem er die dicke Hose gezeigt hat, wünscht sich Frau von ihm aber noch eins: Herz. Und Hirn. Aber erst mal Herz, gaanz viel davon.

Warum das denn schon wieder, kann sie nicht erst mal seine

Statussymbole in Ruhe bewundern, damit er sich bestätigt fühlt? Die einen schlauen Menschen meinen: Frauen erwarten von Nähe größere Aufrichtigkeit und wechselseitige Selbstauslieferung. Gefühl. Dass er sein Innerstes zeigt – und damit sein Vertrauen. Für Frauen ist es unabdinglich, sich gemocht zu fühlen, wenn er ihr Vertrauen entgegenbringt. Nur wollen sie es üppig: Alles auf den Tisch, Baby, lass die Hosen runter, zeig, dass du eine Seele hast. Andere schlaue Menschen sagen dazu: Erstens fühlen sich Frauen von jemandem, der seine Gefühle kennt und artikuliert, verstanden. Sie trauen ihm zu, auch auf sie einzugehen.

Nur in der Fassaden-Gesellschaft, in der Simulation einer Beziehung, kommt dieser Anspruch als beengende Hyperemotionalität rüber.

Der Mann wird also mit fraulichen Gefühlen und Seelengeständnissen beworfen. *Irrg.* Ihm wird klar, dass er jetzt nur verlieren kann, wenn er genauso sein Innerstes zeigt – weil es ihm nämlich nicht so dolle vorkommt. Oder weil er sich nicht damit beschäftigt hat. Weil Männer süße dumme Gehirne haben (»dumm« ist hier zärtlich-fürsorglich gemeint, ich mag Männer sehrsehrsehr), die ihnen so was wie Gefühlsaussprachen sowieso nicht gestatten. Eher hacken sie sich die Hand ab und benutzen sie als Aschenbecher. Also, was passiert?

Der Mann verhält sich noch theatralischer, um cool zu wirken – hey, Coolness ist die Pest des dritten Jahrtausends, aber egal, es ist ja so was von angesagt, cool zu sein, zu taktieren und das Mädel zu grillen; das sagen ja auch die Kumpels: »Lass sie zappeln, dann wird das schon« –, und schon verschließt er sein Inneres in dem Moment, in dem die Frau ihre Gefühle offenbart.

Sackgasse: Der Frust ist da, wie bei Hund und Katze, die die Körpersprache des jeweils anderen auch nur falsch deuten. Der Mann verhält sich anders, als die Frau es erwartet, denn sie geht davon aus, welche Reaktionen sie für »normal« hält und wie sie selbst schließlich auch reagiert hätte – also wieso reagiert er nicht so, DER SACK? Der Mann ist zum Rätsel für die Frau geworden. Dietrich Schwanitz hat das mal sehr schön auf den Punkt gebracht: »Heute gelten die Eigenschaften der Frauen – wie Kommunikationsfähigkeit und Einfühlung – als vorbildlich. Der Haken daran: Wer sich selbst für vorbildlich hält, hat immer ein Problem. Er misst den andern an sich selbst. Früher war es umgekehrt: Da rätselten die Männer über das geheimnisvolle Lächeln der Mona Lisa und versuchten das fremdartige Wesen der Frau zu entschlüsseln. Denn der Mann war der Maßstab des gesellschaftlichen Lebens.«

Ich möchte ja nicht drauf rumreiten. Aber wäre der Schlüssel zum Verstehen des Rätsels Mann nicht eine ausgeprägtere Emotionale Intelligenz? Abstraktion und Anerkennung der Fremdartigkeit statt Gleichmacherei?

Die Konsequenz aus dem neuen Rätsel Mann ist jedoch: Frauen haben das Gefühl, sie könnten mit einem Mann glücklich werden, wenn sie ihn umfassend verstehen und ein bisschen lieben, während Männer eine Frau so stark lieben sollten wie möglich und nicht versuchen sollten, wirklich alles zu verstehen.

Denn liegt im Wunsch, verstanden zu werden, nicht eigentlich auch die Frage: Wieso tut er nicht, was ich erwarte? Heißt nicht der Hilferuf: »Warum verstehst du mich nicht?« in Wahrheit: »Sei anders, sei so wie ich!« Meint das Urteil: »Du verstehst mich einfach nicht« dann nicht sogar: »Nimm mich so, wie ich bin, und beharre nicht auf deinen Ansichten«?

Mit dem eigentlichen Verstehen – also dem instinktiven oder logischen Nachvollziehen einer Aussage, einer Handlung – hat dieser Sprachgebrauch wenig zu tun. Nur weil man etwas versteht, kann man nicht besser damit leben. Nein, »verstehen« ist zu dem Wunsch geworden, der andere möge anders sein.

Allen Nicht-Verstehenden oder auch Nicht-Verstandenen kann ein Rat Einsteins helfen: Man muss nicht alles verstehen können im Leben, aber man sollte tunlichst lernen, damit umzugehen.

Wir sollten aufhören, kommunikative Methoden zu suchen, mit deren Hilfe der *andere* einfacher zu verstehen ist und sich verständlicher verhalten kann. Vielmehr sollten wir uns damit beschäftigen, wie wir uns selbst einfacher machen können, wie wir selbst zur Transparenz kommen, anstatt es nur vom anderen zu fordern.

Was uns dabei im Wege steht, vor allem uns Frauen, sind eine Art geheime, innere Manuskripte. Die haben wir uns angelegt, um zu verstehen, verstehen zu lernen, und doch sind es nur Muster, die uns Sicherheit geben. Und prompt zum Scheitern führen, wenn die Realität vom Manuskript abweicht. Dazu eine schnelle Geschichte:

Phoebe ist vor kurzem 30 geworden. Und immer noch hat sie einen Traum. Von einem Kerl, der auf einem weißen Pferd oder zumindest in einem schwarzen Volvo mit beigefarbenen Ledersitzen und dazu farblich passendem Hund, gern Golden Retriever, kinderfreundlich sitzt und sie wie eine Prinzessin behandelt. Jede seiner Handlungen hat sich Phoebe bereits ausgemalt. Wie das erste Date zu sein hat, das zweite, das dritte, und wie zum Teufel er sich nach dem ersten Mal verhalten soll. Wie er sie umwerben, ihr aber später, im Lauf glücklicher Jahre, auch Freiheit gönnen soll. Dieses Drehbuch ist bis ins kleinste Detail ausgearbeitet – und selbstverständlich beherrscht sie ihre Dialoge und Einsätze perfekt. Hatte ja lang genug Zeit, sie sich immer wieder auszumalen.

Es ist klar, was passiert – es kommt alles ganz anders. Er hat das Script offenbar nie erhalten. So kann er nicht arbeiten. Er macht einfach mal so, wie er es für okay hält. Beim ersten Date hat er nur zwei Stunden eingeplant, während sie allein zwei Stunden zum Anziehen brauchte. Beim zweiten führt er sie nicht in ein Restaurant, sondern in ein lautes Bistro, und teilt die Rechnung. Außerdem hält er ihr nicht die Autotür auf und fragt schon wieder nach ihrem Geburtstag, obwohl sie ihm den schon beim letzten Mal genannt hat. Dafür schreibt er ihr jede Menge E-Mails, die sie verzweifelt zwischen den Zeilen zu lesen versucht, um eine eindeutige Zuneigungsbekundung herauszufiltern. Mit den Mails kaspert sie alle Freundinnen ab und kriegt von jeder eine andere Meinung und Interpretation. So geht das eine Weile hin und her. Irgendwann schlafen sie miteinander, weil sie das Gefühl hat, der Punkt wäre sonst überschritten, und er verliebt sich anderweitig. Bis dahin hat sie sich aber schon überlegt, ob mit ihm eine Beziehung möglich sein könnte. Erst nach einem »Schon möglich« gestattet sie ihm, sich auf sie zu legen. Er geht noch in derselben Nacht, weil er früh raus muss, und meldet sich den ganzen Tag nicht. Phoebe ist am Boden zerstört und fragt sich, warum nicht endlich mal ein Mann so sein kann, wie sie sich das wünscht. Und wessen Schuld das bitteschön sei …

Was ist da passiert? Als Mann würden Sie schätzungsweise sagen: Wo liegt das Problem? Hat er was falsch gemacht? Als Frau sagen Sie wahrscheinlich: Ach, du Scheiße. Sie ist an ein Arschloch geraten.

Uns wird klar: So kann das nicht funktionieren. Doch Frauen tragen eine lange Liste in ihrem Herzen, was ein Mann alles falsch oder richtig machen kann bei seinen Annäherungen.

Listen der Frauen – Ein Blick in den Höllenschlund geheimer Erwartungen

Natalies (26) Liste:

Er soll mir meine Telefonnummer charmant abschwatzen und mir seine geben. Damit ich nicht verleitet werde, seine herauszufinden, um ihn anzurufen, denn damit hätte ich ja gezeigt, dass er mich interessiert, und das soll aber von ihm ausgehen. Deswegen soll er zuerst anrufen. Beim ersten Date sollte er nichts anderes vorhaben und mich nicht nach zwei Stunden sitzenlassen. Überhaupt soll er galant sein beim ersten Mal. Zuhören, nachfragen, Türen aufhalten, und wenn ich mit der S-Bahn gekommen bin, sollte er mich trotzdem bis nach Hause bringen. Er dürfte sich gern, wenige Minuten nach dem Abschied, für die nette Zeit bedanken und mich spätestens nach 36 Stunden anrufen, um sich noch mal zu verabreden. Er soll nach den Sachen fragen, die ich ihm erzählt habe, und sich nicht mit meinem Busen unterhalten. Er sollte mir dezente, einfallsreiche

Komplimente machen und mir dann und wann einfach tief in die Augen schauen.

Falls es irgendwann mit uns passiert, soll er nicht danach aufstehen und gehen, es sei denn, er erkennt meine Signale, dass ich gern alleine wäre. Aber er soll mich nicht wie eine Nutte im Bett liegen lassen. Am besten wäre es, wenn er mindestens so viel, wenn nicht noch mehr Aufmerksamkeit zeigt wie vor dem ersten Mal. Er soll rasch danach anrufen oder Blumen schicken und mich sehr bald zu einem Treffen bitten, innerhalb der nächsten 24 Stunden. Damit ich sehen kann, was in ihm vorgeht, damit ich nicht Angst zu haben brauche, auf der schwachen Seite zu stehen und die zu sein, die mehr Gefühle investiert hat als er. Er soll mir sagen, wie schön es war und dass er sich auf das nächste Mal freut. Er sollte mich nicht am Telefon abwimmeln, wenn ich ihn anrufe, und wehe, er gibt mir das Gefühl, ich bin ihm lästig. Respekt und Bewunderung, das will ich, nicht mehr, nicht weniger, und doch gibt es das viel zu selten.

Wiebkes (31) Liste:
Nichts ist schlimmer, als wenn ein Mann sich erst sichtlich bemüht und dann plötzlich nicht mehr. Vor allem, wenn wir miteinander geschlafen haben, da kommt es mehr auf sein Verhalten danach an als davor. Viele Männer gehen bei mir oft auf meinen Beruf ein, und das schmeichelt mir natürlich, aber ich beginne mich auch zu fragen, was sie damit ausdrücken wollen – ist es nicht wichtiger, was ich bin als was ich tue? Ist das eine männliche Macke, weil Männer sich und ihren Beruf vergleichen? Haben deswegen Künstler vor Ärzten Respekt oder Rechtsanwälte vor Schauspielern Angst? Ein Mann darf mir bei seinen Annäherungen nicht das Gefühl geben, dass er Dinge aus Berechnung macht. Allerdings mag ich es mehr, wenn Männer auf mich zukommen als andersherum, nur zu lang warten lassen soll er mich nicht, das ist wie eine Denkmanipulation: Erst interessant, dann rar machen, damit sich der andere den Kopf zerbricht. Ich falle gern auf dieses Spiel rein und möchte es eigentlich nicht mehr. Aber

Gefühle zu zeigen scheint mir auch der falsche Weg – viele Männer scheint das zu erschrecken.

Ich möchte schon recht bald wissen, was er von mir will; wenn er aber nach drei Tagen bereits sagt, dass er mich liebt, bin ich auch überfordert. Männer sind entweder zu schnell oder zu introvertiert; ich fühle mich oft so, dass ich entweder ihm oder mir nicht wirklich trauen kann und mich mehr in die Liebe als in ihn verliebe. Was ich mir wünschen würde, wäre Eindeutigkeit. Viele Männer verteilen Aufmerksamkeiten, die was bedeuten könnten, aber nicht müssen. Ich mache mir dann Gedanken darum – ob er so sparsam ist mit Gefühlsandeutungen, weil er so ist oder weil es keine Gefühle sind oder weil er spielt oder weil da nichts ist? Diese Ambivalenz an der Grenze der Wahrheit macht mich verrückt.

Warum er nicht anruft

Es gehört zu den seltsamsten Phänomenen, dass hauptsächlich Frauen viel Zeit damit verbringen, auf den männlichen Anruf zu warten. Der kommt entweder spät oder nie oder wird per Präventivaktion von der Kohlensitzerin vorweggenommen. Das Traurige dabei ist, dass sie sich dann ungemein »pushy« fühlt (neudeutsch für aufdringlich), und das nur, weil sie den ersten Schritt des Aufeinanderzugehens gemacht hat, obwohl sie eigentlich überzeugt ist, den hätte er tun müssen. Sie empfindet sich als schwach, als Verlierer, weil sie zuerst Interesse gezeigt hat. Traurig genug, dass wir in diesem Zusammenhang überhaupt Begriffe verwenden wie »schwach« oder »stark« – geht es denn um Kampf, Krieg, Konkurrenz? Offenbar, sonst wären nicht so viele Frauen beim Warten vor dem Telefon so zermürbt worden.

Wieso ruft er nicht an? lautet der Klageruf. Folgende Möglichkeiten – die Reihenfolge ihrer Nennung entspricht der Häufigkeit ihres Auftretens – sind dabei in Betracht zu ziehen:

- *Er hatte keine Zeit.* Er will sich aber Zeit nehmen, wartet auf den Moment, wo keiner zuhört, wo er sich gut fühlt, wo er weiß, was er sagen soll. (Männer haben ein Zeitproblem: Sie vergeht zu schnell. Er sagt: »In einer Stunde bin ich da« – es werden garantiert zwei!)
- *Er hat es vergessen.* Weil Männer nun mal so sind. Sie denken sich: Was macht es aus, ob ich sie Dienstag oder Mittwoch anrufe, wenn ich sie doch anrufe?
- *Er hat die Nummer nicht,* er hat sie verloren oder sich verwählt und geschockt aufgelegt, weil das Videorama Pornoland dran war und er partout nichts bei Jaqueline bestellen wollte.
- *Er schiebt es extra auf.* Weil er ahnt, dass die Frau etwas hören möchte, von dem er selbst noch nicht weiß, ob er es sagen will.
- *Er ist ein Arsch* und für ihn war's nur ne schnelle Nummer.

Da wir im dritten Jahrtausend leben, dürfen Frauen Männer anrufen, anstatt sich den Tag damit zu versauen, um die Kommunikationseinheiten herumzustreichen und alle dreißig Sekunden zu checken, ob das Handy wirklich geht, oder sich von Freundinnen anrufen zu lassen, um zu sehen, ob in der Telefonleitung nicht vielleicht doch ein mysteriöser Defekt steckt.

Ganze Tage, Nächte, Wochen wurden schon mit Warten auf – *seinen* Anruf verschwendet. Die Frau an sich ist dann nahezu unfähig, sich auf den Alltag zu konzentrieren. Wagt kaum zu duschen – sie könnte ja das Bimmeln nicht hören! Wagt kaum, die nötigen Kleinigkeiten zu besorgen, um sich am Leben zu erhalten – er könnte ja just dann anrufen, wenn man gerade im Affentempo den Sparmarkt entert. Sie verlegt Geschäftstermine, damit sie im Büro nur ja persönlich an den Apparat gehen kann, und bei jedem Anruf, dessen Nummer auf dem Display sie nicht kennt, legt sie gleich vorsichtshalber die Stimme einige Nuancen tiefer, meldet sich nicht mehr mit vollem Namen, sondern nur mit einem erotisch gehauchten »Haallooo«. Bleibt nur die Einbildung, er litte unter Amnesie, wäre von anatolischen Plutoniumschmugglern schanghait und nach Sansibar verschleppt worden und friste nun sein Leben als Tunte in einer Schachbar. Ja, klar.

Gibt es Gegenmaßnahmen für das Drama der modernen Frau, die zwar Highend-Telefongeräte benutzt, aber trotzdem davor zurückscheut, sie zu bedienen und dem Sack zu sagen, er möge in einer Minute zurückrufen, wenn er noch weiterleben will? Es gibt sie, und ein paar dieser Maßnahmen habe ich mit meiner Mitbewohnerin Nina G. zusammengestellt:

Gegenmaßnahmen:

1. Auf stundenlange Analysen seiner Worte verzichten – die meisten Interpretationen sind eh Humbug.
2. Handy wegschmeißen, um nicht alle drei Sekunden nachzusehen, ob es funktioniert.
3. Verreisen.
4. Wir leben im 21. Jahrhundert, Frauen dürfen Männer anrufen – am zweiten Tag, die andere Rasse braucht länger zum Sortieren der Gedanken.
5. Wissen: Natürlich denkt er über Sie nach, Männer sind keine Klötze.
6. Ausgiebig in den Spiegel schauen, um sich nicht zu verlieren.
7. Spazieren gehen – Motorik killt Angsthormone.
8. Keine Liebesschnulzen gucken, lieber Krimis lesen.
9. Die Aufregung genießen, denn sie bedeutet: ICH BIN AM LEBEN!

Männern, die das lesen, raten wir: Ruf sie an. Jetzt. Keine Rumeierei. Sie will jetzt nicht hören, dass du sie liebst, fünf Kinder mit ihr haben willst und ihre Brüste die schönsten sind, die du jemals anstarren durftest. Aber Frauen legen nun mal besonderen Wert auf Respekt und Sicherheit; und Anrufe gehören eben dazu. Vor allem, wenn es sich um den Tag nach dem magischen ersten Mal handelt – machen Sie als Mann nie, nie, nie den Fehler, sie nicht innerhalb der nächsten zwölf Stunden anzurufen. Egal, was Sie von ihr wollen – eine Liebe, eine Affäre, nichts weiter –, es ist eine Frage des Anstands und der

Ehre, das verdammte Telefon in die Hand zu nehmen und sich zu bedanken, ihr einen schönen Abend zu wünschen und, je nach Gusto, einen Anruf drei Tage später zu versprechen. Und das dann einzuhalten.

Warum? Gerade nach dem ersten Sex ist es für Frauen spannend, zu erfahren, wie er sich verhält – das ist noch spannender als die Zeit davor. Gehen Sie davon aus, dass Sie als Kerl schon mal einiges richtig gemacht haben müssen, damit sie Sie überhaupt in ihr Bett und damit in ihr Leben gelassen hat. Versauen Sie nicht gleich alles wieder, indem Sie einen läppischen Anruf versäumen.

So. Und ihr, liebe Frauen: Wenn ihr es nicht ertragen könnt, dass er offenbar über Nacht verlernt hat, so ein Dingens mit Knöpje zu bedienen, ruft ihn an. Es gibt Regeln dafür: Nicht zu Bürozeiten, sondern abends. Kein SMS-Terror. Kein Ich-wollt-mich-nur-mal-melden, kein Was-machst-du-grad-so, sondern sagen Sie, was Sie zu sagen haben, und verabschieden Sie sich als erste. Verzichten Sie auf eine Überinterpration seiner Worte am Telefon. Er sagt das, was er meint, und verschweigt das, worüber er noch nachgrübelt. Sagen Sie ihm, dass Sie sich über einen Anruf in drei Tagen freuen. Tut er es, ist er ein Guter. Tut er es nicht, ist er entweder in Sansibar oder er scheut sich, Ihnen näherzukommen.

Verstehen Sie als Frau eine gewisse Anzahl an ausbleibenden Anrufen nicht gleich als Abfuhr, aber übertrieben verständnisvoll müssen Sie auch nicht sein. Wer nicht will, will nicht, zwingen kann man ihn nicht, dann nehmen Sie sich lieber eine Auszeit und haben alleine Spaß. Warten Sie nicht. Schaffen Sie Ereignisse, anstatt auf sie zu warten. Denn die Grundregel für eine positive, selbsterfüllende Prophezeiung ist: Beweg dich, dann bewegst du andere. Und vergessen Sie das mit schwach und stark; Sie sind keine Verliererin, wenn Sie als erste anrufen. Wenn Sie eine Freundin des ewigen, und immer noch sehr gut funktionierenden Spiels von Beute und Jäger sind, so ist es legitim, dem Jäger anzudeuten, in welchem Gebüsch man zu verschwinden denkt. Dieser Hinweis muss reichen, danach hat er entweder Lust, Sie zu erlegen – oder er ist ein Schlappsack. Dann lassen Sie es einfach bleiben und gucken, ob sich in den kommenden zwei Wochen was regt. Wenn nicht, ist Liebe nicht unter seinen ersten fünf Prioritäten. Dagegen können Sie nichts tun.

Und wenn er erst nach zwei Wochen anruft, hat er kein Bedürfnis nach Ihnen, sonder nach *irgendwann.* Auflegen.

Warum Männer nicht merken, wenn SIE bewusst nicht anruft

Ohne Ansage merkt kaum ein Mann, wenn sie sich nicht mehr meldet. Er überlegt vielleicht kurz, ob es zuletzt irgendein Anzeichen für eine Verstimmung gab, aber da Männer ja vor allem die Berichtssprache verstehen und also nichts dergleichen gehört haben, gehen sie davon aus, dass die Dame viel um die Ohren hat.

Dass sie in Wahrheit gerade mit Liebesentzug gestraft werden, für welches Vergehen auch immer, das geht einem Mann nicht auf. Dabei soll der Liebesentzug soll ja bloß eins: seinen Anruf provozieren. Der erfolgt auch irgendwann – aber nicht, wie Frauen insgeheim hoffen, weil er reuig erkannt hat, dass sie die einzige in seinem Leben ist und er sich ab heute um sie bemühen wird wie sonst nur um sein Autowaschritual am Samstagnachmittag. Sondern weil es ihm spontan einfällt, sich zu melden.

Wer einen Mann wirklich zum Nachdenken bringen will, sollte ihm den klaren Auftrag dazu geben. Ihm ankündigen, sich eine Zeitlang nicht zu melden (wichtig: die Zeitansage), damit er sich den Kopf zerbrechen kann. Stellen Sie ihm kein Ultimatum, wenn er Nachdenken auf Ansage betreiben soll; auf Ultimaten reagieren Männer höchst allergisch, meistens mit Verweigerung. Stellen Sie sich ein Tier vor, das in der Ecke sitzt und, wenn es da rauskommen soll, garantiert umgebracht wird. So sitzt er in der Ecke, und da bliebt er, wenn er Ultimaten hört. Ein Ultimatum bedeutet Entscheidung und Veränderung – zwei Dinge, die jedem Menschen höchstes

Unbehagen bereiten, vor allem wenn er das Gefühl hat, jemand anderer hätte schon längst beschlossen, was geschehen soll.

Grundsätzlich haben diese Wenn-dann-bis-Ansagen etwas Verwerfliches, Erpresserisches an sich – statt Konsequenzen zu ziehen, warten Sie darauf, dass er was tut. Ziehen Sie die Konsequenzen doch lieber gleich selbst, oder handeln Sie nach der Weisheit der Liebenden, die da heißt: Liebst du jemanden, lass ihn gehen (oder lass ihm zumindest eine so lange Leine, dass er sich nicht darin erhängt, wenn er grad mal wieder um seine eigene Achse taumelt).

Frauen haben die Angewohnheit, die Anzahl der Anrufe mit der Höhe der Zuneigung zu verwechseln. Sie denken sich: ICH rufe ihn pausenlos an, weil er mir wichtig ist. UND ER NICHT, das kann doch nur daran liegen, dass er mich nicht mag. Bei dieser Art Aufrechnung geraten Männer rasch ins Hintertreffen, und so stellen Frauen irgendwann die Anrufe ein. Er kommt aber im Leben nicht drauf, dass sie eine Reaktion provozieren will. Der Anruf ist im Spiel von Jäger und Beute nicht vorgesehen. Er dient der Kommunikation, und Kommunikation war wahrlich nicht die beste Verführungswaffe der Männlichkeit, sondern die Tat – was also, meine Damen, erwarten Sie von der Spezies? Sie kann das nicht. Sie sieht das allenfalls in Ausnahmefällen ähnlich wie Sie.

Sparen Sie sich als Frau doch bitte das Geld, und hören Sie auf, ihn sechsmal täglich zu belästigen und sich seiner Verehrung zu vergewissern. Falls Sie ihn aber durch eine Gesprächspause kitzeln und in den Arsch treten wollen, müssen Sie es ansagen. Sonst geht er davon aus, Sie hätten zuviel um die Ohren, und als rücksichtsvoller Mensch will er Sie dabei nicht stören. Konsequenz dieses Missverständnisses: Er ruft erst recht nicht an, irgendwann geben Sie auf und rufen ihn an, und wenn Sie ihn dann fragen: »Warum hast du nicht angerufen?« kommt genau der Satz: »Wieso du nicht?« Oder eben: »Ich wollte dich nicht stören.« Ja, so sind Männer. Gehen eben auch von sich aus und glauben, ein triftiger Grund wie Arbeit könnte dazu führen, dass sich eine Frau weniger meldet als sonst. Tja.

Frauen können arbeiten *und* an ihn denken. Männer nur entweder oder.

Sag mir was Schmutziges: Warum Dirty Talk Frauen schwerfällt (und ihm währenddessen erst recht)

Haben Sie sich als Frau schon mal darüber gewundert, wie sprachbegabt der Verehrer doch vor dem Bettgelage ist, und wie reduziert seine Aussagen dann sind – »Ah, oh, aaaaaaaarg, schnarch«?

Oder andersherum: Spielen Sie in Gedanken, während Sie sich pikant unter ihm bewegen, scharfe, heiße Sätze durch, und verwerfen sie dann doch wieder, weil es partout nicht funktionieren will?

Also. Männer können oft nur eine Sache auf einmal – reden *oder* mit Ihnen schlafen. Auto fahren *oder* zuhören. Einparken *oder* Radio hören, aber nicht alles gleichzeitig. Das wussten Sie. Da Sex Arbeit ist – sie konzentrieren sich nicht gleich zu kommen –, bleibt nicht mehr viel Platz auf dem Gehirnchip, um wahnwitzige Wortkonstruktionen rauszulassen. Von wegen »Beweg dich, du heißes Stück«, da bleibt oft nur ein »Ja, oh, heiß« übrig. Das ist die eine Seite. Die andere ist die Tatsache, dass Männer visuell erregbar sind, während Frauen selten beim Anblick eines Adonis klatschfeucht werden. Sondern erst, wenn er in Kerzen getaucht, Liebesworte vortragend, gut duftend und mit Feuer in den Augen vor ihnen steht, sie berührt und von den Socken reißt ... Während ein Mann sich also auf seine Arbeit, konzentriert und dabei auch noch das Auge völlig in Anspruch genommen wird – wie kann er da noch was sagen? Mit einer Erektion lässt sich nur schwer denken, vom Reden ganz zu schweigen; wenn ein Mann Sex hat, ist seine rechte Gehirnhälfte am Ackern und nicht die linke, wo das Sprachzentrum sitzt und die in dem Moment weniger als sieben Eindrucke verarbeitet! Frauen dagegen haben bekanntlich riesige Datenautobahnen zwischen diesen

Hälften und verquicken emotionale wie rationale Fähigkeiten, können also durchaus noch in höchster Erregung einen Satz mit Subjekt, Prädikat, Objekt von sich geben.

Geübte Liebhaber tun es trotzdem, nehmen dafür auch gern in Kauf, sich selbst damit von der Lust abzulenken und ihr Ziel – Stoßen bis ich, na gut: oder sie, kommt – zumindest mal für einen Moment beiseite zu lassen. Kein Wunder, dass so viele Männer es gern haben, wenn die Lady den Part der geschwätzigen Anfeuerin übernimmt; er schafft es einfach nicht. Nur eins sollte frau nicht von ihm verlangen: Antworten. Das irritiert ihn ebenso wie die Aufgabe, von sich aus mehr als Ohh-und-ahh-Blabla von sich zu geben.

Schön, dass wir das wissen. Und doch bleibt uns das schmutzige Wort im weiblichen Schwanenhals stecken. »Sag mir was Schmutziges« – mal ehrlich, ohne Vorbereitung ist diese Ansage so sexy und inspirierend wie ein Krankenhausfußboden. Oder fällt Ihnen dazu noch was ein außer gewisser Hardcore-Lexik aus dem Pornomilieu? Dirty talk von derb bis delikat muss aber nicht schmuddelig daherkommen, um anzumachen, und ist auch keineswegs nur für Lakenaktivitäten gedacht. Im Gegenteil: So wünscht sich jeder dritte Mann, von seiner Herzdame besonders vor Vollzug verbal umgarnt zu werden (bloß Anweisungen soll sie ihm bitte nicht geben), und zu einem Linguistikluder fühlt sich jeder zweite Kerl aus dem Stand mehr als nur hingezogen. Aber deswegen gleich zur Maulhure werden? Vielen Frauen bleibt schon bei der Vorstellung, unverblümt über erotische Obsessionen zu plaudern, das Wort im Hals stecken.

Schuld an der Sprachlosigkeit ist nach Erkenntnissen des Berner Paartherapeuten Klaus Heer die »Broca«-Gehirnwindung unseres Sprachzentrums. In klinischen Tests wurde erwiesen, dass diese moralische Gehirnkurve uns ins Stottern bringt oder komplizierte Umschreibungen erzwingt, wenn wir »schmutzige« Begriffe über die Lippen bringen wollen. Psychologen sehen die Hemmungen beim lasziven Vokabulieren zudem in der individuellen Erziehung: »Schlimme« Wörter wurden geächtet, vor allem, wenn sie etwas mit dem Unterleib zu tun haben. So etwas prägt zur Peinlichkeit.

Außerdem widerstrebt es der Moral einer Frau, sich zum Erfüllungsgehilfen fremder Lust zu machen. Aber selbst wenn es ihre ist – es ist so ungemein schwer, in die eigenen Abgründe des Wollens, der diffusen Sehnsüchte zu schauen. Vielleicht passt es ihr gar nicht ins Selbstbild, wenn sie sich wünscht, dass er sie dominiert, niederdrückt, zur Bewegungslosigkeit verdammt und, mit Verlaub, rüde vögelt, bis sie sich ans Laken genagelt vorkommt. Vielleicht passt es nicht zu ihrem Wunschimage, dass sie sich ihm ergeben will, dass sie ihn auffordert, Dinge zu tun, statt abzuwarten, um sie ihm nur zu »gestatten«. Etwas zu wollen bedeutet Verantwortung für die Motivation des Wollens zu übernehmen, und das – nein, das geht nicht so einfach.

Erwarten Sie nicht, sofort zum redegewandten Verführungsmeister zu werden! Jeder braucht seine Zeit, um die Sprachhemmung zu überwinden. Außerdem: Männer verführen mit Worten anders als Frauen und stehen auf andere Taktiken. Während Frauen es schätzen, zu hören, wie Teile ihres Körpers ihn wuschig machen – »der Duft deiner Haut macht mich süchtig, deine Hände zu spüren rasend, deine Lippen anzuschauen ist wie dich zu lieben …« –, so mögen es Männer unverschnörkelt: Was sie machen sollen, wie sie es machen sollen, wann sie es machen sollen. Eindeutige Aufforderungen, ohne fordernd zu sein. Tip am Rande: Dirty talk gehört ins linke Ohr, da es mit dem Emotionszentrum gekoppelt ist, und ein »Er ist ja soo groß …« mach ihn gleich noch größer.

Wenn Sie sich also beide entschieden haben, mehr mit Worten zu spielen, aber nicht wissen, wie zum Teufel es denn gehen soll, sagen Sie sich alle diese süßen verbotenen Dinge vorher. Ein gelungenes Vorspiel ist sowieso der beste Weg, um Ihre Herzdame wirklich glücklich zu machen – nie vergessen: der Weg ist das Ziel (und nicht, wie bei den Kerlen, das Ziel). Stundenlanges Rumgestoße auf ewig gleiche Art mag zwar einen Herrn bis zu Ejakulation bringen, aber uns Frauen langweilt das. Wir brauchen mehr, wir wollen alles.

Und währenddessen – nun, lassen Sie Ihrer beider Lust Raum durch Stöhnen, Atmen, setzen Sie die Laute der Lust ruhig ganz bewusst ein. Auch wenn Frauen dazu neigen, sich beim Sex nicht so recht fallenzulassen – ein quietschendes Bett, Musik von nebenan oder ein nervender Mopedfahrer auf der Straße kann sie bereits rausbringen –, übertönen Sie als Mann diese Nebengeräusche einfach (auf die Frauen übrigens nur deshalb hören, weil sie gaaaanz früher, als es noch keine Zentralheizung oder abschließbare Wohnungen gab, auch immer auf verdächtige Geräusche hören mussten, um den Typ notfalls von sich runterzuwerfen und zu ihrem hilflosen Baby zu eilen, das vielleicht gerade ein Säbelzahntiger genüsslich verspeisen wollte. *Schmatz*).

Warum Frauen nicht sagen, was sie wollen

Wir sind romantisch veranlagte Wesen. Wir wollen, dass man in unser Herz und in unsere Seelen schaut, ohne dass wir uns erklären müssen. Wir glauben fest daran, dass sich zwei Seelen auch ohne Worte berühren können, indem man sich fest in des anderen Augen versenkt und damit zu Tiefen hinabsteigt, die sowieso kaum der Sprache mächtig wären und für deren Beschreibung jegliche Vokabeln eh zu dürftig sind.

Wir sind es leid, sagen zu sollen, was wir wollen, weil wir wünschen, erkannt zu werden. Wir wollen, dass der andere unsere Wünsche kennt, denn das ist unser Ideal, und nur das wollen wir für die Dauer unseres Lebens finden und ertragen. Wir sind manchmal des Kämpfens müde, sind es leid, initiativ zu sein, um den anderen zur Initiative zu bringen. Wir wollen weites Land betreten, uns mitnehmen lassen, ohne vorher eine verbale Reservierung zu tätigen oder ein Ticket zu lösen. Wir wollen, dass jemand uns zeigt, wie wir uns selbst erkennen können. Wir haben diffuse Sehnsüchte, die nicht in ein »Ich will…« zu pressen sind. Unser Innenleben ist so voller Wünsche und Hoffnungen und so verzweigt wie ein alter Olivenbaum, und vieles wird schon in dem Moment relativiert, bevor wir es überhaupt aussprechen können. Manchmal wissen wir nicht, was wir wollen.

Soweit die emotionale Geschichte.

Im Lauf der Jahrtausende hat sich außerdem so was wie eine Ur-Erinnerung fest in unsere weibliche DNS eingetragen: die Gewissheit, dass Männer zwei von drei Dingen, die wir von ihnen wollen, vergessen. Das mag an der Art des Vortrags liegen – »Denkst du nachher, wenn du den Müll runtergebracht hast, daran, nach dem Fahrrad zu sehen und mir Blumen mitzubringen?« – oder aber an der Tatsache, dass Multitasking eben nicht gerade das ist, was Männer ausmacht. In den weiteren Erbinformationen über das andere Geschlecht wissen wir aber auch: Mit Forderungen kommen wir manchmal nicht weit. Forderungen implizieren für Männer, ein Versager zu sein, wenn er dies oder jenes nicht ranschafft; er sieht diese Dinge als Verpflichtung und nicht als Geste unter Liebenden. Deswegen ignoriert er lieber, was wir wollen, oder stellt sich stur und taub. Wir haben außerdem festgestellt, dass ein Mann, der seiner Arbeit (oder der Jagd) nachgeht, unfähig ist, auf häusliche, emotionale Probleme zu reagieren. Nur eins von beidem geht: entweder kümmert er sich um den Müll oder er bringt Blumen mit. Das eine ist eine Erledigung, von dem anderen erhoffen wir uns ein Zeichen der Zuneigung (die er von selbst zeigen sollte, der Penner!), und das ist eindeutig zuviel verlangt. Das wissen wir, also lassen wir es.

Ansonsten sind Frauen nun eben etwas, nun ja, indirekter als Männer. Sie benutzen die verschnörkelte Rede, in der sie höchstens in einem verschlungenen Nebensatz voller Konjunktive ihre Wünsche verbergen, um eine Nähe herzustellen, mit der sie wiederum Beziehungen stabilisieren wollen. Sie möchten über das Reden Harmonie herstellen, und da passt eine klare Aussage in Form von »Ich will!« einfach nicht hinein. In Frauenaugen wirkt das derb und befehlend, und das wollen sie ja nun nicht sein bei dem Mann, den sie lieben. Frauen pflegen ein nicht-lineares Kommunikationsprinzip (danke, Klaus, für diese Bezeichnung auch MEINER Macke, entzückend), dem Männer nicht gerade leicht folgen können.

Sie tun sich schwer damit, klar auszudrücken, was sie wollen, auch weil sie es empörend finden, wenn der Mann mit seinen Imperativen kommt, um seine Wünsche auszudrücken: Komm her, bück dich, machst du mir einen Kaffee ... Da Frauen zwar vieles, aber nicht alles wörtlich nehmen, sondern immer auf Botschaften hinter den Worten lauern, bedeuten solche Ansagen für sie nur: Er benutzt mich, er schubst mich rum, er nimmt alles für selbstverständlich. Und eben weil sie es so empfinden, werden sie das nie einem Mann zumuten wollen.

Meine Damen: Tun Sie das ruhig. Er wird erfreut sein, dass er nicht mehr im trüben fischt.

Ein Trick übrigens, um Männer weichzukochen beziehungsweise überhaupt an sie ranzukommen, sie sogar zum Reden zu bringen, ist sie in Bewegung zu halten. Motorik lenkt den Mann davon ab, sich abzuschotten. Gehen Sie spazieren. Dabei sind schon die besten Gespräche rausgekommen.

Abteilung Subtexte – Was Männer meinen, wenn sie sagen... und was die weiblichen Codes zu bedeuten haben

Manchmal erscheint es uns nachgerade wie ein Akt der Höflichkeit, zu lügen. Aber manchmal greifen wir auch nur aus der Schwäche heraus zur Lüge, nicht ehrlich sein zu können, weil wir Angst vor Repressalien haben oder uns nicht aus einer Privathölle befreien können, die wir uns selbst zusammengezimmert haben, weil wir uns das Leben schönfärben wollten.

Wie Jörg, er ist Manager für Schriftsteller. Nicht meiner, nur nebenbei. Egal. Letztens in seinem Büro klingelte das Telefon. Er geht ran. Und beginnt sich zu winden – so sehr, dass klar ist: Der

Anruf kommt von einer Frau, die an ihm interessiert ist, von der er aber nichts will. Doch anstatt ihr das zu sagen, windet er sich und hofft auf die Macht seiner Subtexte: »Oh, hallo. Ja. Geht so. Ähhhh … am Wochenende? Ich, hab ja so was von viel zu tun, mein Schreibtisch ist voll … Was? Ja. Hmhmhm, ja, kann ich mir denken, tut mir leid. Du, ich weiß echt nicht, wo mir der Kopf steht, nein, es liegt nicht an dir, ich hab einfach nur so viel … was? Ja. Du auch.«

Ich frage ihn, ob es sein kann, dass er es bedauert, dieser Frau zu nahe gekommen zu sein, die da gerade anrief, offenbar um mit ihm das Wochenende zu verbringen oder wenigstens sonntags zu ihrer Schwester rauszufahren, die Nichte habe Geburtstag … Egal, ob es sein kann, dass er genervt war von ihrem Anruf?

Tatsächlich. Er bedauert, je geglaubt zu haben, diese Frau sei toll und schön und klug. Im Überschwang der ersten Begeisterung hat er sie mit seiner Büronummer beworfen, aber nach und nach, je länger sie sich kannten, stellte er fest: Hups, Irrtum, die liegt mir doch nicht. Er fragt sich: Wieso rufen Frauen überhaupt im Büro an, wissen die nicht, dass ich arbeiten muss und mich nur darauf konzentrieren will? Warum meinen Frauen, sie müssten einem gleich bei der vierten Verabredung ein Date mit Familienleben aufzwingen? Warum schütten sich Frauen einem Mann so aufdringlich emotional vor die Füße, erwarten umgekehrt dasselbe und reagieren dann pikiert, wenn er es nicht mitmacht, dieses Spiel von »Zeig ich dir meine Seele, zeig mir gefälligst deine«? Muss er sich das diktieren lassen?

Gut, bei Jörg muss man dazu sagen, dass er einer der wenigen Typen ist, die einer Frau den Laufpass geben würden, weil er ihren Arsch zu fett findet. Ähnlich wie ein Sportlehrer von mir, der seine Frau nach jahrelanger Ehe hinauswarf, weil er sie irgendwann im Urlaub zum ersten Mal im Badenanzug gesehen hatte und ihre ungeraden, ja, eher krummen Beine eklig fand. Haben die sich nur im Dunkeln geliebt?

Aber ob Jörg oder Sportlehrer ist unerheblich, das sind zwar zwei extreme Beispiele von Perfektionisten, die selbst wenig zu bieten haben, aber sie sind vor allem zwei Beispiele für die männliche Gattung und ihre ab und an auftretende Subtext-Kommunikation. Er wimmelt sie ab, statt klipp und klar zu sagen, dass sie seine Telefonnummer doch lieber wegschmeißen sollte. Er wimmelt sie ab, statt zu sagen: »Huch! Nein. Danke für die Einladung, aber: nein.« Warum macht der Mann das? Warum nimmt er seine Zuflucht zu diesen oder anderen Varianten des Sich-Windens, der vage gehaltenen Vielleichts?

Es ist die Überraschung, die ihn da kalt erwischt. Wenn Sie gleich mal einen Kerl in der Phase anrufen, wo Sie beide noch nicht wissen, ob aus der Begegnung eine Bekanntschaft, Freundschaft, Beziehung oder ein Sexdings wird, wird er in den seltensten Fällen ehrlich antworten. Es sei denn, Sie kennen die Subtexte.

Subtext-Sprache kommt bei Männern seltener als bei Frauen vor und meist auch nur dann, wenn sie es nicht über sich bringen, mit der Wahrheit rauszurücken. Warum sie das nicht tun? Würde man einen Mann fragen, wäre seine höchst vordergründige Antwort: Um sie nicht zu verletzen.

Dann lachen wir alle mal ganz laut. Denn eigentlich schwafelt er nur rum, um sich selbst nicht zu verletzen. Stellen wir uns nur mal vor, Managerjörg hätte dieser Frau gesagt, er sei genervt, dass sie überhaupt anruft und ihn stört, denn er möchte nur ein bisschen Sex und Zärtlichkeit von ihr und nicht gleich das Schwester-Nichte-Trara, oder dass sie doch nicht ganz die sei, die er sich so vorstellt als kommende Intima.

Dann müsste er befürchten, dass sie durchs Telefon springt. Die Rache einer abgelehnten, abgelegten Frau, die sich schon mal angebiedert hat, ist mörderisch. Sie kann ihm die Hölle heiß machen, ihn zur Rede stellen, mit Vorwürfen bombardieren, seine ganze Person in Frage stellen und im ganzen Viertel Plakate aufhängen, auf denen sie ihn als Kurzschwanz, Frauenvergewaltiger und Blender bezichtigt. Er hat einfach Angst davor, dass sie – zu Recht? zu Unrecht? – ihre Geschütze auffährt. Darum hofft er, sie möge still und stumm begreifen, was er ihr nicht sagen mag, und sich genauso still und stumm wieder aus seinem Leben entfernen. Er will, dass sie es ihm leichtmacht, ohne dass er sich es schwermachen muss.

Moralisch verwerflich ist das nicht. Sondern sehr menschlich. Feigheit gehört zum Menschsein dazu – wer ist schon perfekt?

Anders als bei Männern ist der weibliche Subtext nicht oder selten von Feigheit diktiert. Vielmehr ist er eine Kombination aus Erziehungslust – Frauen lassen Männer mit unausgesprochenen »Untertiteln« spüren, dass ihnen was missfällt, anstatt es geradeheraus zu formulieren –, Höflichkeit, Natur und dem leider anerzogenen Verhaltensmuster des »netten Mädchens«, das nette Sachen sagen muss, damit es nett bleibt und andere nett zu ihm sind. Wie umfangreich weibliche Subtexte sein können, belegt die folgende Liste geheimer Codes. Sie mag Ihnen witzig vorkommen, aber sie ist wahrhaftig. Gerade in der Komik liegt Wahrheit und Schmerz.

■ *Was Frauen meinen, wenn sie sagen ...*

»Du bist wie ein Bruder für mich.« = Du bist unsexy, und wenn du auch der letzte Mensch auf der Erde wärst, würde ich die Menschheit eher aussterben lassen, als mit dir ins Bett zu gehen.

»Ich weiß nicht, ob ich mit dem Altersunterschied zurechtkomme.« = Du stammst wohl noch aus der Kreidezeit, du bist ein alter Sack, du kriegst ihn nicht hoch, du willst doch nur ne Hausfrau oder ein Babe, mit dem du dich schmücken kannst – nö. Nönönö.

»Mein Leben ist momentan recht kompliziert.« = Verschwinde jetzt langsam, einer meiner anderen Freunde/Verehrer könnte auftauchen; du nervst, ich rede nur mit dir, weil ich so erzogen wurde.

»Es ist meine Schuld.« = Es ist deine Schuld.

»Ich muss mich auf meine Karriere konzentrieren.« = Sogar so etwas Todlangweiliges wie mein Job ist besser, als sich mit dir zu verabreden.

»Ich will mich nicht binden.« = Ich will mich nicht MIT DIR binden.

»Lass uns Freunde sein.« = Ich möchte jemanden haben, dem ich in allen Einzelheiten erzählen kann, wie es mit den anderen

Männern ist; ich find dich unsexy, und es wäre mir eigentlich recht, wenn du dich ne Zeitlang nicht meldest. So etwa zwanzig Jahre.

»Wir brauchen …« = Ich möchte …

»Es ist deine Entscheidung.« = Die korrekte Entscheidung sollte nun offensichtlich sein. Meine!

»Mach, was du willst.« = Du wirst später dafür bezahlen, wenn du jetzt nicht einlenkst.

»Wir müssen miteinander reden.« = Ich muss etwas erklären. Etwas, was ziemlich sicher darauf hinaus laufen wird, dass einer von uns heult, wahrscheinlich ich, und einer geht, und zwar du.

»Klar, mach weiter. Geh ruhig.« = Wenn du das tust, sind wir geschiedene Leute; du brauchst dann nämlich nicht wiederzukommen. Ach, so: Falls du doch wiederkommst, ist das auch richtig, aber du solltest es nie wieder tun.

»Ich bin nicht sauer.« = Natürlich bin ich sauer, Penner! Auf dich! Deine Art! Wie du atmest, wie du gehst und dass du schon wieder mit den Kumpels saufen gehst, anstatt mir Blumen mitzubringen, *grrrr*.

»Du bist so … männlich.« = Du stinkst und bist ein Macho. Dusch dich, mach mir die Tür auf und furz nicht während des Essens, sondern wenigstens erst hinterher.

»Die Küche ist so ungemütlich …« = Wann kaufen wir uns eine Eigentumswohnung? Wann wirst du endlich mal ein bisschen mehr Atmosphäre schaffen? Wieso muss ich mich darum kümmern?

»Ich brauche neue Vorhänge …« = … und Teppiche und Möbel und Tapeten … sonst fühle ich mich nicht wohl. Willst du etwa nicht, dass ich mich wohlfühle? Hast du keinen Geschmack oder wenigstens meinen? Was sollen meine Freundinnen sagen?

»Liebst du mich?« = Ich bin dabei, dich um etwas sehr Teures zu bitten. Du hast es schon lange nicht mehr gesagt. Du hast etwas getan, was mich zweifeln lässt.

»Wie sehr liebst du mich?« = Ich habe heute etwas gemacht, was du nicht mögen wirst. Und dann werde ich dich daran erinnern, wie sehr du mich liebst und dass du mir deswegen verzeihen wirst. Ansonsten werde ich es dir nämlich nicht erzählen.

»Ich bin sofort fertig, Liebling.« = Setz dich, schau dir ein Fußballspiel an und drängel nicht; und wehe, du machst mir dann kein Kompliment. Außerdem: Es ist eine Party, und je später wir kommen, einen desto besseren Auftritt haben wir.

»Bin ich dicker geworden?« = Erzähl mir, dass ich bezaubernd aussehe. Und zwar so, dass ich es dir glaube. Glaub ja nicht das Gegenteil! Und du weißt, ich bin ein lebender Lügendetektor, also will ich dir eigentlich gleich nur eine Szene machen. Außerdem könntest du mir mal wieder zeigen, dass du mich begehrst!

»Hörst du mir überhaupt zu?!« = Zu spät, vergiss es! Ich hab alles Wichtige gesagt, und du wirst dumm sterben! Interessiere ich dich nicht mehr? Lieb mich!

»Vielleicht.« = Nein. Oder auch: Du hast die Frage nicht interessiert genug gestellt, frag noch mal, aber diesmal etwas enthusiastischer bitte!

»Nein.« = Nein. In seltenen Fällen auch ja, aber dazu sollten Sie die Dame schon gut kennen (nicht dass Sie ausgerechnet dann aufhören, wenn es am schönsten ist, nur weil sie ihr Nein so lüsterninbrünstig keucht).

»War das das Baby?« = Erheb dich vom Bett, geh zu ihm hin, beruhig es und bring es zum Einschlafen; es ist auch dein Kind, ich fühl mich eh als Mutterkuh und nicht mehr als Frau. Wenn du schon den ganzen Tag Spaß im Büro hast mit all deinen Spielkameraden und ich unter Schmerzen deinen Nachwuchs gebar, kann ich jetzt wenigstens auch mal liegen bleiben. Los JETZT!

»Ich bin nicht eifersüchtig.« = Natürlich bin ich eifersüchtig, aber bevor ich das zugebe, rupfe ich dem Flittchen, mit dem du dreißig Sekunden zu lang gesprochen hast, die Schamhaare einzeln aus!

»Nie hörst du mir zu!« = Hör mir jetzt zu. Über »nie«, »immer« oder sonstige Pauschalurteile in der Frauensprache sollten Männer mit ihrer angeborenen Goldwaage für Vokabeln sich nicht allzusehr echauffieren. Wenn eine Frau sich beschwert, dass ein Mann immer/nie dies oder jenes tut, dann meint sie das nicht wirklich. Sie ist schlau genug, um zu sehen, dass er auch mal einkauft oder ihr die Füße massiert. Warum sagt sie es also trotzdem? Um ihrer Wut, ihren Befindlichkeiten einen zusätzlichen Ausdruck zu geben. Seien Sie als Mann nicht kindisch beleidigt, wenn eine Pauschalaussage mit immer/nie/nur kommt. Es bedeutet nicht mehr und nicht weniger, als dass eine Frau frustriert ist, jetzt und in diesem Moment, nicht in all den vergangenen Jahrzehnten. Quasi nach dem Motto »Übertreibung macht anschaulich« will eine Frau einem Mann damit einfach klarmachen, welcher Sturm gerade in ihr tobt. Ob es eine gute Idee ist, ihm dann mit Pauschalargumenten zu kommen, ist eine andere Geschichte – natürlich ist es das nicht. Aber Sie werden nicht deshalb ein besserer Mensch, weil Sie Ihre Eigenheiten ablegen, sondern wenn Sie lernen, sie zu erkennen und damit umzugehen. Anstatt sich also als Mann auf das Nie/Immer hin zu verteidigen, sollten Sie einen Schlussstrich unter diese unerquickliche, zu nichts führende Diskussion ziehen und Ihre Herzliebste fragen, was eigentlich los ist. Was sie Ihnen sagen möchte. Stoßen Sie vor zum Kernproblem, anstatt auf Vorwürfe, die in Wahrheit nur ein Hilferuf nach Verständnis und Zeit sind, wie ein schmollender Schuljunge zu reagieren. Wie Sie es sonst immer tun (hier sollten Sie lachen).

Schade nur, dass auch Männer nur von sich ausgehen, wenn sie solche Sätze und Codes hören, ohne zu ahnen, was sie bedeuten. Und da Männer sagen, was sie meinen, schätzen sie, Frauen täten das auch.

Ha. Hahaha. Hups, jetzt bin ich vor Lachen auf die Tastatur gekippt.

Hach, täten wir das doch mal! Ein paar Frauen reden bereits Klartext, mit dem passenden Kerl dazu funktioniert das bestens, und er liebt uns gerade, *weil* wir so präzise und direkt und ehrlich sind und ihm unsere Klartexte ohne stille, gegenteilige Untertitel um die Ohren hauen, dass es nur so kracht, und zwar unmittelbar und ohne erst eine quälende erzieherische Sendepause von stundenlanger Unnahbarkeit einzulegen … (Kein Wunder, dass er das schätzt: Man ähnelt ihm, er fühlt sich bestätigt und weiß, woran er ist – und das ist eines der wichtigsten Dinge, damit Mann sich nicht unbehaglich fühlt, usw. usf. …)

Aber alle anderen Frauen, die sich mit Hingabe und manchmal sogar aus bewusster Fiesheit heraus der indirekten Rede widmen – wäre das nicht ein Ding, wenn sie, wir, alle! sagen, was wir meinen?! Aller Voraussicht nach würde dann die Welt aus den Angeln kippen; denn Männer haben sich so sehr an unsere Codes gewöhnt, dass sie sie meist schon ziemlich richtig verstehen, auch wenn es sie ankotzt, so in der Düsternis herumzutasten und ständig Gefahr zu laufen, etwas falsch zu machen. Überhaupt: Die Angst, etwas falsch zu machen, ist für die meisten Männer zum ständigen Begleiter geworden; ein diffuser Schmerz, der ihnen oft den Atem raubt, sie noch verstockter macht, noch trotziger. So dass wir am Ende lauter kleine Jungs haben, aber keine Männer mit genügend Selbstbewusstsein, um offen Widerstand zu leisten. Zu schade (auch wenn es manchen Frauen ganz gut gefällt, ihren Kerli so in der Schwebe zu halten; wer's braucht …)

Wenn plötzlich alle Frauen sagen würden, was sie meinen, wären die Männer wahrscheinlich höchst bestürzt über die neue Offensiv-Lexik. Und erfreut. Und geschockt. Von der Untiefe und der Aggressivität weiblicher Seelen. Denn aggressiv können wir ja nachweisbar sein, das weiß jede Frau, die morgens im überfüllten Bus schon mal Mordgedanken hatte im Angesicht eines dicken, lauten, überheblichen Kleinkinds im hässlichen Ringelpulli. Aber wäre es nicht erschütternd, wenn wir diese Aggressivität auch zeigen würden?

Gehen wir mal davon aus, dass so ein Kraftakt wider die eigene Natur unmöglich bis schwierig ist. Also muss wieder Einstein ran: Wenn uns ein Mann schon nicht verstehen kann, soll er wenigstens mit uns umgehen lernen.

Und damit das klappt, hab ich da was für Sie: die Antworten auf die fünf ultimativen weiblichen Fragen (die nur dafür gedacht sind, Rabatz zu machen und die Liebe zu prüfen, aber das haben Sie als

Mann wahrscheinlich schon geahnt). Nehmen Sie es halbernst, aber bitte wie ein Mann.

Was Frauen hören wollen

Die Fragen sind:

1. An was denkst du gerade?
2. Liebst du mich?
3. Findest du, dass ich (zu) dick bin?
4. Findest du sie hübscher als mich?
5. Was würdest du tun, wenn ich sterbe?

Wenn wir davon ausgehen, dass es in der Natur des Mannes liegt, auf Fragen ehrlich und schnörkellos zu antworten, ohne einen Gedanken darauf zu verschwenden, was eine Frau mit einer bestimmten Frage überhaupt bezweckt, können Männer eigentlich nur falsch antworten. Denn wir wollen nur eines hören: Bestätigung, Bestätigung, Bestätigung. Und, seien Sie doch mal so nett als Mann, fragen Sie einfach nicht nach dem Warum, sondern TUN SIE ES EINFACH und sagen Sie, dass Sie uns toll finden. Zum Beispiel wenn sie Sie fragt …

■ *»An was denkst du gerade?«*

Was Madame zu hören wünscht, ist: »Entschuldige Schatz, wenn ich für einen Moment unaufmerksam war. Ich dachte nur gerade, was für eine wunderbare, warmherzige, intelligente und schöne Frau du bist und was für ein Glück ich habe, mit dir zusammensein zu dürfen.«

Tonfall: ehrlich, liebevoll, und das ganze mit Plüschaugen. Dabei einmal eine Hand auf ihre Hand legen wäre auch nicht schlecht.

Was wir nicht oder nur ungern hören wollen, egal ob es die Wahrheit ist oder nicht: »Wer, ich? Och, ich denke grad …

a) an Fußball.
b) an den Job und was ich alles machen muss.
c) dass du zugenommen hast.
d) was es wohl zu essen gibt.
e) nichts.

Sie sind ein Mann und möchten ganz gerne wissen, warum sich Frauen diese Frage eigentlich antun? Na gut, ich sag's Ihnen: Für uns ist der Einblick in die Gedankenwelt eines Mannes auch eine Art Rückbestätigung, den richtigen Kerl an unserer Seite zu haben. Einen, der auch mal nachdenkt. Der sich mit sich selbst beschäftigen kann, um zu neuer Reife zu gelangen. Wir fragen nach euren Gedanken, um zu zeigen, dass wir da sind, falls ihr einen Ansprechpartner braucht. Wir zeigen mit dieser Frage Interesse – und hoffen, dass ihr etwas antwortet, das unsere Sorge entkräftet, ihr könntet gerade darüber nachdenken, wie nett es wäre, solo zu sein oder mit zwei blonden Schweizerinnen Sex in den Polstern eines Lear-Jets zu haben. Wir fragen, weil wir selbst gefragt werden möchten oder weil wir das Gefühl haben, ihr seid uns noch zu fremd, um Vertrauen zu fassen.

Und kaum weniger. Hätten Sie das geahnt, mein Herr?

Weniger diffizil, wenn auch kaum erklärbarer, ist diese unsere Frage:

■ *»Liebst du mich?«*

Die korrekte und einzig akzeptable Antwort ist »JA!« oder, falls Sie gerade gesprächig sind: »JA, Schatz!« Goodies wie »Mehr als je eine andere, mehr als ich je zu hoffen wagte, mehr als du es mir je glauben wirst« sind regelmäßig einzustreuen.

Inkorrekte Antworten (also absolut tabu) sind unter anderem:
a) Ich glaube schon.
b) Würdest du dich besser fühlen, wenn ich ja sage?
c) Kommt drauf an, was du mit »Liebe« meinst.
d) Warum fragst du?

e) Und du?
f) Ich spreche ungern über meine Gefühle.
g) Glaubst du nicht?
h) Das weißt du doch!

Mag sein, dass Männer meinen: Ich habe ihr einmal gesagt, dass ich sie liebe, also weiß sie das, und das muss reichen. Solange ich nicht das Gegenteil behaupte, müsste ihr das doch wohl klar sein. Was will sie denn jetzt, Herrgott? Cäsar liebte auch keine Wiederholungen!

Was wir damit sagen wollen, liebste Männer, ist: Du hast dich in letzter Zeit nicht so verhalten, als ob es so wäre. Ich brauche gerade Zuneigung. Ich will mich aufgefangen und verstanden fühlen, ich will wissen, dass wir eine verlässliche gemeinsame Basis haben, auch wenn ich gleich mit dir streiten werde, weil du schon wieder die Eier vergessen hast und deine Arbeit dir mehr bedeutet als unser Zusammensein. Mit dieser Frage wollen wir eine Rückversicherung, dass wir unsere Liebe nicht verschwenden an jemanden, der eh nur poppen will oder bloß an regelmäßigen warmen Mahlzeiten interessiert ist. Wir wollen unsere Eifersucht besänftigen und hassen jegliche Gegenfragen bei dieser Geschichte. Es kann aber auch durchaus sein, dass wir unser schlechtes Gewissen beruhigen wollen, weil wir etwas getan haben, was die Liebe schmälern könnte.

Bumms! Hat irgend jemand gesagt, wir würden fragen, weil wir wirklich zweifeln? Nein!

Sehr, sehr heikel ist die folgende Frage, die sich Frauen leider immer noch nicht entblöden, zu stellen. Sie ist hinterhältig und gemein und kaum korrekt zu beantworten.

■ »Findest du, dass ich (zu) dick bin/zugenommen habe?«

Die richtige Antwort ist: »Natürlich nicht!« (mit einem leicht empörten Unterton: Wie kann sie nur so eine Frage stellen!). Ergänzend dazu: »Du bist wunderschön, es ist alles an der richtigen Stelle, du gehst für ne glatte 36 durch, dein Körper ist so was von sexy, weißt du das eigentlich?«

Falsche Antworten sind unter anderem:

a) Verglichen mit was?
b) Ich würde nicht dick sagen, aber richtig dünn bist du auch nicht.
c) Die paar Extra-Kilos stehen dir gut.
d) Ich hab schon Dickere gesehen.
e) Du entsprichst vielleicht nicht dem Ideal, aber wenn du dich wohlfühlst …

Auf solche Antworten steht eine halbstündige Diskussion, in der eine Frau einem Mann die Haut abziehen und seine Gedärme auf dem Boden verstreuen wird oder heulend vor ihm zusammenbricht und der Magersucht verfällt. Oder sie meint, nur der Chirurg könnte hier noch helfen. Oder sie wird in Zukunft eifersüchtig darauf achten, ob Sie eine Frau ansehen, die mehr als 400 Gramm weniger wiegt. Also Vorsicht, wenn Sie als Mann dieser Frage begegnen und trotzdem noch einen netten Abend verbringen möchten. Nicht jede Frau ist so gefestigt, dass sie es ertragen kann, wenn Sie als Mann sagen: »Was willst du jetzt hören? Du willst hören: Nein. Egal ob es stimmt oder nicht. Reicht es dir, wenn ich sage, du bist schön?«

Selbstbewusstsein entsteht nun mal nicht durch Logik, sondern durch ein gutes Gefühl. Verschaffen Sie es Ihrer Liebsten, das ist ja wohl nicht so schwer!

»Aber wieso das denn?« kreischen Sie jetzt, »ich bin doch nicht ihr Psychotherapeut und Haus-Optimist! Soll sie doch selber mit sich klarkommen und mich nicht als Bestätigungshansel missbrauchen, menno.«

Halt, halt, nicht so schnell. Sie müssen nämlich wissen, dass Frauen – trotz mühsamer Aufklärung – dummerweise immer noch nach Gewichtsidealen aus Fernsehen, Print und Schaufenster schielen. Man kann gewissen Frauen hundertmal erzählen, dass die Schaufensterpuppen eindeutig magersüchtig sind, ja, sogar zu dünn, um überhaupt geschlechtsreif zu sein, da auch die Menstruation zum

Beispiel überhaupt erst dann erstmalig einsetzt, wenn der Körperfettanteil eines Mädchens bei 24 Prozent liegt. Das spielt alles keine Rolle, maßgebend ist der BMI (»Body Mass Index«), dieses scheußliche Ding, das einzig dazu da ist, um den Verkauf diverser Schlankheitsmittelchen anzukurbeln. Und die Mode und überhaupt der Druck eines ungesunden Schönheitskults lassen viele, viele Frauen mit ihrem Körper hadern. Sie halten ihn für eines ihrer wertvollsten Argumente, um den Traumtypen zu finden. Mal ehrlich: Ist ein Traumtyp jemand, der auf Konfektionsgrößen achtet und sie als Maßstab seiner Liebe nimmt? Oder ist es nicht vielmehr jener, der hinter Hosenbund und Knopfleiste zu sehen vermag, um das Wunderbare unter der äußeren Hülle zu sehen?

Manchmal scheinen Frauen Männern gefallen zu wollen, die sie bei näherem Hinsehen nicht mal mögen würden – weil es Männer sind, die ihre Traumfrau zum Beispiel so beschreiben: attraktiv, schlank, humorvoll, intelligent. Dieselbe Reihenfolge rückwärts wäre schon angenehmer, oder?

Trotzdem meinen viele Frauen, mit einem ideal gestalteten Körper hätten sie höhere Chancen, auf jemanden zu treffen, der mit ihnen spricht – und spricht er erst mal, dann lässt er sich ja bestimmt auch von den inneren Werten, charakterlichen Vorzügen und bezaubernden Prinzipien überzeugen. Ein schöner Körper ist demnach das Ticket, um eine üppigere Auswahl zu haben. Dass zugleich mit den Guten auch die Idioten einhertänzeln, um den schönen Körper zu entkleiden und auf die Werte dahinter zu pfeifen, vergisst die gewichtsnervöse Frau.

Aber was macht es eigentlich, in einer Beziehung zu stecken und mal ein paar Kilo mehr, mal weniger zu haben? Seit wann wollen Männer für immer mit einem flachen Bauch ihr Leben verbringen? Wie sieht's aus mit dem ganzen Rest? Klugheit, Verantwortung, Witz, Verständnis und Erfolg? Es auf das Gewicht zu schieben, wenn er abhaut, ist billig. Das kommt zwar vor, aber meist ist es nur ein vorgeschobener Grund, um nicht über die Schwächen reden zu müssen, die ihn ankotzen. In einem von einer Million

Fälle geht es um den Bauch, bei allen anderen um persönliche Eigenarten.

Und natürlich speist sich die Frage nach der Figur aus der Vergleichsangst – die noch mehr zum Tragen kommt bei folgender hintertückischen Frage:

■ *»Findest du sie hübscher als mich?« / »Findest du, die sieht gut aus?«*

Ähnlich wie bei Frage Nr. 3 muss die Antwort lauten: »Natürlich nicht!« (gerne auch mit demselben empörten Unterton). Ergänzend dazu: »Sie ist nicht wie du, also kann sie gar nicht gut aussehen.« Oder auch: »An deine Schönheit reicht sie nicht heran.«

Auf keinen Fall sollten Sie antworten:

a) Ja, aber du hast einen besseren Charakter.
b) Nicht hübscher, aber auf jeden Fall dünner.
c) Nicht so hübsch wie du, als du in ihrem Alter warst.
d) Was meinst du mit »hübsch«?
e) Och, ja.

Wie gehabt: Es gibt Ausnahmen, die es ertragen könnten, wenn Sie zugäben, die Schnalle da drüben hätte zumindest einen guten Look. Es ist völlig normal, dass es unterschiedliche Arten der Schönheit gibt. Schönheit zu akzeptieren und sie als solche anzusehen bedeutet nicht, die Schöne gleich haben zu wollen, zu erobern oder gegen die Freundin einzutauschen. Männer wollen nicht alles, was sie bewundern, auch gleich haben. Das ist etwas, was Frauen lernen müssen, und sie lernen es nur, wenn Männer ihnen das Gefühl geben, dass sie rundum, innen wie außen, die Favoritin sind. Mit ein bisschen Verstand und Gefühl sollten auch Frauen es ihm – wie sich selbst! – zugestehen, das Auge schweifen zu lassen, ohne gleich eine Treulosigkeit dahinter zu vermuten. Gefühl für Ästhetik kann sich durchaus im Seitwärtsschielen äußern. Deswegen muss niemand ein Fass aufmachen, er wird nicht gleich rübergehen und der Lady Herz, Seele und Konto versprechen.

Die fünfte und letzte fiese Frage aus dem Repertoire weiblicher Eigenheiten ist diese Existenzfrage:

■ *»Was würdest du tun, wenn ich sterbe?«*

Eine äußerst hinterhältige Frage, da es hier keine definitiv richtige Antwort gibt. »Richtig« im Sinne von »immer auf jede zutreffend«.

Die ehrliche Antwort wäre wahrscheinlich so etwas wie: »einen Porsche kaufen vom Geld deiner Lebensversicherung; mit der Nachbarin durchbrennen« oder »mein Leben weiterleben nach einer Phase der Trauer« – aber diese Antworten sind natürlich inakzeptabel. Egal, was Sie hier antworten, stellen Sie sich auf eine längere Diskussion ein, die so oder so ähnlich verlaufen wird:

SIE: Würdest du etwa wieder heiraten?
ER: Natürlich nicht.
SIE: Warum nicht – bist du nicht gerne verheiratet?
ER: Ja, schon.
SIE: Warum würdest du dann nicht noch mal heiraten?
ER: Okay, ich würde wieder heiraten, wenn die Richtige käme.
SIE: Du würdest? Die Richtige? Bin ich etwa die Falsche?!
ER: Nein Schatz! Aber vielleicht würde ich mich irgendwann wieder verlieben ...
SIE: Heißt das, du verliebst dich einfach so, nach ein paar Jahren? Schwupps oder was?
ER: Nein, natürlich nicht.
SIE: Und die, die andere, würde sie dann hier wohnen?
ER: Du weißt, die Wohnung kann ich allein nicht halten – also, ja.
SIE: Und würde meine Dessous tragen?
ER: Nein, sie trägt ja Größe 36 ...
SIE: Ich hasse dich. Du willst mich gar nicht mehr.
ER: Ach, Schatz, ich ...

Stundenlanges Schweigen, unterbrochen von ein paar Schluchzern aus der Sofaecke.

Ganz großes Tennis.

Sie sehen: Ehrlichkeit hat ihren Preis. In diesem Fall bezahlen Sie mit einem wenig ruhigen Feierabend.

Dramatisch-romantisch veranlagte Frauen würden auf die Sterblichkeitsfrage vielleicht hören wollen: »Ich würde dir in den Tod folgen, weil das Leben ohne dich nicht lebenswert ist.«

Aber dann, nach der ersten Rührung, würden sie es für Unsinn halten und verlangen, er solle aus Liebe zu ihr das Leben weiter genießen. Der Mann sagt dann okay, um sich zu fügen – und prompt ist man wieder auf der Schiene, wie zum Teufel er es ohne sie genießen kann! Es gibt also nicht viele Chancen, außer sich dieser Frage zu erwehren und es so hinzustellen, als ob es gar nicht denkbar wäre, überhaupt jemals ohne einander zu sein.

Ist natürlich sehr blauäugig, uns alle erwischt es mal.

Aber was steckt hinter dieser Frage?

Es geht nicht darum, einer unabsehbaren Zukunft auf den Zahn zu fühlen, sondern sich der Gegenwart zu vergewissern. Man will in Erfahrung bringen, ob er sich so was wie »bis dass der Tod uns trennt …« überhaupt vorstellt. Oder ob er sowieso schon auf dem Absprung ist. Ob er sich ein Leben jetzt ohne sie vorstellen kann. Ob er leiden würde, wenn es sie nicht mehr gäbe – und seine Leidensfähigkeit ist wiederum der Gradmesser, wie hoch seine momentane Zuneigung ist. Grunz, mit Verlaub.

Eigentlich sollte man sich als Mann auf so was gar nicht einlassen. Diese Fragen verdecken nur ungeschickt das Bedürfnis nach mehr Aufmerksamkeit und Liebe, und sie halten einen davon ab, wahrhaftige Gespräche über den Stand einer Beziehung zu führen. Solche Was-wäre-wenn-Fragen sind zwar ein gutes Mittel, um abstrahieren zu lernen, aber was nützt es, wenn es bei der Abstraktion bleibt? Ein Mann sollte im Angesicht dieser Frage darum eher überlegen, was sie damit sagen will, was sie erreichen will, was ihr fehlt und warum sie nicht Klartext spricht. Er muss ihr Fragen stellen: »Was ist los? Fehlt dir was in unserer Beziehung? Zeige ich dir meine Zuneigung zu wenig?« Und hartnäckig bleiben, denn sie möchte etwas sagen, etwas haben, verbirgt es aber hinter dieser bescheuerten Frage. Lassen Sie sich eben nicht auf dieses Psychospiel ein.

Übrigens: Manche Männer führen seit dreißig Jahren eine harmonische Ehe. Ihr Geheimrezept lautet: »Ja Schatz.«

Wenn nun die Männer einen Einblick in die kurvenreiche weibliche Psyche erhalten haben, ist es nur fair, nun auch ein Wort für die Herren der Schöpfung einzulegen und endlich mal das zu sagen, was sich Horden, ach, Legionen! von Männern nie getraut haben zu sagen. Mit Hilfe des Internets, diversen Gesprächen mit Männern aller Altersklassen und mittels Androhung von Liebesentzug bei Auskunftsverweigerung hat sich folgendes Männermanifest ergeben:

Was Männer (hören/nicht hören/ nicht beantworten) wollen – eine Art Manifest

Werte Mitmädels. Das, was jetzt folgt, ist hart. Aber sehen wir es mal so: Männer können sich ja viel wünschen, wenn der Tag lang ist. Und gut zu wissen ist es immer, auch wenn die Wahrheit mitunter mehr mit Schmerz als mit Weisheit am Hut an. Hier folgen also die 23 geheimen männlichen Verweigerungen, der Einfachheit halber im Plauder-du-Ton gehalten.

1. Wenn du denkst, du wärst zu dick, ist das in deinen Augen eh beschlossene Sache! Frag mich nicht, ich verweigere die Aussage, weil du mich sonst bloß beschuldigst, ein kaltherziger Mistkerl zu sein, der nur auf flache Bäuche steht. Frag nicht. Mach eine Diät, aber bitte so, dass ich wenig davon mitbekomme und dich nicht trösten muss, wenn du mal einen Keks zuviel gegessen hast. Ich will jemanden, der das Leben genießt und sich nicht permanent übers Essen / Nicht-Essen auslässt. Das nervt. Du gibst mir damit das Gefühl, ein Opfer deiner Komplexe zu

sein, und außerdem unterstellst du mir damit, dass ich nur auf Optik stehe, anstatt auf deine innere Wunderbarkeit. Mach mich nicht zum Nick-Hansel deiner Schwächen.

2. Wenn du etwas willst, reicht es völlig, danach zu fragen. Und zwar einfach, klar, und deutlich. Du willst die Butter? Frag nach der Butter. Ich werde nicht gleich vermuten, dass du mir unterstellst, ich hätte sie absichtlich im Kühlschrank versteckt. Um eins klarzustellen: Wir sind simpel. Wir verstehen keine subtilen indirekten Fragen. Indirekte Fragen funktionieren nicht, die auf der Hand liegenden indirekten Fragen auch nicht. Sag einfach, wie es ist: »Ich will Blumen. Ich will einen Kuss. Ich will einen Kaffee.« So wäre es nett, dann kriegen wir das auch hin. Eher weniger verstehen wir: »Wären Blumen hier auf dem Tisch nicht mal nett? Andere küssen sich so oft. Willst du einen Kaffee?« Wir hören, was gesagt wird, nicht, was gemeint ist. Also: simplifizieren bitte. Ach, so: Forderungen, die über Butter hinausgehen und mit einem »Bitte« daherkommen, werden prompt erfüllt. Ohne »bitte« kämen wir uns dämlich vor, wie ein hündischer Diener. Wir wissen zwar, dass euch das »Bitte« abtörnt, weil ihr meint, ihr müsstet dann betteln. Ist aber nicht so, so kommt es bei uns nicht an, also macht kein Bohei um das »Bitte«, wenn es uns doch beiden das Leben erleichtert. Danke.
3. Wenn du eine Frage stellst, auf die du keine Antwort erwartest, wundere dich nicht, dass eine Antwort kommt, die du nicht hören wolltest. Siehe Punkt 1 zum Beispiel.
4. Wir sind simpel. Wenn ich dich bitte, mir das Brot anzureichen, meine ich nichts anderes als das. Es ist kein versteckter Vorwurf, dass es nicht auf dem Tisch steht. Es gibt weder versteckte Andeutungen noch Vorwürfe. Wir sind wirklich simpel. Und deswegen wünschen wir uns auch Punkt 2 so dringend.
5. Wir sind simpel, habe ich das schon erwähnt? Es macht keinen Sinn, mich zu fragen, an was ich denke! 96,5 Prozent der Zeit denken Männer an Sex. Nein, wir sind nicht besessen davon, es ist einfach das, was uns am meisten gefällt. In der restlichen Zeit

denken wir an den Job, an die doofe Kuh aus der Buchhaltung, warum der Kumpel immer noch besser beim Squash ist, obwohl er einen Schlag drauf hat wie ein Brühwürfel, oder ob die A-Klasse auf Ratenzahlung funktioniert. Ach ja, manchmal denken wir sogar, wie nett und schön es ist, so eine tolle Frau an der Seite zu haben, die einem nicht in der Seele herumstochert, nur weil sie unsicher ist oder alles wissen will.

6. Wir sind simpel. Manchmal denke ich nicht an dich. Das ist nicht bös gemeint. Gewöhn dich bitte daran, anstatt es auf Krampf ändern zu wollen. Frag mich bitte nicht, woran ich denke, es sei denn, du bist bereit, über Politik, Wirtschaft, Philosophie, Fußball, Saufen, Titten, Hintern oder Autos zu reden.
7. Freitag / Samstag / Sonntag = viel fressen, Freunde, Fußball vorm Fernseher, Bier, schlechte Manieren. Es ist wie Vollmond oder Ebbe und Flut. Es ist unvermeidlich! Wir wollen auch mal Morgenluft schnuppern, allein sein – nicht, um wilde Dinge mit wilden Frauen zu treiben, das geht eh nicht so einfach und liegt auch nicht in unserem Interesse. Flirten, ja, kann sein, aber mal ehrlich: Magst du es nicht auch gern, mit den Mädels was zu unternehmen, Blicke auf dich zu ziehen mit der Gewissheit, sie nicht zu brauchen? Magst du es nicht auch, einfach nur du zu sein, das Ich ein wenig zu hätscheln, Kraft zu sammeln für die Zweisamkeit? Nichts davon ist besser als zusammen zu sein. Aber es muss immer ausgewogen sein, sonst fallen wir um wie eine einseitig belastete Waage. Und werden unzufrieden. Lass uns Leine, wir kommen sowieso nach Hause. Mach doch bitte während der Zeit, was du willst, anstatt uns dazu bringen zu wollen, dass wir tun, was du willst.
8. Einkaufen macht keinen Spaß, und wir werden nie Gefallen daran finden! Es ist anstrengend, die Füße tun einem weh, es ist langweilig, du gibst einem Mann das Gefühl, was falsch zu machen. Geh bitte mit jemandem, der Geschmack und Zeit und Freude hat, aber pflanz uns nicht deine Begeisterung ein. Überrasche uns lieber mit einem Fummel. Und wenn er uns nicht

gleich auffällt, sag es, damit wir dich angemessen bewundern können.

9. Welche Klamotten du auch trägst, wenn wir irgendwo hingehen, es steht dir super. Ich schwör's.
10. Du hast genug Kleider und genug Schuhe. Heulen ist Erpressung. Soviel Geld rauszuwerfen, dass ich pleite gehe, ist kein Liebesbeweis an dich. Das gilt auch für alle anderen materiellen Dinge, die du dir nicht selbst erfüllen kannst. Anders ist es, wenn du ein Baby hast und ich die Kohle ranschleppe. Natürlich seh ich, was du ackerst. Natürlich weiß ich, dass du eifersüchtig bist, weil ich in meinem Büro zwar auch nur die immer selben Kollegen, die immer selben Blumen und dieselben langweiligen Aufgaben habe, aber immerhin komme ich raus. Okay. Aber ist ein Collier, das du eh nicht tragen wirst, ein Ersatz dafür? Soll ich dafür leiden, dass du leidest, oder sollten wir nicht besser darüber reden? Wenn ich geizig bin, überzeuge mich. Aber ruinier mich bitte nicht. Es sind auch die Kleinigkeiten des Alltags, die du sehen musst, nicht nur die großen Geschenke in teurem Papier. Das wäre doch eigentlich billig, oder? Ich bin tageslichttauglich und will dir meine Zuneigung beweisen mit der Art, wie ich bin, nicht mit meinem Portemonnaie.
11. Die meisten Männer haben drei Paar Schuhe. Ich wiederhole: Wir sind simpel. Wie kommst du auf die Idee, ich könnte auch nur den Hauch einer Ahnung davon haben, welches von deinen dreißig Paar Schuhen am besten zu einer Klamotte passt? Nimm die schwarzen hohen, fertig, macht einen tollen Fuß, und du kannst das sowieso gut tragen. Die wenigsten von uns sind Schuhfetischisten. Du musst die Schuhe nicht im Bett anbehalten. Okay, wenn wir es direkt auf dem Boden tun und du dich auf mein Gesicht setzt, so lecker in der Hocke, da sehen die Schuhe schon schick aus, die Pumps. Aber sonst sind wir da völlig schmerzfrei. Trag, was dir passt, und quäl dich nicht, wenn die Viecher die Haut einschneiden. Wie gesagt, nimm die schwarzen.

12. Einfache Antworten wie Ja oder Nein sind oft völlig ausreichend, egal wie die Frage lautet! Gegenfragen finden wir lästig, da wir zu einem Ergebnis kommen wollen. Die Gründe für Ja oder Nein sind zweitrangig. Sorry. Wenn wir es genauer wissen wollen, werden wir fragen. Wenn ihr ein Redebedürfnis habt, dann benutzt nicht kleinste Fragen als Vorwand zum Schwadronieren, sondern sagt es klar an: »Ich will reden, mir ist danach, hör mir zu.« Ach ja, noch eins:
13. Wenn du ein Problem hast, bitte mich nur darum, dir zu helfen, das Problem zu lösen. Bitte mich nicht, dich zu bemitleiden, wie es deine Freundinnen tun. Aber sag mir auch, wenn ich dir nur zuhören soll, denn ich neige dazu, dir bei jedem Kummer sofort einen Strauß an Lösungsideen an den Kopf zu werfen. Männer wundern sich, wie durch »Drüber reden« allein Dinge gelöst werden sollen, anstatt durch Lösungen. Das wird uns immer irritieren, und deswegen sag's am besten genau an: »Ich will nur reden, hör zu, halt's Maul.« Das wäre klasse, bevor wir wieder an den Kopf geworfen bekommen, dass wir euch nicht verstehen, kühl sind, uns auf die Seite des Problemverursachers schlagen oder selbst ein Teil des Problems sind.
14. Kopfschmerzen, die acht Wochen dauern, sind keine Kopfschmerzen! Geh zum Arzt! Oder denk dir eine andere Ausrede aus, warum du nicht mehr mit mir schlafen willst. Sag's einfach, wenn dich was bedrückt. Sag es mir – aber bitte nett und sensibel –, falls dir im Bett was fehlt. Sag mir, dass ich mich mal wieder duschen, rasieren oder mir mehr Zeit für dich nehmen soll. Aber schieb nicht ein Wehwehchen vor, das alles bedeuten kann: Hass, Unlust, Langeweile, ein anderer Mann, ein Baby, ein Tumor. Lass es uns gemeinsam lösen, statt darauf zu warten, dass ich von allein drauf komme. Ich kann nicht in dein Herz und in dein Hirn gucken, also zeig dich! Dass ich nicht sofort damit umgehen kann, muss dir klar sein. Aber es ist ein fairerer Weg, sich auszutauschen, als mich im dunkeln tappen und mit Trial and error rauskriegen zu lassen, was los ist.

15. Wenn ich etwas sage, das auf zwei Arten interpretiert werden kann, und eins von beidem beunruhigt dich oder macht dich unglücklich, meine ich das andere! Frag nicht »Wie meinst du das?«, wenn ich mich im Ton vergreife. Wenn ich dir willentlich zusetzen wollte, wäre es sehr deutlich.
16. Alle Männer sehen nur sechzehn Farben. Pfirsich ist eine Frucht und keine Farbe! Mauve kennen wir nicht, sonst wären wir schwul. Lachsfarben oder Apricot wäre für uns eh dasselbe, also lass uns nicht über die Fliesen streiten. Such sie aus und gut.
17. Und was für eine Farbe ist überhaupt Apriko(t) und wie zur Hölle schreibt man das?
18. Bier gefällt uns, wie euch Handtaschen gefallen. Ihr versteht's nicht, wir auch nicht. Fußball gefällt uns, euch Make-up. Ah, à propos Make-up: Viele von uns nervt es tierisch, dass ihr euch anmalt, als ob es keine Natürlichkeit gäbe. Andere wiederum schwören auf die Kunstprodukte. Klar müsst ihr niemandem bewusst gefallen, aber vergesst nicht, auch wir machen uns Gedanken darüber, dass pinkfarbener Lippenstift assig aussieht, die Dame einem die Wange beschmiert und lange Fingernägel, diese Geierkrallen, sind zwar nett anzusehen, aber wir wollen sie weder am Rücken noch am Schwanz oder sonstwo.
19. Wenn ich dich frage, was los ist, und du sagst »nichts«, werde ich dir glauben und so tun, als ob alles in bester Ordnung sei! Spuck's also aus, aber beschwer dich nicht, dass ich immer noch keine Gedanken lesen kann.
20. Frag nicht: »Magst du mich?« Du kannst sicher sein, dass ich nicht bei dir wäre, wäre das nicht der Fall! Frag nicht eher »Liebst du mich?«, bevor ich es dir nicht zumindest einmal gesagt habe. Ich muss mir selbst erst mal klar werden, und wenn du mir so eine Frage stellst, bringst du mich in Zugzwang und ich werde nicht genau wissen, ob ein Ja den Tatsachen entspricht oder dem subtilen Zwang deiner Verzweiflung entspringt. Achte statt dessen auf das, was ich tue, auf Dinge, die ich nur tue, wenn

wir beide zusammen sind. Die sollten dir auch was sagen, nicht nur Worte, die ich eh nur schwer herausbringe.

21. Im Falle des geringsten Zweifels, egal worum es geht, gilt die Basisregel: Nimm das Einfachste an! Wir kommen nicht deshalb so spät, weil wir mit zwei Frauen gepoppt haben – so lang halten wir eh nicht durch –, sondern weil wir nicht auf die Zeit geachtet haben, wie so oft, oder weil es mit den Jungs nett war oder der Verkehr zu dicht. Wir kommen nicht zu spät, um euch zu ärgern, sondern weil es einen banalen Grund dafür gibt.

22. Wir brauchen Lob, bis euch der Mund ausfranst. Warum das so ist? Bewunderung, Aufmunterung, Ermutigung ist das Salz unseres Lebens. Bei euch, haben wir gehört, ist es Vertrauen, Geborgenheit, Sicherheit. Okay. Wir arbeiten daran, aber seid so nett und schleimt uns voll. Nichts ist für uns schlimmer, als für selbstverständlich genommen zu werden. Da werden wir fickerig und nölig und hören sogar irgendwann auf, all die Dinge zu tun, die ihr schweigsam schätzt. Also: Bitte, loben! Wir werden es mit Liebe und Zärtlichkeit und innerem Stolz zurückgeben. Nichts ist für uns wichtiger als das Gefühl, von der Frau an unserer Seite als der Tollste und Beste angesehen zu werden. Sonst beginnen wir zu zweifeln, ob wir euch genügen. Sonst beginnen wir zu zweifeln, ob ihr nicht ein Haufen Egoistinnen seid, die selbst immer nur schreien »Gib! Gib! Gib!«; dagegen hilft schlicht und einfach Aufmerksamkeit und Lob. Danke vielmals.

23. Wir sind keine Maschinen. Wir können nicht jeden Tag freundlich, hilfsbereit, leidenschaftlich und aufmerksam sein. Nehmt es nicht gleich als Zeichen eines Beziehungsniedergangs, wenn wir mal komisch sind. Wir wollen auch mit unseren Schwächen gemocht werden, sonst hören wir auf, sie zu zeigen, und werden zu Schauspielern, die darunter leiden, sich verstellen zu müssen, um geliebt zu werden. Nehmt es nicht krumm, wenn wir nicht so wie sonst oder überhaupt »angemessen« reagieren – wie gehabt, wir sind keine Hündchen, die man erziehen muss, sondern Menschen.

So. Meine Damen, war das jetzt arg schlimm oder beleidigend? Können Sie sich vorstellen, dass vielen Männern diese eigentlich einfachen Dinge auf der Seele lasten wie sonst nur Haarausfall?

Wo wir gerade dabei sind – natürlich ist der Mann an sich wundersam (wie die Frau), und eines der merkwürdigsten Phänomene ist sicherlich seine verminderte Artikulationsfähigkeit, wenn es um jene Worte geht, die wir Frauen brauchen wie Blumen das Wasser:

Warum Männer die drei Worte nur mühsam herausbringen

Hübsche Theorie: Männer, die wirklich lieben, tun sich deshalb schwer damit, »ich liebe dich« zu sagen, weil ihnen die Worte zu dürftig erscheinen für ihren unermesslichen Gefühle. Hm. Ist das so? Wäre ja zu zauberhaft. Wenn es dann aber bloß mal ein Äquivalent dafür gäbe, ein Gedicht zum Beispiel oder kleine silberne Dinge in kleinen Schachteln, die uns so nervös machen. Aber nein, Männer denken sich: »Hey! Ich hab's ihr einmal gesagt, und solange ich es nicht zurücknehme, gilt der Deal. Also, was will sie denn bitte noch hören?« Männer sind genauso emotional wie Frauen – nur können sie Gefühle nicht so recht in Worte verpacken. Ihnen Gefühlskühle zu unterstellen ist absolut unnötig.

Ich fürchte ja, dass ich Ihnen mal wieder das Ohr abkaue, aber man kann es gar nicht oft genug sagen: Da Frauen Kommunikation auch nutzen, um Bindungen herzustellen und zu festigen, nötigen wir euch Männern diese Liebeszeugnisse ab. Wir finden das so was von toll, täglich gesagt zu bekommen, wie sehr ihr Kerlchen uns liebt und verehrt und dass wir das Beste sind, was euch je im Leben passieren konnte, usw. usf. Wenn wir euch WIRKLICH lieben, ist uns das keinesfalls lästig, und wir würden nie auf die Idee kommen, euch deswegen als liebesblöde Pantoffelhelden zu bezeichnen. Einer Frau, die einen Mann voller Respekt und Zärtlichkeit liebt – der darf er die drei Worte so oft sagen wie er will (na ja, rund zwanzigmal so oft), wir werden nicht anfangen, ihn deswegen zu verachten. Und: Wir werden uns auf eine Art und Weise sicher fühlen, die uns aber noch lange nicht dazu bringt, einen liebenden Mann zu behandeln wie Wischwasser, weil wir uns seiner sicher sind. No way. Falls Sie aber doch, lieber Mann, auf so was stoßen – es sei Ihnen erlaubt, sparsam mit den drei Worten umzugehen, um die Lady auf Spur zu bringen.

Männer denken öfter an Sex, Frauen reden öfter darüber

Bestimmt denken Männer häufiger als Frauen an das Eine (Legenden und Umfragen gehen davon aus, dass es siebenmal täglich ist; ich sach ma: siebenmal in der Stunde kann auch hinkommen, denn selbst Nanosekunden zählen als Gedanke) – aber Frauen reden häufiger darüber. Dies belegt eine Studie von zwei Wissenschaftlerinnen der Pennsylvania State University, die sie auf einer Tagung der Society for Research on Adolescence in New Orleans vorstellten: »In unserer Studie stellten wir fest: Frauen reden nicht nur mehr über Sex und sexbezogene Themen als Männer, sondern sie fühlen sich dabei auch besser als Männer, die über Sex redeten. Die Ergebnisse legen die Vermutung nahe, dass Männer und Frauen, wenn sie eine Beziehung eingehen, von unterschiedlichen Kommunikationserfahrungen in bezug auf Sex ausgehen. Und zwar sowohl was die Häufigkeit als auch was die Befindlichkeit dabei angeht«, erklärt Eva S. Lefkowitz, die Hauptautorin der Studie. »Dieses Missverhältnis könnte einige der Unterschiede und Probleme erklären, die andere Forscher in der Kommunikation zwischen Eheleuten festgestellt haben.«

Logisch. Wer öfter über Sex redet, ist natürlich geübter darin. Während ein Mann mühsam nach Worten ringt, um zu erklären, was genau er sich denn zur Verbesserung seiner Befindlichkeiten wünscht, könnte ihm eine Frau in derselben Zeit eine ganze Gebrauchsanweisung in den Block diktieren. Gut, ich unterstelle Männern, dass sie eh nicht dieses weite Land in sich tragen wie eine Frau, die auch noch jeden Tag anders tickt. Dass Frau ihre Vorlieben aber nicht offenlegt, gehört zu den schwerwiegendsten, verquersten Beziehungsprinzipien unserer Zeit. Wozu einfach, wenn's auch kompliziert geht. Zwar reden Frauen untereinander gern und gut austrainiert über die ganze Sexsache; nur bei dem, den's im Zweifel angeht, bleiben sie stumm und dornröschenhaft wie eine Dreijährige.

Eva Lefkowitz und Heather Petterson fragten 124 Studentinnen und 81 Studenten im Alter zwischen 18 und 25 Jahren danach, wie häufig sie mit der besten Freundin über Sex oder sexbezogene Fragen reden. Auf einem Fragebogen waren mehrere Sexthemen angegeben. In Skalen von 1 bis 4 (von »nie« bis »mehrmals«) konnten die Studienteilnehmer die Häufigkeit markieren, mit der sie über das jeweilige Thema sprechen. Es zeigte sich, dass Frauen über alle Themen häufiger reden als Männer – außer über Masturbation. Darüber sprechen Männer häufiger als Frauen. Wenkerpartys sind eben Männersache. Oder haben Sie schon mal ein Rudel Mädels beim gemeinsamen Onanieren gesehen? Ich auch nicht. *Fazit:* Frauen sollten mit Männern mehr über gemeinsamen Sex reden.

Warum Männer mit Eroberungen prahlen und Frauen Gentlemen sind

Manchmal muss man sich als Mann ja schon fragen, was an diesem Idioten da am anderen Ende des Tresens dran sein mag. Der hat als Rüpelteenager seinen Mitschülern sicher den Turnbeutel versteckt oder mit Fressepolieren gedroht, wenn man ihn nicht abschreiben lassen wollte – und genau dieser Penner, der so was von durchschaubar in seinen Affären ist, tja, den umlagern die Frauen wie sonst nur Fruchtfliegen eine olle Bananenpelle.

Aber davon soll hier gar nicht die Rede sein, was die Gutmänner von den bösen Casanovas so halten, die besoffen und großspurig mit dem Cabrioschlüssel wedeln und wie beiläufig ihr Jackett aufhängen, aber so, dass jeder die Scheißnobelmarke sehen kann. Nein, es geht darum, dass dieses Exemplar Mann auch noch ein Schwätzer ist. Einer, der sie ALLE flachlegt, wie sie grad durch die Tür kommen, eine schöner als die andere, ganz wie in dem Alkoholfrei-Spot. Wetten, dass der promillefreie Trinker keins dieser Weiber abschleppt, aber garantiert sein Kumpel mit dem lautesten Organ? Der nach eigener Aussage genau weiß, wie er es Frauen zu besorgen hat, und dem heute noch Dankesbriefchen unter der Tür durchgeschoben werden, während willige Lolitas vor eben dieser Tür campieren.

Männer können ja echt nicht den Mund halten. Und wenn die Wahrheit nicht spektakulär genug ist, na, dann erfinden sie halt was dazu. Aus zehn Frauen werden hundert (seit wann zählen Nullen überhaupt?), und eigentlich hat er gerade erst die dahinten, die so nett lächelt (eigentlich dreht sie sich weg, die Augen verdrehend, aber gut), auf der Damentoilette vernascht.

Liebe Frauen, hüten Sie sich vor Schwätzern. Auch wenn er der geilste, erotischste Macho ist – sobald er anfängt, von sich und seinen Lover-Qualitäten zu prahlen, hinfort in die nächste Bar. Sagen Sie ihm nicht mal Ihren Namen, sonst werden Sie auch noch in seiner Wünsch-dir-was-Liste geführt, egal ob Sie was mit ihm hatten oder nicht.

Warum der Mann das macht? Reden, angeben, Realitäten verzerren? Es ist ganz ähnlich wie beim Seitensprung (siehe S. 248 ff. – echt shocking, die Gründe für männliches Fremd-Gen):

a) Ansehen im Rudel beziehungsweise in der Clique: Ein Mann wird heute bewundert, weil er Erfolg, Geld, Macht, Aussehen – und Frauen hat. Die Rangfolge dieser Attribute ist flexibel, je nach Verstand der anwesenden Fans.
b) Weil er weiß, dass Frauen diesen Schmonz in angeheitertem Zustand glauben und sich zurechtreimen, dass Millionen von Fliegen nicht irren können. Es muss ja was an ihm dran sein –

vielleicht die göttliche Sex-Erleuchtung, die sogar die politische Einstellung ändert? Selbstbeweihräucherung ist für eine gewisse weibliche Klientel das, was für Eintagsfliegen amarettogetränkte Zuckerstückchen sind. Unwiderstehlich. Und bumms, wieder eine Marke mehr auf dem Gewehrkolben.

c) Weil sie ganz arme Würstchen sind. Männlich, großstädtisch, gut verdienend, Single – aber verantwortungslos. Ohne Frau, ohne Kind, ohne Hund oder sonstige lästige soziale Verpflichtungen; die Kohle geht komplett drauf für Amüsement und Selbstdarstellung, für Genuss und leichte Liaisons. Der Prototyp des männlichen Mittdreißiger-Ego-Manns war Hugh Grant in *About a boy* – aber es gibt ihn nicht nur im Kino, er findet sich auch in den schicken urbanen Bars dieser Republik. Ich-fixierte Junggesellen, große asoziale Jungs mit großem Hunger auf kleine Dinge wie neueste Technik, neueste Mucke, Klamotten und Selfservice in allen Lifestyle-Varianten. Frauen? Och. Zu langfristig, zu anstrengend, und wozu sind all die schönen Frauen da, wenn nicht zum reihenweise Ausführen, Angeben beziehungsweise Flachlegen? Diese großen Jungs spielen gern und zeigen ihr Spielzeug gern her – aber neu muss es sein, immer wieder. Als Frau bleibt da nur eines: entweder mitspielen oder die Regeln neu definieren.

Aber nun zu uns, den Damen. Nur der Form halber merke ich an, dass es immer noch ein lächerliches Stück Wichsermoral ist, eine Frau mit vielen Männern als Flittchen / Schlampe / Luder / Sexmonster anzusehen, die Hausverbot in sämtlichen Hotels der Stadt hat, während ein Kerl ein Connaisseur ist, ein Don Juan, ein übersinnlicher Verführer. Bäh. Das ist der eine Grund, warum wir über unsere Affären und Beziehungen schweigen und erst unter Androhung von körperlicher Gewalt eine Zahl nennen, die um gut und gern die Hälfte gekürzt ist. Ach was, am besten gibt man die Lover gleich einstellig an, mit »acht« kann man als Um-die-Dreißigjährige wenig falsch machen.

Nein, wenn es um die Anzahl der Verflossenen geht, sind wir Frauen Gentlemen. Eben weil wir uns immer noch der W-Moral ausgesetzt sehen, und weil wir um die Vergleichsangst der Herren wissen. Angesichts von zu viel Vergangenheit hätten sie dann doch Angst, dass sie irgendwas nicht könnten, was wir schon längst erlebt hätten. Ist zwar schnickschnack und das könnten sie auch wissen, denn der Vorgang ähnelt sich doch sehr, nur die Gefühle sind eben unterschiedlich.

Außerdem will das Rollenspiel es so, dass bei uns Frauen der umgekehrte Effekt zu beobachten ist: Männer, heißt es, finden es interessanter, eine Frau mit Leumund »zu knacken«, als eine offensichtlich lebensfreudigere Lady. Deswegen ist es ja auch zu bedauerlich, wenn ausgerechnet Schwätzer und Vielficker eine Dame mit bis dato unzweifelhaftem Ruf in ihr ausgeleiertes Bett locken – damit hat nämlich nur einer verloren: sie. Genießen und schweigen – das Triumphgefühl postkoitaler Angabe hat zwar was, aber suchen Sie sich als Frau oder Mann wenigstens die Ohren aus, denen Sie stolz was flüstern. Ansonsten kann es ganz schnell die Runde machen, und Sie haben mit den Nachwirkungen mehr zu tun, als Sie vorher überhaupt Spaß hatten.

Warum Männer 0190er-Hotlines anrufen, aber Frauen dann doch eher bei einer sexy Telefonstimme dahinschmelzen

Ach ja. Kurz gesagt: Bei den einen zählt der Inhalt, bei den anderen das Timbre. Was die ohralen Freuden angeht, so hat sich herausgestellt, dass Männer bei hohen Stimmen – also der Kleinpipimädchen-bitte-bitte-Stimme – tatsächlich den Beschützer rauskramen und uns anstandslos den Wasserhahn reparieren oder die Spülmaschine in den sechsten Stock wuchten.

Allein: Diese Pipistimme wird ansonsten nicht ernst genommen, und erregend wirkt sie schon gar nimmer (wer, außer den Kranken, würde ein Kind begehren? Pipimädelstimmchen schützt vor Sex). Viele Politikerinnen haben deshalb, wenn sie in der Aufregung einer Rede und um lauter zu sprechen einige Nuancen zu hoch rutschen, keinen guten Stand bei ihren männlichen Kollegen. Die fühlen sich belästigt, bedrängt, verarscht von so einer Kreischgöre. Diese Empfindungen spielen sich unterbewusst ab – und jeder medienkompatiblen Frau ist ein Sprechtraining dringend anzuraten. Achten Sie mal bei den Nachrichtensprecherinnen darauf, wie vergleichsweise dunkel ihre Stimmen sind.

Eine tiefe weibliche Stimme wird als glaubwürdig wahrgenommen, und wenn das, was sie sagt, dann auch noch erotischer Natur ist, ist es um den sexuell defizitären Kerl geschehen. Zack, zum Telefon greifen, zuhören, sich gepflegt einen runterhobeln, und angenehmerweise muss er dabei weder antworten noch sie danach heiraten oder ihr versichern, dass sie sich ganz bestimmt nicht als Sexobjekt zu fühlen braucht. Der Dame auf Tahiti oder auf sonst einer Insel, über die die Hotline läuft, ist das eh wurscht.

Gutturale Laute, ob nun ausformuliert oder als bestätigendes Horizontalstöhnen vorgebracht, können den Mann an sich ziemlich aufpeitschen. Und wenn der Inhalt dann noch stimmt – hua! Männer lieben Dirty Talk – er formt Bilder in ihrem Kopf, die sie als visuelle Erotiker so lieben.

Anders bei uns Damen. Da ist es weniger der Inhalt. Die Wirkung von Musik, Geräuschen, Stimmen auf das menschliche Nervennetz hat bei Frauen noch eine ganz andere Bedeutung. Wir lesen aus einem Timbre Zuneigung oder Stimmungen heraus, ziehen Informationen über die Beziehung des Sprechers zu uns. Egal, ob er das Telefonbuch vorliest oder den Haushaltsplan – mit der richtigen Stimme klatscht das Höschen von ganz allein auf den Boden. Das liegt unter anderem daran, dass Frauen komplexer hören können. Es wird eher eine Frau sein, die vom nächtlichen Schnarchen des Bettgefährten genervt ist – aber es wird auch eher eine Frau sein, die trotz Babygeschrei, Fernsehaction und Straßenremmidemmi noch ans Telefon geht und alles ohne Probleme mitbekommt.

Kurz: Was den Männern das Auge ist, ist uns das Ohr.

Warum Frauen keine Herrenwitze mögen und Männer bei zweideutigen Frauenkommentaren verunsichert sind

Ein Witz sagt ungemein viel über seinen Erzähler aus, über seine Art von Humor, über Mentalität, Kultur und wes Geistes Kind der Vortragende ist. Vor allem bei ironischen Witzen oder solchen, die die eigene ethnische oder soziale Gruppe betreffen, wie zum Beispiel bei jüdischen Menschen.

Aber auch wenn sich jemand definitiv politisch inkorrekt benimmt und einen Sachsenwitz nach dem anderen erzählt, ist er nicht automatisch ein minderbemittelter Rassist. Es gehört sozusagen zum nationalen Kulturerbe, auf den Ostfriesen herumzuhacken, genauso wie es in Mode kam, auf Kosten von Blondinen zu lachen. Englischer Humor ist noch mal einen Tick anders und klingt in unseren Ohren teilweise verwerflich bis bösartig.

Was aber reizt uns überhaupt zum Lachen? Das Körnchen Wahrheit und der Schmerz. Und natürlich die Kunst der Pointe, die die Erwartungshaltung des Zuhörers ad absurdum führt oder sogar entlarvt. Eigentlich lacht der Zuhörer auch über sich, weil er eine andere Geschichte erwartet hat und vorgeführt wird. (Über folgenden Zweizeiler zum Beispiel wird ein Mann schwerer lachen als eine Frau: »Was macht eine Frau morgens mit ihrem Arsch?« – »Sie schmiert ihm ein Brot und schickt ihn zur Arbeit.« Vereint sind die Geschlechter dagegen bei diesem: »Was ist der Unterschied zwischen einem Sachsen und einem Türken?« – »Der Türke spricht deutsch und hat einen Job.«) Ein befreites Lachen wird garniert mit gelegentlichem »Na, na« für vermeintliche Geschmacksverirrungen oder

Grausamkeiten. Denn erst mit Witz wird die Wahrheit erträglicher …

Schmutzige Witze sind jedoch ein Kapitel für sich. Einer wird dabei nämlich garantiert hochgenommen: entweder die Fraueninnung oder die Männergruppe. Und das ist purer Kampf. Schlüpfrige Herrenwitze werden gern in Anwesenheit einer Lady gemacht, angeblich damit die Herren sehen können, ob sie eine verklemmte Frauenrechtlerin ist oder für einen guten Witz auch ihre Innung verkauft. Lacht sie mit – hey, prima, die findet nicht alle Männer doof. Hui, sie erzählt selbst einen, hmhm, jaja, also, das ist ja sehr … männlich. Und jetzt, jetzt erzählt sie einen, in dem Männer kastriert werden, da krampft sich doch das Gehänge zusammen …

Und wir Frauen? Was halten wir von Männerrunden, die einen labbrigen Witz nach dem anderen reißen, um über Frauen zu lachen? Sie widern uns ein bisschen an, ist doch der Witz offenbar das letzte, in dem sich Chauvis ungestraft breit machen. »Wir machen doch nur Spaß!« schallt es dann, aber vergessen Sie nie: Wahrheit und Schmerz machen den Witz, nicht das Absurde. Das wäre Comedy.

Auf der anderen Seite: Nehmen Sie es Männern nicht übel, wenn sie Frauenwitze reißen, um den Kumpels zu gefallen. Reißen Sie selbst einen und sei es der Gähner »Warum sind schmutzige Witze immer schmutzig?« – »Damit auch Männer sie verstehen / lachen können / im Leben was zu lachen haben.«

Mit schmutzigen Witzen, die von Frauen erzählt werden, haben Männer Probleme. Manche jedenfalls, nicht alle. Lacht eine Frau, die über Männer Witze reißt, nicht vielleicht auch im Bett über sie? Und eine Frau, die über Frauen Witze reißt, entlarvt die Männer, die sie damit schockieren wollten. Sie ist nicht zu brüskieren. Sie ist unheimlich. Gut, ja, sie ist witzig, aber auch irgendwie … unheimlich.

Fast so unheimlich wie eine Frau vom Schlage Mae Wests, deren Gedankensynapsen so auf Zweideutigkeit gepolt waren, dass sie sich kaum einen Wortwitz entgehen ließ. In der damaligen Zeit war das skandalös, und auch heute ist eine Frau, die in den verbalen Schattenkämpfen an der Grenze des Erotischen geübt ist, für viele Männer beängstigend. »Die denkt immer nur an das eine«, denken sich Männer und sind neidisch, dass eine Frau so eindeutig zweideutig sein darf, ein Mann aber gleich als Sexist abgewatscht wird. Eine Frau, die sich nicht schämt, ihren Gedanken Seitensprünge zu gönnen, ist alles andere als eine keusche Eva. Die Macht der weiblichen Sexualität, ihre unverhohlene Präsenz, die nicht erst im Dunkeln auf Drängen des Mannes erwacht, kann für Männer etwas Zwiespältiges haben: Einerseits finden sie das ganz anziehend. Andererseits finden sie es beängstigend. Einer »Maulhure« zu begegnen ist für Männer immer eine Herausforderung; die meisten scheitern daran.

PS: Als Lover werden Mann und Frau selten zum Einklang der Kommunikation finden – als Freunde schon eher, denn unter Freunden ist man zwar wachsam, lässt aber nicht ganz so viel unausgesprochen in der Luft. Darüber sollte man mal ein Buch schreiben: Warum Männer und Frauen DOCH Freunde sein können. Was darin vorkommen würde? Dass Freundschaft zum Beispiel nicht zwingend frei von erotischen Untertönen sein muss. Und dass Freundschaft ein Leben lang hält. Und, und, und …

Drei Selbstbild – Warum Männer mit dem Schwanz denken und Frauen sagen, es käme nicht auf die Größe an

Sie: »Sag mal, liegt es an meinem kleinen Bäuchlein, dass er nicht anruft?«
Er: »Quatsch, es ist nie der Bauch. Es sind die Titten.«

Warum Frauen mit ihrem Körper hadern

Können Sie sich vorstellen, den Rest Ihres Lebens mit einem Stück Bauch zu verbringen? Kein Streit um den Einkauf, kein Kino, kein Kuscheln, aber dafür ist der Bauch sehr hübsch, mit Sixpacks und allem. Wie, nein?

Wieso meinen Sie dann, Männer möchten das? Ich fang noch mal an. Warum denken Frauen im Bett: »Ich bin ein Ei mit Augen!« und ziehen den Bauch ein? Wieso halten wir ihm die Brüste ins Gesicht, um von der Orangenhaut an den Schenkeln abzulenken? Ohne Spaß: Wenn der Kerl schon mit Ihnen im Bett liegt, wird er Sie wohl lecker finden! Und falls er Sie verlässt – sehen wir der Wahrheit in die hässliche Fratze –, liegt's nicht an dem nichtflachen Bauch, sondern an echten Problemen. Oder er ist ein Idiot.

Ansonsten dürfen wir Männern ein Grundmaß an Herz & Hirn zutrauen und davon ausgehen, dass sie mehr als Bauch oder rasierte Beine in uns sehen. Wen schert es, ob die Föhnwelle zauselt, wenn er Sie Liebesgöttin nennt? Was macht es, wenn Sie Beulen am Po haben, aber dafür sinnlicher sind als die geschniegelten Models, denen die Cellulite wegretuschiert wird, weil der Käufer sonst denkt, das Cover wellt sich?! Kunstprodukte sind nicht alltagstauglich.

Seien Sie so, wie Sie sind, mit allen Knuddelmulden, denn nur Nullen haben keine Ecken und Kanten. So. Ausatmen.

Problem: Für die Schönheit würde sich jede dritte Frau in Deutschland unters Messer begeben, *sofern dies der Partner wünscht*. Vergleich: Nur 11 Prozent der Männer sind zu einer Schönheitsoperation bereit. (Umfrage des Münchner G.R.P. Instituts für Rationelle Psychologie; die sind echt fit in so Umfragendingens – aber: JEDE DRITTE? Wen haben die denn gefragt?)

Und doch. Aufbauarbeit in Sachen Körperlichkeit und Wahrnehmung zu leisten, das würde diesen Absatz, dieses Kapitel, das ganze Buch sprengen. Darum nur soviel: Als Frau haben Sie oft ein verzerrtes Bild von sich im Kopf, Sie delegieren Ihr Wohlgefühl zu oft an fremder Leute Bilder und an Chirurgen, die nur Ihr Geld wollen, und es tut der Seele nicht gut, wenn Sie versuchen, dreißig Jahre lang auszusehen wie mit Anfang Zwanzig, das ist würdelos. Das nur in Kürze, ansonsten lege ich Ihnen dazu *Der Weg der Kriegerin. Die neuen Waffen der Frauen* ans Herz, ein Leitfädchen zu Ihrem bezaubernden, schönen Selbst und was Sie damit anfangen können.

Männern sei hier gesagt, warum die Frauen mit ihrem Körper hadern: Er ist für viele das einzige, was sie auf Anhieb von anderen unterscheidet, was sie einzigartig macht und womit sie nach vorne kommen können. Sehen wir es mal als Theorie: Frauen verdienen nur etwa 76 Prozent von dem, was Männer verdienen, obwohl sie dasselbe tun. Sie lernen dadurch: Mit meiner Arbeit bin ich offenbar nicht dasselbe wert. Sie sehen: Ja, ich bin fähig, Kinder zu gebären, aber dann fühle ich mich aufs Muttersein reduziert. Gleichzeitig wird ihnen suggeriert: Mit dem richtigen Körper kriegst du Männer, Glück, Anerkennung und wirst dich auch selbst mehr lieben. Vor allem die letzte Aussicht ist trübe, denn so funktioniert der Weg in den allerseltensten Fällen. Brandopfer und Hasenscharten mal ausgeschlossen. Ich kenne eine Reihe von Frauen, die sich mit dem Ziel kosmetisch-operativ verschönern ließen, sich selbst zu mögen. Monate später haben sie die Nase, die Schenkel, den Taillenumfang, von dem sie glaubten, das wäre der Schlüssel zur Selbstliebe. Und doch steht genau der korrigierte Makel immer noch im Mittelpunkt ihrer gestörten Aufmerksamkeit. Entweder weil sich da wieder was verschiebt oder weil die Proportionen nicht mehr stimmen oder weil sich die Selbstliebe nicht eingestellt hat. Also ist der Bauch immer noch schuld.

Wenn sogar Schönheitsköniginnen öffentlich im Fernsehen darüber klagen, ein paar Streifen Cellulite am Schenkel zu haben, wie sollen dann Nicht-Beauty-ich-setz-mir-ein-Krönchen-auf-Mädels ein positives Verhältnis zu ihrem Körper finden? Wenn Hollywoodstars und Models sich zu einem Club von »Diet Groupies« zusammenschließen, in dem diejenige gewinnt, die am schnellsten Richtung Untergewicht tendiert, und der mitleidig auf alle herabschaut, die sich der Sinnlichkeit des Essens hingeben – wie soll da gesunder Menschenverstand entstehen? Da sieht man sich all die Mädels an in Print und TV, und nimmt als echt hin, was mit Computer, Zeit und Retusche zur irrealen Perfektion getrimmt wurde. Und manchmal merken Frauen nicht mal, woher sie ihr persönliches Schönheitsideal nehmen; alle jaulen zwar, die Medien seien schuld, aber wenn sie allein schuld wären an Essstörungen, Schönheits-OPs und ihren hässlichen Folgen, an den ganzen Therapiebedürftigen – wenn es so wäre, hätten wir es dann nicht schon durchschaut und abgestellt? Es müssen zahllose geheime Botschaften aus alle Bereichen der Umwelt sein, die auf Frauen einprasseln. Wegzusehen ist schwierig. Unbeeinflussbar sein erst recht.

Unwiderstehlich soll man sein mit Lippenstift, jung soll man sein mit Kupfer, an der Grenze zur Schamlosigkeit mit diesem oder jenem Parfüm, und stets tragen toll aussehende Frauen diese Produkte und suggerieren, dass ihr Aussehen mit dem Produkt zusammenhängt, obwohl die Damen nur für den Spot gecastet wurden. Wenn wir es alle wirklich durchschauen würden, dann würden wir es doch ignorieren. Aber, nein – wir lassen uns einfangen. Sehenden Auges.

Wir sehen den Defilees nach, den großen Modenschauen, wo Frauen so angezogen werden wie Püppchen. In Klamotten, die sich nicht auf der Straße tragen lassen, stolzieren sie ausdruckslos über die

Laufstege, werden als Ikonen gefeiert, und sind doch nur schön und stumm. Das hatten wir doch schon mal. Ungefähr im Mittelalter. Ach, wäre Klugheit doch so bewundert! Statt dessen sind die Modelle der Weiblichkeit einseitig, verkleidet, reduziert. Hübsche MÄDCHEN. Nix Frauen. Verkleidete, blutjunge, zurechtgemachte Mädchen.

Tschuldigung für die Rage. Ich zieh mich auch gern nett an. Manchmal sogar, um einem Mann zu gefallen. Aber ich bete keine Plastikpuppe namens Barbie an und auch keine Illusionen einer Schönheit, die nur ein Abziehbild der Wünsche weniger ist. Wenn Kleider Leute machen, so machen sie auch Frauen – aber zu was?

Die Obsession mit der Schönheit muss einen Grund haben, der stärker ist als die Einsicht, manipuliert zu werden. Geht es doch um die pure Lust, sich zu maskieren, sich schön zu fühlen? Ist das ein geheimer Pfad in uns allen, der keiner Wertung unterzogen werden kann?

Das Vorstellung, wie eine Frau sich ihr Äußeres wünscht, ist ein Gemauschel aus abgeguckten Illusionen (die mit ein bisschen Nachdenken entlarvt werden können, also bitte, meine Damen, DENKEN SIE!), den Sprüchen nahestehender Menschen (Wie viele Mütter und Väter haben ihren Töchtern schon eingeredet, dass der Babyspeck nie weggeht oder sie im Alter ein Doppelkinn und keine Taille haben werden? Wie viele Idiotenkerle haben sich über die Größe der Brüste oder den Umfang der Waden ausgelassen, weil sie Ehrlichkeit für eine Tugend hielten?) und dem natürlichen Drang, sich zu pflegen und auf sich zu achten. Selbst ich, einigermaßen unbelastet von Denkverboten, kann Ihnen nicht sagen, warum ich der Meinung bin, meine Oberschenkel bedürften eines anderen Hautbilds, damit ich mich wohl fühle. Jetzt creme ich seit Wochen wie ne Wilde, es tut sich was, und ich frage mich: Wieso will ich das? Für wen? Von wem?

Wir hadern damit, vor uns selbst nicht perfekt zu sein. Wir speisen mit dieser Dämlichkeit die Angst, vor dem Mann, den wir lieben, nicht perfekt zu erscheinen und dass er das auch so sieht und uns deswegen verlässt. Dass das absoluter Scheißdreck ist, ahnen wir sehr wohl, nur können wir uns schwer daraus lösen, wie klar in den Balzritualen zu erkennen ist: Die Frau, die gut aussieht, hat mehr Chancen.

Das ist aber nur vordergründig so, letztlich kommt es nicht auf die Konfektionsgröße an, sondern auf das gewisse Etwas, das durch Situps oder Fettabsaugen auch nicht zum Vorschein kommt. Trotzdem: Wir hadern. Dem mit männlicher Strenge zu begegnen (»Nerv mich nicht, du siehst toll aus.«) oder mit dem Habitus der Ehrlichkeit (»Zugenommen? Ja, schon, steht dir aber, würde nur nicht dieses Kleid anziehen.«), damit ist uns nicht geholfen. Wenn Männer – und vor allem: wir selbst – uns dabei helfen würden, mit dem Kopf wie mit dem Bauch einzusehen, dass der Körper zwar eine zu pflegende Hülle ist, aber letztlich nur die Hülle des Menschen, der darin steckt und der es wert ist, geliebt zu werden, dann würden wir auch nicht mehr daran glauben, dass dünne Frauen mehr Spaß am Leben haben.

Hups, jetzt hab ich mich doch gehen lassen! Beim Schreiben, meine ich. Die Körperfrage indes ist jedoch nicht rein weiblich, nicht nur Frauen hadern mit der Natur und ihren Tücken.

Warum nur bestimmte Männer es auch tun

Früher haben wir uns immer gefragt, warum es Männer gibt, die mit ihrer Bierwampe einherstolzieren und sich für den dollsten Gockel halten. Früher haben wir uns gefragt, wie es angehen kann, dass Männer ab 40 Charakterköpfe kriegen (Haar fällt aus, Falten graben sich ein, Bart färbt sich grau) und Frauen einfach nur alt aussehen oder in der Parfümerie keine Duftproben mehr bekommen, sondern Anti-Aging-Mist. Wer sagt, dass wir uns nicht verändern dürfen? Können wir nicht in Ruhe die Gesichter bekommen, die wir uns verdient haben? Wie es geplant und stilvoll und würdevoll und normal ist?

Egal, ich reg mich nur wieder auf. Dabei wollte ich doch von den neuen Adonissen erzählen. Von jenen, die meinen, nur der top gestylte, durchtrainierte Mann habe eine Chance im Job und beim anderen Geschlecht. Die sich als Normalausgabe zu beliebig vorkommen und ihren Körper quälen, um sich schön, unverwundbar, jung zu fühlen. Die mehr Sorgfalt darauf verwenden, ihr Frühstück zusammenzustellen, als darauf, sich über die erotischen Abgründe ihrer Frau Gedanken zu machen. Sie verstecken den ängstlichen Jungen im Körper eines Mannes, um nur ja nicht als zu wenig männlich dazustehen.

Und sie machen all das nicht, um Frauen zu gefallen, wie man es umgekehrt uns Frauen manchmal vorwirft. Nee. Sie gefallen sich selbst nicht, und sie meinen, der Körper sei ihr Einsatz, um weit vorne mitzuspielen. Ein Mann mit Bauch ist für sie ein unkontrollierter Versager, unfähig, eine Firma zu leiten. Ein Mann mit Glatze ist für sie alt, einer, der nicht mehr schnell genug ist und überhaupt das Gegenteil von Fortschritt. Ein Mann ohne Muskeln (wohl »ausdefinierte« Muskeln natürlich) ist für sie ein Mann ohne Selbstdisziplin, der gehört auf denselben Haufen wie die Typen, die pünktlich nach Hause gehen, Weicheier.

Die neuen Adonisse haben Angst. Sie haben Angst vor der Meinung anderer Leute, sonst würden sie sich nicht so hinter Äußerlichkeiten verstecken. Sie schieben ihr Äußeres in den Vordergrund, weil sie ihren inneren Stärken nicht trauen. Ein Mann, der Ihre Hand nimmt, an seinen Waschbrettbauch anstatt an sein Herz führt und sagt: »Fühl mal« – mit dem erben Sie mitunter einen, an dem Aufbauarbeit zu leisten wäre, einem emotionalen Sozialamt gleich. Mehr als wir Frauen – die wir durch unsere Körpermaskerade durch Jahrhunderte geübt sind –, sind sie durch die aktuellen Pseudovorbilder der attraktiv-dynamisch-erfolgreichen Männer-Hologramme geprägt. Typischerweise sind die Adonisse, muskelgestylt oder zumindest auf dem Weg gen Magersucht, zwischen 15 und 35 Jahre alt und meinen, wegen ihrer Karriere auf die Figur achten zu müssen. Sie meinen, mit der Nachahmung äußerer Attribute den Anforderungen zu genügen, nur so genügen zu können.

Seelchen. Seelchen auf der Suche nach dem Mannsein. Schön ist das nicht.

Und wenn Sie als Frau wissen wollen, was Männern an ihrem Aussehen am meisten missfällt – lesen Sie mal die Story von Samson und Delilah. Des Mannes Kraft ist sein Haar, und wenn das ausfällt, ist es ganz schön herb für das männliche Ego, fast so schlimm wie Impotenz. Das Samson-Syndrom sorgt, wenn das Haar sich lichtet, für Bärte, für Toupets und andere Ersatzhandlungen, mit denen die Schwäche kompensiert werden soll.

Ich gebe zu, Frauen haben es da gut. Und leider kaum eine Ahnung, wie sehr es Männer schmerzt und verunsichert, wenn die Haare im Abfluss landen. Machen Sie sich nicht lustig über ihn, werte Ladys, wenn er sich wegen seines Haupthaars grämt. Nehmen Sie ihn ernst.

Warum Männer mit dem Schwanz und Frauen aus dem Bauch denken

Die Theorie »Blut im Schwanz, kein Blut mehr im Kopf, Denkapparat abgeschaltet« funktioniert schon aus einem Grund nicht: Es gibt Blutpenisse und Fleischpenisse. Die einen sind im Normalzustand klein bis übersichtlich, und sobald's losgeht, saust Blut hinein, Affentempo, Riesengröße, Überraschung! Nach Erledigung der Hauptaufgabe schwupp, Blut weg, zack, schrumpel in Rekordtempo. Die Schwellkörper können eine Unmenge Blut aufnehmen, und so sieht Madame frühestens unter vier Augen, was bei dem Kleinen Großes rauskommt. Anders bei denen, die schon im Baumelzustand wie Dildovorlagen aussehen. Der sogenannte Fleischpenis ist schon entspannt etwa so groß wie er dann sein wird, wenn's zur Sache geht. Also: 12 Zentimeter werden 14 Zentimeter, aber keineswegs 25, nein, liebe Kinder. Er wird langsam steif, hält sich auch nicht so dolle, und sinkt hernach laaangsam wieder ab.

Es geht das Gerücht, dass der eine durch mehr Blut, der andere durch weniger zur Abwehrrakete wird, dass sie ferngesteuert sind, manchmal durch Kopfkino, manchmal durch Handwärme, manchmal durch vorbeiwippende Brüste. Aber dass die Jungs mit Fleischpenissen schlauer sind, tja, das stimmt nicht.

Und doch: Der Penis ist ein Organ, das sich gern in den Mittelpunkt drängt. Schon im Babyalter ist die Begeisterung für den Schniedelwutz groß, und beim Kindergartenwettpissen oder unter der Dusche nach dem Sport schielen sich die Jungs die Augen wund auf der Suche nach Vergleichen. Froh sind sie, wenn einer reinkommt, der noch weniger zu bieten hat (wohl ein Blutpenis, das wird also noch).

Aber die Lanzenprotzerei allein kann's ja nicht sein, was Männer manchmal dazu bringt, von der Elementarkraft ihres Triebs wie besinnungslos zu sein. Was sie die Verhütung vergessen lässt, jede gute Kinderstube, den Vorsatz, nicht die Frau des Freundes vögeln zu wollen. Was treibt Männer an, die nur wegen der Aussicht, ihr Ding zu versenken, einer Frau hinterhersteigen? Die mit Frauen schlafen, um des Sex willen, aber bitte doch nicht wegen der Frau? Die morgens wollen, wenn kein normaler Mensch will, beleidigt sind, wenn nix läuft, ihr Mannsein an dieses Teil ketten wie ein Fahrrad an den Ständer (hihi), sich gleichsam entmannen, wenn Lüttütü mal nicht will, und alles versprechen, damit sie ihn mal anfasst, och bittö, nur einma-hal! Sie rufen irgendwo an, wenn der Schwanz es ihnen sagt, verpulvern dabei Tausende von Euro, werfen Viagra ein, weil sie anders nicht mehr stimuliert werden, lassen sich für 250 Euro Billigsekt in der Stripbar eingießen, tragen Hosen, die so eng sind, dass sich jedes Hodenhaar abzeichnet und dazu alles, was wir nur ungern allzu deutlich sehen.

Warum denken Männer, Frauen sei der Penis am wichtigsten, während er nur für sie selbst der wichtigste ist (wir finden andere Sachen spannend, sorry, auch wenn er dick sein darf, aber, hey: Er allein ist es nie und nimmer). Wieso setzten sie sich breitbeinig auf einen Barhocker, starren einen an und meinen, mit der Genitalpräsentation sei die Bettsache geritzt? Wollen sie mit den Glocken ihr Revier klären? Rivalen vertreiben wie früher mit dem größten Prügelzweig? Pfauengleich ein Rad schlagen?

Was ist es, das sie antreibt, dem Drang des Penis nachzugeben, der sich in möglichst vielen Damen herumkuscheln will? Wenn uns Frauen, Entschuldigung, die Muschi juckt, fangen wir ja auch nicht an, dumpf zu starren und uns den letzten Kerl an der Bar zu greifen. Wir präsentieren unsere Schamfalten auch nicht unter engen Hosen (obwohl es dazu bereits Fans und Internetseiten gibt, aber das ist bloß eine Spielart, nicht das Übliche).

Warum also denken Männer mit dem Schwanz? Das fragte ich den Mann auf dem Sofa, der gerade *Extra 3* sah und Alfons zujubelte. Er sagt: »Weil es die ewige Suche nach dem Glück ist.«

Ach ja. Klar. D. H. Lawrence sagte dazu mal: Für den Mann ist es eine Tragödie, wenn man Sex im Kopf hat anstatt zwischen den Beinen, wo er hingehört.

Und wenn sich da was regt, ist der Kopf nicht bereit, gegenzusteuern. Die Körperreaktion gilt als Wahrheit, nicht die Konsequenz des Nachdenkens.

Dabei sind die G-Spots des Mannes im Hirn – und in ihrem Hintern. Aber zu viele Männer verlässt das Hirn, um einfach darüber hinwegzusehen. Ist Sex für diese Schenkeldenker Notwendigkeit? Besitz? Drehbuch? Perversion? Erfüllung? Abreagieren? Altar? Grausen? Spiel? Hormone? Liebe? Ware, Jagd, Aggression, Spaß, Selbstbeweis, Existenz, Reproduktion? Alles evolutionsgesteuert, und wenn das so ist, wieso sind sie dann unfähig, sich aus diesen vor Urzeiten gespannten Marionettenstrippen kraft des Verstandes, des Gefühls, der menschlichen Wärme für ihr Gegenüber zu lösen?

Offenbar geht das kaum. Der Reiz, der Kick, ist stärker als die Kraft des Willens; der Wille setzt (bewusst) aus um der Lebendigkeit willen, um die Aura des Lebenswerten zu erhaschen. Ich vögele, also bin ich. Das Leben ist zu kurz, um es zu lassen. Um ein echter Mann zu sein, muss ich hart sein. Mich hart geben, harte Drinks trinken, einen harten Schwanz haben. Mein Schwanz macht mich zum

Mann. Lass ich ihm doch seinen Willen, ist doch Mannsein, nech?! Frauenjäger als Inszenierung, um vor der Restgruppe Mann gut dazustehen. Hat ja auch gut funktioniert, die letzten Jahrhunderte. Frauen dagegen hätten zwar mit der Muschi denken können, aber nie handeln, also gewöhnten wir es uns auch gar nicht erst an.

Okay, ich seh's ein. Es ist ein Männerding. Ich werde es nicht verstehen, es gibt keine logische Erklärung, nur so ein Gefühlsding, das damit zu tun hat, dass Männer Männer sind und Frauen Frauen. Männer sind so inniglich verbunden mit ihrem Penis wie Frauen vielleicht mit ihrer Gebärmutter, wobei wir die nicht mit anderen vergleichen müssen. Es ist auch ganz charmant, dass Männer sich von ihm leiten lassen, das erleichtert uns eine Menge Überzeugungsarbeit, wenn wir ihn nur für die Nacht und nicht gleich als Mann fürs Leben haben wollen. Vielleicht sollten wir anfangen, den Männern auf die Schwänze zu sehen, wenn sie sie uns schon so präsentieren, und nicht mehr in die Augen. Es soll Männer übrigens willenlos machen, wenn Sie mit seinem Schwanz anstatt mit ihm reden. Testen Sie es aus …

Und überhaupt! Frauen denken ja auch mit dem Unterleib! Oder jedenfalls mit dem Bauch. »Aus dem Bauch heraus« meinen sie dies, sagen sie das, tun sie jenes, vermuten sie solches. Der Bauch. Hort unserer Weiblichkeit. Eierstöcke, Gebärmutter und der ganze Rest können auch nicht besser denken als ein Schwanz, auch wenn die Asiaten hier und etwas weiter oben das Sonnengeflecht vermuten, das Zusammenlaufen der Meridiane, also quasi das Wesen des Menschen in seiner Einzigartigkeit, knapp unterhalb des Nabels. Hinter dieser Philosophie des dritten Chakra könnten wir uns jetzt fein verstecken. Oder hinter der Tatsache, dass im Bauch der Darm steckt, mit mehr Nerven als das Gehirn, jener Ort, an dem die Nährstoffe aus der Nahrung analysiert und gefiltert werden, um uns am Leben zu erhalten. Um genau zu sein: Der Darm IST das zweite Gehirn. Es besitzt hundert Millionen Nervenzellen, mehr Neuronen als im Rückenmark, ist unabhängig vom Gehirn und dabei identisch aufgebaut: dieselbe Zelltypen, dieselben Wirkstoffe und Rezeptoren. Der

Darm ist es, der Hormone ans Gehirn schickt, der Nervenzellstoffe verbreitet, der Gefühle umsetzt in Schmetterlinge und Flugzeuge im Bauch, der reagiert, wenn einem etwas auf den Magen schlägt, Angst, Stress. Das Darmhirn, unser zweites Gehirn, fühlt. Neurowissenschaftler haben festgestellt, dass zum Beispiel Alzheimer- oder Parkinsonpatienten dieselben Schäden im Hirn wie im Darm aufweisen!

Und was machen wir Frauen mit dem zweiten Gehirn (als ob uns unser doppelt vernetztes noch nicht reichen täte)? Wir bemerken es. Wir lassen es zu. Wir haben schon immer mehr auf unseren Körper gehört, weil wir keine John Waynes und schmerzlosen Indianer sein mussten.

Deswegen ist »Bauchgefühl« auch ein anderes Wort für Intuition, für das, was nicht logisch fassbar ist. Das Bauchgefühl macht uns zu wandelnden Lügendetektoren, aber es verleitet uns auch zu Zuständen des Verknalltseins, bei denen lieber das Ersthirn die Steuerung hätte übernehmen sollen. Mit unserer Intuition liegen wir seltener falsch als Männer mit ihrem Nachdenken (ohne Peniseinsatz), aber da das Bauchgefühl rational nicht fassbar ist, werden wir damit aufgezogen.

Manager werden trainiert, um »aus dem Bauch« heraus entscheiden zu lernen. Das ist jedoch nicht mit einem Wochenendkurs getan. Das ganze Mannsein müsste umlernen. Auf den Körper hören, wo er doch sonst ignoriert wird? Und gleichzeitig das Körperteil, das ganz gern mal die Führung übernimmt, nicht mit einbeziehen? Und das alles gegen die eher männliche Eigenart, erst achtzig Wege zu bedenken und dann zu entscheiden (die Schwimmer-Theorie von Seite 35 f., vor den Birnen & Äpfeln, Sie erinnern sich?). Hu. Es gibt Männer, die können das. Aber sie vertrauen nicht darauf, weil es so abstrakt ist. Unlogisch für Männerköpfe.

Ein Schwanz dagegen ist was Fassbares. Der reagiert, auf was auch immer – Stimme, Look, Duft, Erinnerung, Bild –, aber, äh Bauchgefühl?

Nee. Hier wäre wieder mal gegenseitiges Lernen angebracht:

Wenn Frauen es manchmal zuließen, auf die pure Lust ihres Geschlechts zu reagieren, um vielleicht Dinge zu erleben, die sie mit antrainierter Scham verpassen, und wenn Männer auf ihr Bauchgefühl hören würden, das ihnen sagt: Schlaf nicht mit dieser Frau, auch wenn es vielleicht 15 Minuten lang toll wäre, denn es gibt nur Probleme (weil: sie ist die Frau deines Freundes oder eine Zufallsbekanntschaft, die es nicht verdient hat) – tja, dann würden wir endlich mal von Unterschieden profitieren, statt sie nur zu beschreiben und zu bejammern.

Die Wahrheit über den Penisneid

Nein. Wir wollen ihn nicht. Wir wollen dieses Ding nicht, das einem den Verstand außer Kraft setzt, Hosen ausbeult, eindringt, wir wollen es wirklich nicht.

Freud behauptete mal, Frauen seien die mit dem Penisneid. Der Penis als Symbol des Eroberns, Unterwerfens, Beherrschens, als Lust verschaffende Auszeichnung der Männlichkeit. Wer eindringt, fickt, wer eindringen lässt, wird gefickt. Aktiv gegen passiv, so sei das nun mal. Und dieses Aktive dränge uns Frauen dazu, auch mal Bestimmerin zu sein, mittels eines Penis.

Nein. Wir wollen ihn nicht.

Ihn nicht, und auch das nicht, was er symbolisiert. Er mag der Spender der Spermien sein, als Luststab gepriesen, aber er ist nichts, was wir inzwischen nicht im wesentlichen durch eine Samenbank oder die rechte Hand ersetzen könnten.

Neidisch auf fremder Männer Penisse sind nur andere Männer. Es geht darum, wer den größten, dicksten, härtesten hat. Männer sind es, die sich Sorgen um ihre Größe / Länge machen, aber bitte nicht wegen der Frau, sondern wegen dem anderen Kerl, der einen größer gebauten hat und die Frau damit besser »befriedigen« kann. Glauben sie.

Was den Männer ihr Penisneid ist, ist bei uns Frauen, wenn überhaupt, vergleichbar mit dem Brüste-Neid. Wir wollen immer das, was wir nicht haben. Große Dinger, wenn wir Igelnasen haben, kleine Dinger, wenn die Spitzen unserer Melonen der Schwerkraft folgen.

Aber wir wollen keinen Penis. Wir können ihn ja sowieso fast immer haben, wenn er uns grad in den Kram passt, wieso sollten wir ihn also den ganzen Tag mit uns rumschleppen? Frauen fühlen sich nicht mehr als das schwache, passive Geschlecht, und wir sind es auch nicht, was nicht zuletzt dieses Buch bewiesen haben sollte. Wir leben nicht mehr in einer Zeit, wo man neidisch sein konnte auf Penisbesitzer und auf ihre Welt, die ihnen im Vergleich zu unserer offen stand. Die Betonung liegt auf *stand.* Sie steht uns heute genauso offen, mit Ding oder ohne.

Wir lassen uns nicht ficken, wir ficken. Dass sein Penis exponiert ist und unsere Virginia (oder wie auch immer SIE sie gerne nennen) introvertiert, sagt nichts über Machtverhältnisse aus. Und wenn sich ein Penis mittels Vergewaltigung Macht verschafft – hey! Wir wollen trotzdem so ein Ding nicht, wir haben kein Interesse daran, irgendwem dieselbe Behandlung angedeihen zu lassen, die Gewalt, den Übergriff, das gewaltsame Eindringen, oder ihn als Penisträgerin so zu kontrollieren, dass er es nie wieder macht. Das finden wir völlig ungeil.

Wir wollen auch den Rest von ihm nicht. »Eier«, die haben sowieso Frauen, nicht Männer, wir haben die *cojones,* die *balls,* Männer haben Hoden, die so aussehen wie Eier, aber keine sind. Und wir haben auch ohne das Komplettgehänge »die Eier«, um etwas zu tun, was Leute »ohne Eier« nicht tun: wir sind mutig, risikofreudig, abenteuerlustig und couragiert. Wir haben die verdammten *cojones,* und wenn wir meinen, wir müssten mal ein ausdrucksvolles Profil haben, gehen wir in den Sexshop, besorgen uns einen umschnallbaren Penis, bewundern uns im Spiegel, schnallen ihn wieder ab und können trotzdem weiter mit dem Kopf denken. Falls die eine oder andere Frau für, sagen wir mal, eine Nacht oder eine Woche einen Penis würde haben wollen, dann sowieso nur, um zu wissen, wie es ist, sich selbst zu vögeln. Eine Frage der Eitelkeit. Nicht des Neids. Ja, das IST ein Unterschied. Wir wollen ihn nicht. Wir finden interessant, was für ein Mann an dem Schwanz hängt, und nicht allein, was für einen Schwanz ein x-beliebiger Angeber da hängen hat. Und Männer sollten sich mal fragen, warum sie immer so neidisch auf andere schielen, denn letztlich ist es nicht der Penis, der den Mann zu einem tollen Menschen macht, sondern der Mensch im Mann, *ha capisce?*

Warum Frauen meinen, mit einer bezahlten Esseneinladung etwas zu versprechen, und Männer darauf spekulieren

Bedienungen können ein Lied darauf anstimmen. Manche Kerle versuchen tatsächlich, sie mit Trinkgeld zu kaufen. Geben fünf Euro oder mehr und scheinen dann zu erwarten, dass sie dafür mindestens die Telefonnummer bekommen oder wenigstens nach Feierabend einen Kuss auf Zunge. Die meisten Bedienungen haben sich darum angewöhnt, schon gegen normale Nettigkeiten brachial vorzugehen – frei nach dem Motto: Wird dein Lächeln noch breiter, schneid ich es dir aus dem Gesicht.

Frauen haben weniger am Hut mit Gigolos, denn wir können unbezahlten Sex haben, immer. Mit wem, ist eine andere Frage, aber gezahlt haben wir dafür selten. Das kommt nur in traurigen Witwendramen vor, die auf Kreuzfahrtschiffen spielen und in denen Eintänzer vorkommen.

Wie ist es aber bei der Konstellation »Beide essen, er zahlt«? Was will er dann?

Im besten Fall ist er ein Gentleman und weiß, was sich gehört.

Im schlechtesten Fall nimmt sie an, er will dafür Zuwendungen, und unterstellt ihm Vorsatz.

Im Fall dazwischen hat sie recht, ohne es zu wissen.

Eines der größten Missverständnisse der feministisch gefärbten Emanzipation war, dass Männer uns in allem, was sie tun oder lassen, unterdrücken oder uns als ihre jederzeit verfügbare Spielkameradin betrachten. Im Zuge der Gleichstellung lernten wir also, für uns selbst zu bezahlen und einem Mann bereits dann böse Absichten zu unterstellen – Demütigung durch Sex, klar –, wenn er einer Frau in den Mantel hilft. Männer machen so was, jedenfalls diesen schrecklichen, männerfeindlichen Theorien zufolge, ja nur deshalb, weil sie das eine wollen: unkeuschen Sex mit anschließendem Verlassen und nie wieder Melden; und wenn das nicht, dann wenigstens Versklavung der Frau durch die Ehe.

Ja, tickst's denn noch?! Kann es nicht einfach sein, dass all die Aufmerksamkeiten, die die Gentlemen noch beherrschten und die den unerzogenen Früchtchen von heute erst mühsam wieder beigebogen werden müssen, ein Zeichen von Respekt sind? Dass sie früher wussten, wie Mann eine Lady zu behandeln hat – nicht mit dem Ziel, sie rumzukriegen, sondern um ihr zu zeigen, dass Frauen alle wie Königinnen zu behandeln sind?

Es ist traumhaft, wenn Sie einen Liebsten haben, der auch anderen Frauen Türen aufhält, die Autotür öffnet und im Taxi durchrutscht, anstatt sie dazu zu zwingen, von der anderen Seite einzusteigen. Der für alle Damen Getränke holt und nicht nur für sich oder für die eine. Es ist eine Frage der Etikette, nicht der Ekstase, sich so zu benehmen.

Und doch unterstellen Frauen solchen Gents unlautere Pläne. Dass sie sich damit selber reduzieren, ist ihnen nicht mal bewusst. Sie sehen sich selbst als Sexobjekt und sind offenbar nicht fähig, zu realisieren, dass Männer es genießen, sich wie ein Gent zu benehmen.

Wir sind alle feminismusgeschädigt. Können nicht mal mehr Danke sagen, wenn einer unsere Rechnung bezahlt, ohne gleich zu fürchten, als nächstes wolle er Fellatio haben. Und er? Traut sich nicht mal mehr, die Dame einzuladen, weil er fürchtet, als Wüstling beschimpft zu werden, der billig zu Tätscheleien kommen will. Und lässt es lieber. Er weiß, dass sie denkt, dass er Sex will. Und schämt sich schon mal vorsichtshalber.

Schluss mit Schämen. Jungs, zahlt die Rechnungen. Mädels, entspannt euch. Es ist euer Problem, wenn ihr meint, dass er Sex will, nicht seins. Hört auf, euch einzureden, Männer seien eindimensional. Und wenn das partout nicht einleuchtet, seht es so: Er bezahlt die Drinks, ihr die Pille, so hat jeder was zum Vergnügen beigetragen. Emanzipiert euch *mit* Männern, nicht gegen sie.

Gut, manche Kerle werden trotzdem davon ausgehen: Rechnung gleich Rechtsanspruch auf Intimität. Denen kann man begegnen mit den Worten: »Schätzchen, für einen Teller Nudeln werde ich nicht deine Nudel abschlürfen. Für wie billig hältst du mich eigentlich?«

Aber von den paar Idis auf die Masse Gents zu schließen, vergeigt uns Mädels etwas: Dass Männer sich wieder zu benehmen lernen.

Weil dieses Problem aber immer noch existiert, schwingt bei jeder verdammten Rechnung mit: Will er Sex? Denkt sie, ich will Sex? Will ich, dass er denkt, dass ich annehme, er will Sex?

Davon kommen wir erst dann runter, wenn es wieder Usus geworden ist, dass Männer nett sein dürfen, ohne verdächtigt zu werden, also in etwa hundert Jahren. Bis dahin heißt es immer wieder: Mindestens einer von ihnen denkt jetzt an Sex. Ist doch auch schön.

Size doesn't matter!

»Es kommt nicht auf die Größe an!« hat mal jemand gesagt. »Nur auf die Technik« jemand anderer. Also, hier und jetzt die Wahrheit: Größe ist ein Wort, das die Tatsachen verschleiert und nur auf die Länge des Penis verweist. Die ist, in der Tat, weniger wichtig. Ob nun 13 (wie der Bundesdurchschnitt), 16 oder 20 Zentimeter. Ist er zu lang, stößt er in gewissen Stellungen an den Gebärmuttermund, was nicht schön ist, sondern nur lästig. Ist er zu kurz, flutscht er bei einigen Aktivitäten raus. Nur in diesen Fällen – zu kurz, zu lang, und das je nach Dame und deren Unterbaueigenheiten – ist es tatsächlich die Technik, die zählt, indem der Kerl weiß, wie er solche Holprigkeiten umschifft. Der Langschwanz sollte aufpassen, wenn er ihre Waden auf seine Schultern schwingt, und der Short Man darf sich von Sex im Stehen (von vorn) verabschieden.

Ansonsten ist es so: Dick sollte er sein. Länge ist zweitentscheidend. Wenn Frauen sich einen Schwanz aussuchen dürften, wäre es immer der dickere, nicht der längere. So um die 4 (das ist die deutsche Normalversion) bis 5 Zentimeter Durchmesser, das wäre fein. Es gibt so ein herrliches Gefühl des Ausgefülltseins, und wir müssen uns nicht ständig daran erinnern, den PC-Muskel zusammenzukneifen, damit er bloß nicht das Gefühl hat, in einer warmen Plastiktüte mit Joghurt herumzustochern, weich, feucht, aber ohne Widerstand.

Kurz und dick ist Frauenglück. Ansonsten geht die Legende, dass die Vagina »nur« in den vorderen Bereichen jene Nerven besitzt, die zum Spaßmachen da sind. Argumentiert wird so: Weiter hinten dürfe eine Frau nur wenig fühlen, da das ja bereits der künftige Geburtskanal sei. Zu viele Nerven bedeute zu viele Schmerzen. Und deswegen brauchten auch Schwänze nicht so lang zu sein, tiefer drin sei es ja eh gefühllos.

Also, ich weiß nicht, wie es Ihnen geht, aber wieso sind viele von uns Damen darauf aus, »tiefer, tiefer!« zu stöhnen? Weil wir das mal gelesen haben? Eher nicht. Wir fühlen dort durchaus. Und gern.

Das war die schlechte Nachricht. Die gute: Ein Mann mit einem eher kleineren, schmaleren Schwanz kann trotzdem ein ausgezeichneter Liebhaber sein. Weil der Männerschwanz für uns zwar eine tolle Angelegenheit ist, aber nur einen Teil unserer Sexualität ausmacht. Männer machen oft so ein Brimborium um ihr »bestes Stück«, dabei ist es für das Gesamterleben einer Frau NICHT der wesentliche Teil. Auch darin unterscheiden sich Männer und Frauen: Männer denken eher, es ist sein Ding, was den Sex gut macht; wir Frauen meinen, es ist der Mann an sich. Seine Küsse. Seine Berührungen. Wie er uns mitreißt, wie er begehrt und mit unserem Begehren umgeht. Ob er »Ladies first« auch horizontal lebt.

Wenn er mal weich wird, na und? Wenn er ein zweites Mal nicht hochkommt, wen schert's? Wenn er nicht eine, zwei Stunden steht, was macht's? Das sind keine Qualitätsmerkmale. Es ist der ganze verdammte Rest. Sex ist mehr als Reinstecken – es ist ein Kreislauf von vorher, nachher und dazwischen.

Kommt es also doch nur auf die Technik an?

Männer sind sehr verletzt, wenn Frauen von anderer Männer Schwänzen erzählen. Solche Kommentare bringen wieder das Gerücht auf, der Schniedel sei das Zentrum der Aufmerksamkeit.

Nein. Ist er nicht. Wenn jemand von »Technik« spricht, ist allerdings auch nicht (nur) gemeint, wie Mann mit seinem Penis umgeht. Eintrittswinkel, Tempo, Rhythmus, alles sehr schön, aber das allein ist nicht »Technik«, wie Mann meint.

Die Technik, die als wahrer »Ersatz« für mangelnden Umfang oder Länge gilt, ist das, was mit Mund, Händen, Kopf, Körpergefühl, Stimme, Atmosphäre zu schaffen ist. Männer haben leider die Sorge, dass das, was sie als Ersatz zu bieten hätten, nicht reicht, um die Leidenschaft der Holden zu erwecken. Lasst euch sagen, Jungs: Ihr könnt das. Bringt eure Frauen dazu, euch zu sagen, wie sie es gern hätten. Reißt sie mit durch eure Widersprüche – zärtlich zu sein, wenn ihr liebt, und sie auch mit der Liebe ganzer Härte zu vögeln. Manchmal fällt uns Frauen nämlich auf: Je mehr ein Mann liebt, desto weniger brachial und leidenschaftlich scheint er zu werden. Ja, wir mögen stundenlanges Gestreichel, aber wir schätzen es auch, von dem Mann, den wir lieben, im besten Sinne flachgelegt zu werden.

Nein! Denken Sie als Mann jetzt nicht wieder an die Härte Ihres Schwanzes! Denken Sie an Ihre Stimme, die fordert und rauhe Befehle flüstert, an Ihre begehrlichen Handgriffe, an Ihre fordernden Küsse. Das ist »Technik«, die wir meinen, nicht das Rein-raus-Ding.

Es ist sexy, wenn ein Mann weiß, was er tut, wenn er weiß, was zu tun ist. Das ist die Technik, die wir meinen … nicht der Penis ist es, sondern auch, in welcher Beziehung wir zu dem Penisträger stehen.

Und was wünschen sich Männer eigentlich von Frauen an »Technik«? Klar, auch wir sind dogmatisch fehlgeprägt, denken bei »Technik« an Hüftschwünge bei Reiterstellungen, an Blowjobtricks, an Massagefinessen, an PC-Muskel und andere Praktiken. Und doch ist es weit mehr, nein, etwas anderes, als NUR das. Männer haben weniger den Wunsch nach ausgefeilter Routine, sondern dass der Körper einer Frau auf sie reagiert. Männer sind oft sehr unsicher, wie sie mit dem Körper einer Frau umgehen sollen, denn sie wissen auch nicht immer (sollen sie auch nicht), was zu tun ist. Nichts ist aufregender als eine Frau, die reagiert. Mitgeht. Initiativen ergreift. Ihm nicht das Gefühl gibt, einer Art Prüfung standhalten zu müssen, sondern dass sich Sex zu einem gemeinsamen Erleben entwickelt.

Ja, so was muss mal gesagt sein, denn viele Männer empfinden es so: Ich bin derjenige, der will, ich bin der Täter, sie erträgt es, und ich muss mich wenigstens kümmern, dass sie einen Höhepunkt erlebt, und wenn sie ihn nicht hat, habe ich versagt. Sie betrachten es leidvoll als ihr Business.

Kommt, Mädels, lasst sie uns da rausholen. Zeigen wir ein bisschen mehr von dem, was uns gefällt, und nehmen wir sie dorthin mit, in das weite Land zwischen Seele und Sex.

Don Juan gegen Schlampe

Überleitungslos zu einem Thema, das mich richtig krätzig macht: Wir Frauen würden Männer ja zu gern in unsere bunte Welt der Sexualität mitnehmen. Wir würden ihnen gern sagen: Ich will Sex. Egal ob mit dir oder jemand anderem, ich bin jetzt gierig darauf, mich an einem männlichen Körper zu reiben. Oder: Ich will genau mit dir erforschen, was mich zur Raserei bringt. Ich will gefährliche Spiele spielen jenseits von Blümchen und Wölkchen. Doch eine Frau mit offener Lust, mit viel Erfahrung, mit vielen Männern ist … ja. Eine Schlampe. Eine Frau mit Vergangenheit. Promisk. Merkwürdiges Wort. Stammt aus dem Lateinischen *(promiscuus* = vermischt).

Ein Mann jedoch hat bei derselben Verkehrsfrequenz und Anzahl von Geschlechtspartnerinnen »Schlag bei Frauen«. Er wird ein wenig bewundert für seine Anziehungskraft. Eine Frau wird verachtet, aber nicht wegen ihrer Anziehungskraft, die wäre ja noch gestattet, sondern weil sie es wagt, diesen Sex-Appeal auch noch auszunutzen! Ja, geht so was denn?! Kann sie den Hals nicht voll genug kriegen, ist sie oversexed, will sie nur das, kriegt sie nichts anderes, und warum ist das überhaupt ein Problem?

Männer werden dafür bewundert, »jede zu kriegen«.

Frauen werden dafür verachtet, sich »jedem hinzugeben«.

Für ein und denselben Vorgang wird je nach Geschlecht eine andere Begrifflichkeit gebraucht. Was ist da los? Soll durch die offene Verachtung einer lustvollen Frau eine männerschützende Kultur entstehen, in der sie sich sicher sein können, dass eine Frau es ernst mit ihnen meint, wenn sie mit einem Mann ins Bett geht? Ist es die alte Geschichte vom Spermawettbewerb: je mehr Rivalen, desto geringer die Chance der eigenen Genreproduktion, also verhindern wir Konkurrenten um jeden Preis, und sei es durch üble Nachrede? Warum gilt hier zweierlei Maß?

Leider, leider werden solche Ansichten ja auch von Frauen vertreten. Sie fallen ihrem eigenen Geschlecht in den schmalen Rücken. Frauen sind manchmal schneller mit dem Etikett »Flittchen« oder »Schlampe« am Start als Männer, die sich von einer Frau mit Erfahrung höchstens eingeschüchtert fühlen. Die imaginäre Konkurrenz ist gleich viel größer; die Jungs vor ihm sitzen auf der Bettkante und flüstern: Ich hab sie besser geküsst als du, ich hatte einen Größeren als du, ich hab sie zum Stöhnen gebracht und du nicht … Der Film läuft nur in seinem Kopf, klar, doch die Angst ist da. Aber ist es diese Angst vor dem heimlichen Vergleich, der das moralische Janus-Pendel ins Schwingen brachte? Wieso tickt unsere pseudomonogame Gesellschaft so einseitig diffamierend?

Soll einer »guten Frau« Sex keinen Spaß machen dürfen? Wieso dürfen wir nicht begehren, wen wir wollen, warum wird unsere Entscheidung, mit dem und dem und dem auch noch zu schlafen, bewertet, während man bei Männern kaum bis gar nicht darauf achtet? Warum wird unsere Sexualität von Zeiterscheinungen und kulturellen Normen diktiert – anderswo auf der Welt wird Polygamie gelebt, sind Frauen Volksherrscherinnen, aber hier tun wir so, als müssten Frauen für ihre Lust diszipliniert werden. Mittelalter!

Wir alle wissen: Familie, Freunde, ehrliche Liebe sind unschätzbar wertvoll. Aber Sex ist auch ein Bedürfnis, das nicht automatisch in Widerspruch zu den anderen Prioritäten steht und deshalb abgelehnt werden dürfte (und das nur bei einer Hälfte der Beteiligten).

Wieso also darf sich ein Don Juan in seinem Narzissmus bestätigen, Donna Juanitas aber nicht? Männer geben zu gern mit der Zahl ihrer Eroberungen an – vor anderen Männern. Das bringt ihnen Wertschätzung und Neid und wird als Ersatz für andere Fähigkeiten ins Feld geführt (er ist zwar arbeitslos, aber kann jede Frau haben, *wow*). Es ist ein Beweis der Macht, der Männlichkeit, von Männern bewundert und von Frauen auch, denn: Ein Mann, der so viele Frauen überzeugen konnte, muss ja was an sich haben. Gesetz der Masse. Im Gegensatz zur Frau – die hat ja wohl NUR Sex zu bieten, lautet der verquere, mistige, leidige, elende, ätzende Umkehrschluss. Das Privileg, sich auszuleben, können Frauen sich also nur top secret nehmen. Ich werde jetzt nicht werten, wie viele Männer unsere Psyche gerade noch verkraftet und ab wann es zu viele werden, aber ich plädiere dafür, dass jeder diese Grenze erfahren darf ohne vorauseilende Verurteilung. Scham ist zwar ein Motor der Erotik, aber diese Schlampen-Diskussion hat nichts mit der wünschenswerten Scham aus unserer persönlichen erotischen Welt zu tun.

Da ich keine Erklärung für diese Doppelzüngigkeit finde, die glaubhaft machen könnte, dass darin eine produktive Unterscheidung läge, kann ich Sie nur bitten, umzudenken. Machen Sie nicht mit bei der Etikettierung. Sie müssen Casanovas nicht bewundern, und Donna Juanitas nicht verachten. Kümmern Sie sich um Ihre

Erotik anstatt um die fremder Leute, seien Sie nicht boshaft und ungerecht, nur weil sich da Neid, Angst, Irritation und angelernte Ablehnung mischen. Nehmen Sie es locker, sagen Sie sich: »Jeder so, wie er meint.« Leben Sie selbst so, wie Sie es meinen, und gestehen Sie das auch anderen zu.

Muttersein und die Last mit der Lust

Ich bin ja neugierig. Das Bild von der selbstzufriedenen, von Mutterinstinkten gesteuerten Brutpflegerin mit Sexverweigerung für ein Jahr – das schien mir doch irgendwie … einseitig. Verlogen. Als ob sich das einer ausgedacht hat, damit die Leute wieder anfangen, ihre Art zu erhalten.

Mal ganz abgesehen davon, dass europäische Frauen seit einigen Jahrzehnten in eine Art Gebärstreik treten (Pille und kindergartenfeindlichen Regierungen sei Dank, ganz zu schweigen von den Göttergatten, von denen nur 1,5 Prozent zum Erziehungsurlaub antreten, während sich der Rest in die Firma rettet) und es voraussichtlich im Jahr 2600 keine Menschen mehr auf der Erde geben wird, so interessierte mich doch eins: Wie fühlt sich das an, gleichzeitig Mutter, Partnerin, Frau, Geliebte zu sein? Was ist das für eine Identitätskrise, und wann haben Mütter wieder Lust auf Sex?

Annabel tat es nach fünf Tagen wieder. Fünf Tage nach der Entbindung, zwar ohne Reinstecken, aber sie hatte Lust, und sie wollte wissen, ob sich das anders anfühlt. Ob was kaputtgegangen wäre. Ob die Empfindungsfähigkeit noch da ist. Jetzt schämt sie sich, weil ihr viele Mütter gesagt haben, frühestens nach einem (!) Jahr sei da erst wieder Sex drin. So von wegen Lust, Zeit und alles funktionstüchtig. Trotzdem: Es klappte wunderbar bei ihr, und sie war erleichtert.

Nadja tat es drei Monate nach der Geburt das erste Mal wieder. Caroline beklagte sich, ein dreiviertel Jahr keine Zeit und keine Lust gehabt zu haben.

Drei Mütter, drei Meinungen, aber eins ist allen gemeinsam: Weder Mutterglück noch Mutterinstinkt stellten sich gleichsam natürlich mit dem Gebären ein. Gleichzeitig Frau *und* Mutter zu sein führte bei allen zu höchstem Unmut. Der Körper macht Veränderungen durch, und die Lust verändert sich mit – ausgerechnet der Teil der Persönlichkeit, an dem sie lange herumlaboriert haben, um ihn kennen- und akzeptieren zu lernen. Selbstlos und hingebungsvoll auf Aufzucht konzentriert, das wollten sie nicht sein.

Allein, der Wille ist da, nur die Lust, na ja, die geht bei all den Veränderungen unter. Mann steht dann da, nach der Geburt wie vor der Geburt, und schweigt stille. Hat er ja schon gehört, Kind da, Sex weg.

Was Männer wissen sollten, damit sie nicht mit stummem Vorwurf in den Augen herumspazieren (immer geht's nur ums Kind, sie stillt lieber, als mich zu küssen, was ist mit meinen Bedürfnissen, wann kommen ihre wieder), ist: Die Lust ist da, nur in veränderter Form. Das Muttersein bricht ein in all diese Tabus, die als erotischer Kitzel empfunden werden. Plötzlich sind sie wieder da, die Zweifel, ob es erlaubt ist, jemand anderen zu begehren, Phantasien zu haben, sich selbst zu streicheln und vor allem die sensorische Unerhörtheit zu empfinden, beim Stillen eine Art Sinnlichkeit wahrzunehmen. Es ist Liebemachen auf den Kopf gestellt: die eindringende Warze, die sich ergießende Milch, der Schmerz. Das sinnliche Vergnügen. Die Scham darüber.

Männer sollten sich bewusst sein, was Muttersein für eine Frau bedeuten kann. Nicht allein Glück oder ein neuer Zeitabschnitt, nein, es wirkt sich so sehr auf das Frausein aus, dass es quasi einer Neugeburt gleichkommt. Sich als Mann allein auf das Recht zu berufen, endlich auch mal wieder einen Beischlaf abzukriegen, bringt beiden nichts. Ihm nicht, weil er sich als Dränger, ihr nicht, weil sie sich als Opfer vorkommt, selbst wenn es sich doch so gehört, dass sie auch mal wieder Zeit haben müsste. Zärtlichkeit und andere Praktiken als Geschlechtsverkehr sind gefragt. Zeit ist nötig, damit sich die Mutter wieder als Frau zurückziehen kann, vielleicht, um sich autoerotisch mit sich selbst zu beschäftigen, denn die Sinnlichkeit ist weiterhin da. Nur drängen und drängeln lassen ist nicht drin. Wenn Sie Nähe brauchen, dann finden Sie beide auch einen Weg dorthin und beschränken den Beweis Ihrer Liebe nicht auf den Koitus.

Nachsatz: Warum Männer prahlen

Das ist echt hübsch: Ein gewiefter Meinungsforscher lüftete in den achtziger Jahren einen Zipfel des Schleiers, als er nach Einsammeln der Fragebogen über Untreue auf die Idee kam, hinterher die Männer und Frauen unter vier Augen zu fragen, ob sie alle Fragen wirklich ehrlich beantwortet hatten. Surprise: Obwohl der Fragebogen anonym war, gaben viele Männer zu, dass sie die Zahl ihrer Partnerinnen ein wenig übertrieben hatten, während die Frauen gestanden, den einen oder anderen Seitensprung verschwiegen zu haben.

Kurz, für Männer ist es schmeichelhaft, viele Eroberungen gemacht zu haben, während Frauen sich selbst gern als treu sehen würden und die eine oder andere Affäre als »Versehen« verdrängen. Die Anonymität von Befragungen allein gewährleistet also noch keine aufrichtigen Antworten; die gibt's nur dann, wenn die Versuchspersonen sich selbst gegenüber ehrlich sind. Und das ist in diesem sensiblen Bereich nicht immer der Fall. Eigentlich nie. Entspringt der Unterschied zwischen den Zahlen – Männer haben ganz viele Frauen, aber welche Frauen haben sie denn eigentlich, wo doch die Frauen nur ganz wenige Männer haben? – vielleicht gar nicht der Häufigkeit von Seitensprüngen, sondern lediglich der inneren Einstellung beim und nach dem Fremdgehen?

Vier Miteinander – Warum Frauen auf schwierige Typen abfahren und Männer offene Ehen vorschlagen

Sie: »Liebst du sie etwa?«
Er: »Nein, ich hab nur mit ihr geschlafen.«

Regel Nummer 1: Solange er nicht gesagt hat »Ich liebe dich«, können Sie mit anderen Männern schlafen.
Regel Nummer 2: Alles, was böse und verboten ist, ist gut. Das ist die Versuchung des Lebens. Besonders, wenn es um verbotenen Sex geht. Die Mist-Pheromone treiben uns an wie die Tiere.
Regel Nummer 3: Jede zweite Ehe in der Stadt wird geschieden, auf dem Land jede dritte. Heiraten Sie also nur aus Überzeugung.
Regel Nummer 4: Alles ist anders, als man denkt.
Regel Nummer 5: Es gibt keine Regeln mehr. Stellen Sie Ihre eigenen auf. Und sehen sich dabei im Spiegel in die Augen.

Was das Ganze über das »Miteinander« sagt? Es gibt unzählige Ratschläge und Regeln für den Alltag und die Logik der Liebe. Über das Wesen der Zweisamkeit, wie sie zu leben wäre, wie es falsch, richtig, annehmbar und utopisch ist; deswegen greife ich hier nur wenige Aspekte heraus, die immer wieder vorkommen, wenn ein Mann und eine Frau über längere Zeit zusammen sind, und die trotz all dieser Abhandlungen nach wie vor ein ungeklärtes Rätsel sind.

Was die gegenseitige Anziehung betrifft – also all das, was *vor* den »echten« Problemen passiert –, so verweise ich auf Kapitel neun (S. 223 ff.).

Warum Frauen den Kennenlerntag niemals vergessen und sich Männer von ihren Sekretärinnen an den Hochzeitstag erinnern lassen

Er kommt spät nach Hause. Der Tisch ist gedeckt, Kerzenlicht, ein Dinner for two, romantischer geht's nicht. Und jetzt? Verführung total? Nein. Madame wartet darauf, dass er ein kleines Päckchen mit einem kleinen Geschenk aus Edelmetall auspackt, denn schließlich ist Kennenlerntag, Tag des ersten Kusses, Tag des ersten Sex, Tag 1 der Beziehung, Hochzeitstag, Sonstwastag. Glauben Sie ernsthaft, er weiß das noch?!

Frauen sind nicht nur multitaskingfähig, Frauen haben auch das geübtere emotionale Gedächtnis. Sie koppeln Gefühle stark an das Erlebte, erleben es intensiver und erinnern sich leichter, vor allem bei für sie so einschneidenden Erlebnissen wie dem Beginn einer Liebe. Eine Studie in den feierwütigen USA hat belegt, was wir im Alltag längst erleben, ohne dass es uns einer erklären musste. Emotionale Erfahrung werde im Gehirn einer Frau enger verdrahtet und fester gespeichert als im Gehirn eines Mannes, erklärte der Leiter des Forschungsprojekts, Turhan Canli von der Stony-Brook-Universität. Das Wissen um unterschiedliche neuronale Prozesse bei emotionalen Erfahrungen eröffnet Canli zufolge neue Wege zur Behandlung von Depressionen. Davon sind Frauen häufiger betroffen als Männer.

Die Forscher wollten eigentlich herausfinden, was es mit den Depressionen auf sich hat, und entdeckten nebenbei, warum Frauen sich immer an den Tag aller Tage erinnern und dafür kein Palmtop brauchen, während Männer das, nun ja, verdrängen? Unter »erledigt« ablegen? Wozu etwas feiern, was schon lange zurückliegt, mäkeln sie. Anscheinend haben sie bestimmte Gehirn- und Gefühlsdefizite und verstehen deshalb nicht, warum solch ein Gedenktag einer Art Re-Inszenierung gleichkommt, bei der es darum geht, das Gefühl von damals noch mal heraufzubeschwören, in der Erinnerung hochleben zu lassen, um damit das Heute und Morgen zu festigen und wieder in

Glanz und Hoffnungsfreude erstrahlen zu lassen. Die Frauen hoffen, der Mann möge es genauso erleben. Tut er aber nicht. Da prallen zwei Welten zusammen – ihre Erwartung und seine defizitäre Gefühls-»Kartei«.

Treffen Sie sich in der Mitte, Romantik hin oder her: Sagen Sie ihm ein, zwei Tage vorher, dass morgen Sowiesotag ist, damit er die Gelegenheit hat, Sie glücklich machen zu dürfen. Und Sie, Kerl: Tragen Sie sämtliche Tage ein. Sofort. Noch am selben Tag, wo es (whatever) passiert. In Ihren Palm, Ihr Filofax, in den Kalender. Denn das Geheimnis eines glücklichen Lebens ist unter anderem, seine Frau glücklich zu machen. Egal wie. Auch geplant.

Heißt nein ja, wenn es eine Frau sagt?

Ja. Nein. Weiß nicht. In erster Linie heißt nein nein, auch wenn eine Frau manchmal nein sagt, wenn sie ja meint, aber nur bei Fragen wie »Störe ich dich?«, »Hast du einen anderen?«, »Ist es wegen mir?«, bei denen es unter die Rubrik Höflichkeitslügen fällt. Es lässt sich also nicht verallgemeinern. Manchmal ist ein Nein auch sexy gemeint, weil wir wissen, dass ein Nein in gewissem Timbre und in bestimmten Situationen manche Männer mehr anstachelt als jedes Ja.

Meist ist die Nein/Ja-Geschichte eine Sexsache. Im Mittelalter, als Bäuerinnen noch als Freiwild der Raubritter galten, hieß es in einer zeitgenössischen Schrift, dass die Schüchternheit der Bäuerin nur durch männliche, stürmische Taktik, sprich eine Vergewaltigung, zu lösen sei.

IM MITTELALTER! Beim Sex heißt nein nein.

Es sei denn ... ja, es sei denn. Es sei denn, Sträuben gehört zum Spiel. Das ist dann aber eine Sache, die auf ungemein viel Ehrlichkeit basieren muss. Es ist ein gefährliches Spiel, das um so unheimlicher wird, je mehr es theoretisiert wird. Am Anfang steht das spielerische Nein, das auf ein Brechen der Widerspenstigkeit hofft und damit auf den erotischen Kick. Es kann aber geschehen, dass die Frau im Lauf seiner Bemühungen, die gespielte Sträubigkeit zu brechen, plötzlich einen ECHTEN Widerstand entwickelt. Das ist legitim, das kommt vor. Und nun? Bemerkt er das echte Nein, den Unterschied zum gespielten? Und was, wenn nicht?

Dann ist die Beziehung ziemlich angeschlagen. Dieses Risiko einzugehen ist heikel; die Nein-nein-ja!-Erotik übt zwar ungeheuren Reiz aus, aber wie leicht kann sie schiefgehen. Deswegen: Ein spielerisches Nein kann in einer engen, gewachsenen, ehrlichen, gesunden Partnerschaft eine reizvolle Sache sein beim Sex; bei unerfahrenen Pärchen jedoch kann daraus ein ernsthafter Knacks entstehen. Er fühlt sich als Arsch, sie sich als Opfer wider Willen, und die Gefahr ist um so größer, je stärker das Klischee ist, dass nein doch eh ja heißt, also kümmere dich nicht um den Ton, *wie* es gesagt wurde.

Können wir uns also, abseits dieser Stammtischregel (»Sie will es doch«), darauf einigen, dass ein Nein ein Nein ist, es sei denn, es ist definitiv begleitet von einer erotisch-gefärbten Vereinbarung?

Um sicherzugehen, dass die Botschaft ankommt, wenn ein falsches Nein zum echten wird: Führen Sie ein Safeword ein. Ja, das ist ein Kniff aus der S/M-Ecke, aber dass die gar nicht so merkwürdig ist, wie Sie meinen, erfahren Sie im letzten Kapitel. Vereinbaren Sie einfach ein Wort, das den sofortigen Abbruch egal welchen Spiels bedeutet. Das kann »Senfglas« sein, oder »Anker«, meinethalben auch »Gnade« oder »Grenze«. Nur nicht »Nein«, wenn es das Spiel ist von der Zähmung der Widerspenstigen.

Warum Frauen sich als Sexobjekte fühlen und Männer es nicht mal merken

Dazu ein Dialog. Handelnde Personen: *Karin und Nicole. Innen, Tag.*

Karin (K): Ich fass es ja immer noch nicht. Da sagt Jan also: Du weißt, wenn ich mit dir nach Hause gehe, werde ich mir dir schlafen.

Nicole (N): Und? Hast du?

K: Ich hab's mir überlegt, aber es ging dabei nicht wirklich um mich. Er wollte Sex. Mit irgendwem.

N: Und fühlt sich danach wie der Held.

K: Er hat mir Geld geboten.

N: Igitt! Wieviel?

K: Vierstellig.

N: Das heißt, er ging davon aus, du würdest darüber nachdenken. Das heißt, er hielt dich für bezahlbar. Das heißt …

K: Ja, genau. Einerseits fühle ich mich geschmeichelt – aber auch beschmutzt. Er wollte etwas kaufen, was nicht zu verkaufen ist. Jedenfalls nicht in meiner Welt. Und er ist einfach davon ausgegangen, so als ob alle Frauen ihren Preis haben.

N: Und dein Nein?

K: Hat er nicht akzeptiert! Wir hätten doch beide was davon!

N: Erinnert mich an Mark, den Steuerberater. Mit dem hatte ich tatsächlich was. Drei Kondome hatte der in seinem Jackett, drei! Gut, es war nur ein One-Night-Stand. Der Typ war verheiratet. Und ließ die Gummis bei mir, damit seine Frau das nicht mitkriegt. Der geht schon abends los mit der Annahme, was zu ficken aufzutun.

K: Und? Hast du dich etwa verknallt?

N: Nee, echt nicht, aber es war so eindeutig: Ich war nur irgendeine Muschi. Er machte das öfter. Irgendwann rief er mich an und schlug vor, mit ihm und seinem Kumpel was zu unternehmen. War doch klar, was der vorhatte: Mindestens einer sollte an diesem Abend was zu stechen haben.

K: Noch ein Tee?

N: Ja, gerne. Ich frag mich, wie das alles mal angefangen hat: Haben uns Männer zu Sexobjekten gemacht oder wir uns selbst durch irgendein idiotisches Verhalten? Frauen sind doch überall nur Objekte der Begierde: Werbung, Hiphopvideos, Pornos, schmückendes Beiwerk bei Veranstaltungen …

K: Kann man auch als Machtpotential begreifen. Und wir denken alle, dass die Sachen nicht die Realität abbilden. Ist auch egal, wer angefangen hat. Nimm du dir halt mal irgendeinen.

N: Das ist ja das Komische. Auch wenn ich ihn einfach so mitnehme, bin ich trotzdem nicht in der Lage, ihn einfach so als Objekt zu sehen.

K: Und wie ist das bei den Jungs? Bei mir haben sich einige ausgeweint, dass sie sich benutzt fühlten. Missbraucht als Mister Lovemachine.

N: Na, die Frauen will ich mal kennenlernen. Vielleicht haben die auf das Höflichkeitsfrühstück verzichtet?

K: Oder das Hotel gezahlt.

N: Oder nie Zeit gehabt, wenn er anruft.

K: Oder ihm die Nummer ihres Exfreundes gegeben.

N: Oder sind mitten in der Nacht gegangen, weil sie früh raus müssen.

K: Wahrscheinlich. Und haben auch noch gewagt zu sagen, dass sie keine Beziehung wollen, nicht mal eine Affäre, sondern nur Spaß. Mit allen Rechten, ohne Pflichten, und wenn er das auch so sieht, wo liegt das Problem?!

N: Sie waren also wie Männer.

K: Vielleicht haben die das also doch von uns Frauen …

Und noch einer. Handelnde Personen: *Jupp und Karl. Innen, Nacht.*

Jupp (J): Weiber!
Karl (K): Hmhm.

J: Sie warten darauf, dass wir die Initiative übernehmen, und wenn wir es tun, sind wir gleich die Obermacker.

K: Und sie wollen immer gleich bei einem einziehen.

J: Und meinen, wenn man sie begehrt, dass man sie auch zu lieben hat.

K: Ja, eins reicht nicht. Du musst sie lieben und begehren. Nur lieben finden sie merkwürdig, nur begehren auch.

J: Dabei tun sie gern so selbstbewusst.

K: Und dann kommt der SMS- und Telefonterror.

J: Manchmal ärgere ich mich echt über mich selbst. Da seh ich ihren tollen Hintern, rede mir ihr, und dann meint sie, ich interessiere mich für sie.

K: Guck halt nicht hin.

J: Weißt du, sie tun alle so, als ob in jedem Kerl ein Vergewaltiger steckt und Männer vor nichts Angst zu haben brauchen. Ich sag dir, vor was ich Angst habe: Dass ein Kerl kommt, der größer ist als ich und mich fertigmacht. Kann mir doch auch passieren. Davon redet keine.

K: Ja. Wir gehen in den Krieg, wir machen die Mistjobs, von denen wir Lungenkrebs kriegen, oder holen uns den Tod auf der Ölplattform, aber wir sind immer noch die bösen Jungs. Wir werden öfter krank, wir sterben früher, wir müssen zur Armee, egal ob wir wollen oder nicht, wir sind davon abhängig, ob sie die Pille absetzt oder nicht, damit wir Vater werden dürfen, und wir sind immer noch die Bösen, wenn wir einfach so mal mit einer Frau schlafen wollen.

J: Auf Schiffen werden auch immer die Frauen zuerst gerettet. Weil sie Fortpflanzung bedeuten. Wir sind ersetzbar.

K: Sie suchen aus, aber wir dürfen das nicht. Mal ehrlich, Frauen sagen doch, wo's lang geht.

J: Eine Frau, die so was macht, ist tough. Stark. Unabhängig. Jägerin. Im Minirock.

K: Und weißt du, was ich mich frage: Muss ich reich sein, damit mich eine Frau mag? Schön? Tolerant? Ich weiß es nicht. Ich mag schöne Frauen, ich mag sexy Frauen, aber ich darf sie nicht mögen, und es reicht auch nicht, wenn ich schön oder sexy bin. Ich muss alles sein. Und bin trotzdem der Böse. Ich muss für Sex zahlen. Aber kann auch einfach genommen werden.

J: Ich mag Frauen auch. Aber ich versteh sie nicht.

K: Sag bloß, du hast Angst.

J: Wie du.

K: Weiber.

J: Hmhm.

So kann's gehen, und so geht's jeden Tag. Wir unterliegen der Makke, alles in einem Topf zu werfen und als *common ground* hinzunehmen (das Wort stammt von dem bezaubernden Andreas M., einem meiner liebsten Kritiker, und ich verwende es jetzt einfach mal), was in Wahrheit bloß der arroganten Haltung entspringt, dass eine Wahrnehmung allein ausreiche, um die ganze Welt umfassend zu begreifen. Doch jeder hat seine eigene Wahrnehmung und hält sie für Realität – somit kann es auch mehrere Realitäten geben!

Warum Frauen wandelnde Lügendetektoren sind und Männer nicht mal merken, wenn sie fremdgeht

Es ist bisher den wenigsten Männern gelungen, einen Seitensprung oder eine Affäre vor ihrer Partnerin geheimzuhalten. Auch wenn eine Frau nicht darüber redet, weiß sie Bescheid. Warum sie nicht darüber spricht, ist eine andere Geschichte. Gleichzeitig gibt es zahllose Frauen, die sich nicht erwischen lassen. Woran wir es merken?

1. Wir riechen es. Wir riechen ihren Geruch an euch.
2. Es wühlt euch auf. Das sehen wir an den Augen. Entweder weichen sie aus oder ihr starrt, ohne zu sehen.
3. Ihr geht nicht sonderlich diskret vor – wir suchen selten nach Beweisen, sie fallen uns oft einfach so zu.
4. Wir sind über die Jahre so geübt darin, über Stimme, Gestik und Verhalten Schwingungen und Stimmungen einzufangen, dass wir geradezu seismographisch Veränderungen wahrnehmen. An den Männern, die uns nah sind, aber auch an unseren Freundinnen. Unsere Sinne sind feiner entwickelt. Und dann gibt es diese feinen Makel: Lügner haben ihre Gesichtszüge oft nicht unter Kontrolle, Mundwinkel oder Augenbrauen zucken. Stimme: Wer schwindelt, spricht meist höher oder tiefer und betonter als sonst. Ausdruck: Die Wahrheit zu umgehen ist nicht einfach, deswegen wird um Worte gerungen. Ein Lügner macht längere Pausen, drückt sich gestelzt aus und benutzt viele Füllworte. Gestik: Flunkerer schwitzen meistens, wedeln mit den Armen oder spielen mit den Händen. Augen: Schwindler blinzeln viel, meiden Augenkontakt.

Frauen dagegen sind die »besseren« Lügner. Klar, wir üben ja auch, besonders wenn es ums Alter geht oder jemand wissen will, wieviel die Schuhe da gekostet haben. Vor allem aber verhalten wir uns nicht anders als sonst. Zudem wissen wir, dass Männer unsere eigentlich verräterischen Körpersignale eh übersehen. Wenn Sie das Buch von Christiane Tramitz kennen *(Irren ist männlich)*, wissen Sie: Männer missverstehen Körpersprache. Sie erkennen Interesse, wo keins signalisiert wird, und andererseits sehen sie selbst offensichtliche Signale kaum.

Männer verdrängen auch ganz gern die Tatsache, dass Frauen ebensowenig wie sie selbst zur Monogamie geboren sind. Ja, klar gibt es einige, für die es immer nur »The One« gibt, und die sind gar nicht so selten, wie Sie jetzt fürchten. Aber wegen der jahrtausendealten Mär – Männer gehen fremd, Frauen gehen einkaufen – trauen Männer Frauen einen Seitensprung nicht wirklich zu. Und wir Frauen haben oft genug erlebt, dass sich verheiratete Männer nicht von dem Geschmeide am Finger stören lassen und wie relativ simpel es ist, einen Mann zum Verführen zu verführen (es gehören ja bekanntlich zwei dazu, einer allein ist *nie* schuld).

Sie lacht ihn an, und in Gedanken hat sie längst die Koffer gepackt

Wenn ein Paar auseinandergeht, erfährt der Mann erst so peu à peu, dass seine Ex sich nicht erst an dem Tag von ihm trennte, als sie Goodbye sagte – sondern weit, weit vorher. Unter der Hochglanzoberfläche brodelte bereits der Anfang vom Ende – und er? Er bekam nichts mit. Nicht, weil er unsensibel wäre, sondern weil manche von uns Frauen ihre wahren Gefühle so was von ausgezeichnet verstecken können. Gut, Männer auch, aber da die meisten Trennungen längerer Beziehungen von Frauen ausgehen, ist deren Zahl einfach höher. Und was machen Frauen, während sie im Geiste schon weg sind, den Kerl aber anlächeln, als sei alles bestens? Sie prüfen sich: Ist es nur eine Phase? (Nein.) Wie hoch ist die Chance, dass ich so mit ihm weiterleben kann (niedrig) oder er sich so weit ändert, dass es geht? (Dito.) Und sie klären das Organisatorische: Wo stell ich meine Koffer ab?

Und warum merkt ein Mann davon nichts? Frauen lügen besser, hemmungsloser, und erkennen gleichzeitig gut die Lügen anderer: Das Gehirn einer Frau nimmt verbale, visuelle und andere Signale eines Mannes auf, analysiert sie und setzt sie in Verbindung zueinander. Deswegen hat ein Mann bei einer Lüge, die er von Angesicht zu Angesicht durchzieht, keine Chance. Eine Frau wiederum hat leichtes Spiel, einen Mann zu täuschen, ohne dass er das bemerkt, da er weder über das Einfühlungsvermögen noch die Voraussetzungen verfügt, widersprüchliche Signale zu erkennen.

Warum sich Frauen trennen

Das Münchner G.R.P. Institut für Rationelle Psychologie bietet immer wieder einen wahren Fundus an repräsentativen Umfragen, aus denen sich schöpfen lässt. Die Zahlen zu interpretieren ist dann eine andere Sache. Aber zur Trennung: 70 Prozent aller Scheidungen gehen von der Frau aus, anders gesagt: in zwei von drei Fällen verlässt sie ihn. Auch in nicht-formalisierten Lebensgemeinschaften ist es so, dass vermehrt Frauen Männer verlassen, nicht umgekehrt. Was allerdings Affären angeht, so ziehen Männer eher mal den Schlussstrich, vor allem dann, wenn sie sich (ausgesprochen oder unausgesprochen) vor die Wahl gestellt fühlen: Sag mir, ob du mich liebst, oder schwirr ab. Schwirr ab ist dann meist die Folge.

In den letzten fünfundvierzig Jahren ist die Scheidungsrate in Deutschland um 220 Prozent angestiegen. Die Heiratsrate ist um 25 Prozent gesunken. 52 Prozent aller Frauen, im sechsten Ehejahr befragt, würden ihren jetzigen Ehepartner nicht mehr heiraten. Die meisten Ehen werden im dritten und vierten Jahr geschieden.

Es bleibt dabei: Sie ist es, die nicht mehr mag.

Für Männer ist Einsamkeit schwerer zu ertragen als eine schlechte Partnerschaft. In der Not frisst er lieber Fliegen als vielleicht gar nichts. Das klingt brutal, aber nichts ängstigt den Menschen, und vor allem den Mann, mehr als Veränderung. Warum? Weil die Zukunft unbekanntes Terrain ist und der gegenwärtige Schmerz authentischer ist als ein vermeintliches künftiges Glück. Mit dem Schmerz kann er sich arrangieren, aber bitte doch nicht mit einer Zukunft, von der er nicht weiß, was kommt.

Was aber veranlasst Frauen, zu gehen? Sexuelle Einfallslosigkeit des Partners treibt Ehefrauen schneller zum Scheidungsrichter als Untreue! Frauen geben als Scheidungsgrund Nummer eins die Gefühlskälte des Ehemanns an (71 Prozent). Sexuelle Einfallslosigkeit rangiert mit 59 Prozent auf Platz zwei, Untreue mit 39 Prozent erst an *sechster* Stelle. Bei den Männern ist ein Seitensprung der Ehefrau dagegen immer noch der *wichtigste* Trennungsgrund (66 Prozent), gefolgt von Intoleranz (56 Prozent) und Unehrlichkeit (49 Prozent). Auf Platz fünf: ständige Nörgelei (35 Prozent).

Hihi. Ich stelle mir gerade die Nörglerin vor: Wieso kommst du so spät, wo warst du, nie kümmerst du dich, du hast den Müll vergessen, den Sprudel, meine Tampons, trink nicht so viel, Gelb steht dir nicht, du schnarchst … schnatterschnatter. Nur nebenbei: Wussten Sie, dass es im Internet auch Trennungs-SMS-Services gibt sowie Scheidung online? Irgendwie schon pervers.

»Es liegt nicht an dir, es ist Tom«

Es ist der Traum aller, die sich trennen, dass der andere es gefasst aufnimmt, noch mal bekräftigt, wie sehr er / sie uns geliebt hat, und dann bereit ist, die Frage aller Fragen zu stellen: Was habe ich falsch gemacht?

Ein Traum, fürwahr. Die allererste Reaktion, wenn Männer mit dem Trennungswunsch ihrer künftigen Exfreundin konfrontiert werden, ist eine andere: Warum? Ist es ein anderer Mann? (Lass es einen anderen geben, dann bin ich rein und sauber und du bist schuldig.) Liegt es am typisch männlichen Revierverhalten, dass das Vorstellungsvermögen sich weigert, anzunehmen, es könnte andere Gründe geben als nur die Anziehungskraft eines Rivalen, die die Frau wegtreibt? Ja, auch. Aber ansonsten ist es weder typisch männlich noch typisch weiblich, erst mal jemand anderen dahinter vermuten zu wollen. Es ist nur die Hoffnung unseres kleinen Herzens, dass es nicht an unserer eigenen missratenen Persönlichkeit liegen möge, verstoßen zu werden, ungeliebt zu sein. Im Vergleich mit jemand anderem schlechter abzuschneiden ist leichter zu verkraften, als damit konfrontiert zu werden, dass man seinen Charakter oder sein Verhalten ändern müsste, um liebenswert zu sein.

Trotzdem fragen Männer jetzt nach. Während sie während einer Beziehung eher unlustig auf Versuche reagieren, über ihre Verfehlungen zu sprechen, möchten sie am Ende explizit wissen, was Madame an ihnen missfällt. Warum? Um es logisch einordnen zu können. Gefühlsmäßig klappt es nämlich nicht. Es müssen konkrete Beispiele her, damit Mann bereit ist, zu verstehen. Er hofft, durch Verstehen leichter wegstecken zu können, was ihn unglücklich macht. Dumm nur: All das, was eine Frau an Verfehlungen aufzählt, wird ihm nicht einleuchtend erscheinen. Alles unlogisch. Alles veränderbar und damit kein hinreichender Grund. Solange eine Frau in seinen Augen keinen LOGISCHEN Grund vorzuweisen hat, warum sie ihn verlässt, wird er fast immer streitbar reagieren. Deswegen, egal was schiefgelaufen ist – ein anderer Mann ist am einfachsten, weil er im Denksystem des Mannes am logischsten erscheint.

Warum Männer offene Ehen vorschlagen

> **Offene Ehe, die:** Beziehung, in der die beiden oder einer der Beteiligten mit mehr oder weniger gegenseitigem Einverständnis Sex mit anderen haben.

Polygame Liebe also. Entweder hat jeder noch einen anderen oder wechselnde Geliebte, oder man lebt in einer Gruppenehe (ein Kerl, drei Frauen / eine Frau, drei Kerle) munter unter einem Dach. Und alles nur, weil keine einen besitzen darf oder Monogamie eh ein Mythos ist. Die Scheidungsraten sind hoch, dauernd geht wer fremd, also warum diese Tatsachen nicht offen leben anstatt heimlich?

Daran haben unter anderem Leute wie ich rumgeschnitzt. Nur dass ich, in meiner grundgesunden konservativen Art, nur feststelle, dass die Verhältnisse so sind, ohne deshalb gleich das Gegenteil der Mono-Ehe zu propagieren. Ich will nicht spießig sein, aber wie gesund ist Poly-Liebe? Warum schlagen wir Frauen das nicht allzuoft vor? Weil wir, neben dem Erzeuger, auch den Workaholic behalten möchten, der im Zweifel für die Brut aufkommt. Und wir wissen, wie empfindlich er auf Rivalen reagiert. Außerdem sind wir, trotz unserer Lüsternheit, hoffnungsbesoffene Idealisten, die sich wenigstens serielle Monogamie wünschen und erst in der Sicherheit der sexuellen Treue Geborgenheit erfühlen. Die Liebe. Das ganz große Ding. Wir hängen der Idee nach: Nur wer wirklich liebt, schläft nicht mit anderen. Illusion hin oder her.

Dass es in anderen Völkern anders zugeht, wissen wir. Jedoch können wir uns nicht so leicht von unserer Kultur lossagen, um plötzlich deren Sitten zu praktizieren.

Bei einer im Auftrag des Familienministeriums durchgeführten Untersuchung über Paare stieß man immer wieder auf zwei Wunschvorstellungen, die im Alltag des Zusammenlebens oft schwer, häufig überhaupt nicht miteinander zu vereinbaren sind: Einerseits legten Paare »größten Wert auf Gemeinsamkeiten im Tun, Fühlen und Denken«. Andererseits gehörte es »zu den zentralen Forderungen an die Partnerschaft, dass sie beiden Partnern einen größtmöglichen Freiraum gewährt«. Mit dem ersten können sich Frauen prima identifizieren, mit dem zweiten vorwiegend Männer. Was tun wir also? Wir entwickeln, neben der Ehe oder der eheähnlichen Gemeinschaft, andere Formen des Zusammenseins:

1. *Sukzessive Monogamie.* Wir haben Lebensabschnittsgefährten mit recht übersichtlicher Halbwertszeit. Dieses Modell ist zur Zeit groß in Mode. Es erlaubt, das romantische Liebesideal der tiefen monogamen Bindung aufrechtzuerhalten – so lange, bis der Wunsch nach Freiheit beziehungsweise nach einer neuen, attraktiveren Bindung eine Veränderung der Situation verlangt.

2. *HWG – der häufig wechselnde Geschlechtsverkehr.* Viel Freiheit, wenig Bindung: Nach der Devise ex und hopp reihen Singles One-Night-Stand um One-Night-Stand aneinander. »Fast Food Sex«, ab und an spannend, meist öde. Nicht umsonst zeigen Umfrageergebnisse, dass selbst hartgesottenste Singles oft ins geheim den Traum von der EINEN Beziehung träumen.
3. *Haremsbildung.* Man zwingt diverse Partner oder Partnerinnen ins Korsett der Monogamie, und reserviert für sich selbst die Polygamie.
4. *Offene Ehe.* Damit kam Anfang der siebziger Jahre das Ehepaar O'Neill an die Öffentlichkeit. Sie verstanden unter »offener Ehe« eine Beziehungsform, die für beide Partner auf gleicher Freiheit und gleichem Recht auf Persönlichkeit beruht. Die Pole Freiheit und Bindung sind hier zumindest vom Programm her ausreichend aufeinander abgestimmt, oder genauer: Freiheit und Bindung werden überhaupt nicht mehr im Sinne vom Polaritäten begriffen. Durch die Freiheit soll Bindung vertieft, durch vertiefte Bindung Freiheit (auch sexuelle Freiheit) ermöglicht werden.
5. *Cliquen-Ficken.* Jeder mit jedem, irgendwann mal, mit mehr oder weniger Beziehungssimulation, Folter für die Seele.

Manchmal ist es ein Rest Ideologie der Alt-Achtundsechziger, die Männer solche Dinge vorschlagen lässt. Um sich vor Eifersucht zu schützen. Um Enttäuschungen, die eine monogame Beziehung gebracht hat, von vornherein zu entgehen. Um beides zu haben: Abwechslung und Sicherheit, und das mit Absolution.

Ich sag mal so (und Sie können es anders sehen, wenn Sie wollen): Gesund ist das nicht, andere Kulturkreise hin oder her. Vielleicht halten die unsere Institution Ehe auch nicht für gesund, aber so haben wir alle unsere Probleme. Natürlich ist Fremdgehen auch nicht schön, Verheimlichen auch nicht – aber ich habe im Gespräch mit sehr vielen Menschen festgestellt, dass es sich leichter mit Nichtwissen als mit Wissen lebt. Das heißt: Wenn er mich betrügt, will ich es nicht wissen. Weiß ich es aber, dass er mit anderen Frauen schläft, weil wir einen Deal gemacht haben, macht mich das krank, Geschäft hin oder her.

Zum Beispiel die offene Ehe von Leif und Sylvie. Sie lebten das also, und eines Tages verliebt sich einer der Jungs in Sylvie, geht zu Leif und sagt: Hallo! Ich bin verliebt! Leif erklärt ihm die Sache, und dass er Sylvie niemals bekäme. Der Junge rastet aus. Offene Ehe? Toll! Er poliert Leif die Fresse. Während sich Sylvie bemüht, die Sache ins reine zubringen, verliebt sich allerdings Leif anderweitig. In eine Frau, die romantisch an Treue glaubt. Plötzlich findet Leif das toll. Zieht mit ihr zusammen und macht ein Kind. Sylvie, die damals nur widerwillig der offenen Ehe zugestimmt hatte, um Leif nicht zu verlieren und ein wenig auch, weil sie sich eingeredet hat, das sei gut, um sich überhaupt mal zu entwickeln, sitzt alleine da und hat ihn verloren, mit oder ohne offene Ehe.

Andere Situation: Offene Ehe, einseitig. Er schläft mit anderen Frauen, ihr ist einfach nicht danach, dieses »Recht« auszuleben. Und leidet.

Meine kritische Einstellung zu diesem Modell hat nichts damit zu tun, dass ich ein normtreuer Mensch bin. Ich denke nur an die Seele der Beteiligten, und wieviel sie verkraften kann, ohne krank zu werden.

Lass eine Frau abblitzen, und sie wird zur Furie. Gib einem Mann einen Korb, und er geht damit zur nächsten

42 Millionen Dollar spielte der Film *Der Club der Teufelinnen* ein, in dem drei Frauen (Bette Middler, Diane Keaton und Goldie Hawn), die von ihren Männern wegen einer wesentlich jüngeren Frau verlassen wurden, an ihren Männer Rache nehmen, indem sie sie in den finanziellen und emotionalen Ruin treiben.

Auch in der Wirklichkeit ist Rache ein vorwiegend weibliches Phänomen. Mit raffiniert geplanter und durchgeführter Vergeltung schlagen Frauen zurück, während beleidigte Männer eher dazu neigen, zuzuschlagen oder ihre soziale Machtposition auszunutzen – sie kündigen ihrer Sekretärin oder gehen mit dem Korb zur nächsten Frau, die auf ihre Statussymbole abfährt. Männer meinen nicht so leicht wie Frauen, dass es an ihnen liegt, abgewiesen zu werden, sondern geben vor allem dem schlechten Geschmack der Körbe verteilenden Lady die Schuld.

Sei's drum: Frauen ersetzen Muskeln oder Rolexgewinke durch exakt kalkulierte emotionale Schläge. Ihr im allgemeinen besseres Einfühlungsvermögen in die Emotionen anderer macht sie Männern auf diesem Feld überlegen. Hier ein paar Beispiele für durchgeführte Racheakte (ob Sie sich davon inspirieren lassen, liegt bei Ihnen; das Aber kommt noch):

- Den Wagen im monströsen Parkhaus abstellen und ihm die Schlüssel schicken, ohne den genauen Stellplatz zu verraten.
- Anonyme Briefe mit erfundenen Hinweisen eines »guten Freundes«, der von der vermeintlichen Untreue der neuen Partnerin berichtet.
- Den Teppich mit Wasser begießen, mit Kressesamen bestreuen. Es grünt so grün, wenn die Liebe verblüht …
- Bestellen teurer oder peinlicher Dinge per Katalog an die Anschrift des Betreffenden (Fernseher, Töpfe, Pornoartikel). Die muss er zwar nicht nehmen, aber das Zurückschicken kostet Zeit, Geld und Überwindung.
- Anzeigen mit seiner Nummer veröffentlichen: »Gutgebauter Boy verwöhnt sie und ihn.« Danach muss er sein Telefon abmelden.

Tjaha: Eine gelungene Rache befriedigt und »entschädigt« für erlittenes Leid, die »Gerechtigkeit« ist wiederhergestellt. ABER: Grundsätzlich sollte man sich immer überlegen, ob ein Racheakt einen möglichen Prozess wegen Sachbeschädigung oder Körperverletzung wirklich wert ist. Gewinnt der Geschädigte nämlich den Prozess, haben Sie die zweite Demütigung an der Backe. Kommen gar Dritte dabei zu Schaden, wird die Befriedigung über den Gegenschlag getrübt von dem schlechten Gewissen, das einen jahrelang verfolgen kann.

Die Rache, die den Fiesling am allermeisten trifft, kommt unblutig und ohne jedes Prozessrisiko daher. Zeigen Sie ihm, dass es Ihnen richtig gut geht, seit er sich aus Ihrem Leben verabschiedet hat. Gleichmut und seelische Stärke treffen den anderen gerade deshalb, weil er sieht, dass Sie sich durch ihn nicht so weit aus der Balance bringen lassen, dass Sie es nötig hätten, Ihr Gleichgewicht durch eine Intrige wiederherzustellen.

Manchmal aber reagieren Frauen wie Furien auf eine Abfuhr, die sie sich zum Beispiel in einer Bar oder sonstwo eingeholt haben. Diese Aggressivität hängt damit zusammen, dass sie dieser Schritt so viel Selbstüberwindung gekostet hat. Da schafft es eine Frau schon mal, ihre Lust in den Vordergrund zu stellen, und schon wird sie abgewatscht. Das trifft sie dreifach: in ihrer Identität, in ihrer Weiblichkeit und dem Wunsch, begehrt zu sein, sowie in der Ehre: Ich lasse mich herab, er stößt mich tiefer. Rache! Männer koppeln dieses Ehr- und Identitätsding ab. Gut, auch Männer fühlen sich abgelehnt, aber sie zweifeln deshalb nicht gleich an ihrem Selbstbild.

Und wenn es um Liebe geht? Es kommt darauf an – wenn eine Frau Sex hat und sich verliebt, wenn er ihr Liebe vormacht und sie dann doch ohne Erklärung verlässt, dann ist Rambazamba. Bei den Männern ist es nicht anders, die kalte Schulter gezeigt zu bekommen trifft sie tief, tief, tiefer. Nur kompensieren sie es anders als Frauen. Und sie brauchen länger, um eine Trennung zu verkraften, sich aus dem Jammertal wieder zu erheben. Das ist vielleicht eine der wichtigsten Informationen, besonders für Frauen: Ja, Männer leiden. Sehr sogar. Sie reden nur nicht darüber (na gut, ein paar gibt es schon, die sich zu Schwätzern entwickeln). Letztlich ist es ein Kampf nach innen, den Frauen nicht so recht sehen, weil sie mit sich selbst beschäftigt sind. Dennoch sind wir krisensicherer als Männer.

Warum Männer Liebe vorgaukeln, um Sex zu bekommen, und Frauen Sex haben, wenn sie Liebe wollen

Weil sie beide zu wissen meinen, dass es nur so geht, und den eingebildeten Erwartungen der anderen folgen anstatt sich selbst. Das Paradoxe: Oft funktioniert es sogar.

Hähnchenschenkel, Rouladen, Wunderbrote

Babette hat einen Freund. Raimund. Irgendwann fragte sie ihn mal, was er so richtig klasse findet, geradezu traumhaft. Was er sich also vom Leben, von einem Miteinander wünscht.

Die Antwort: Hühnerschenkel. Im Kühlschrank. Die auf ihn warten, wenn er abends nach dem Job nach Hause kommt.

Babette zog die Augenbraue hoch, sagte: »Ach?« und bereitete bei Gelegenheit Hühnerschenkel, deponierte sie im Kühlschrank. Raimund ging richtig ab. Ich meine, er flippte geradezu aus. Vor Glück und Rührung, und er hätte ihr am liebsten »lebenslänglich« angetragen. He? Hallo? Hühnerschenkel? Ich fragte bei den anderen Damen nach, alle so zwischen 25 und 55. Deren Hühnerschenkel waren Rouladen, Rühreier, Wunderbrote, lauter Beweise für die Theorie, dass Liebe durch des Mannes Magen geht. Die Bratkartoffelverhältnisse sind unter uns. Es ist doch nicht zu fassen. Wir machen alles mögliche, um eine Liebe zauberhaft zu führen, und dann ist plötzlich Kochen der Knaller.

Wie doof, möchte man sagen, das kann's doch nicht sein, Versorgen und Versorgtwerden, sie kocht, er isst, Rückfall, Rollentrara, Hotel Mama mit Geliebter, *iih*. Gut, füttern als Ersatz für Liebe, als Liebesbeweis, das kennen wir aus der Kindheit, als die Mütter ihre Kinder vollgestopft haben und es ein Zeichen von Liebesentzug war, das Kindlein ohne Abendessen ins Bett zu schicken. Wenn in jedem

Mann mehr Kind steckt als in der Frau, wäre das also ... tja. Hören wir lieber mal auf mit Theorie.

Essen kann Glücksgefühle auslösen. Die sind leicht zu koppeln an die Person, die das Essen bereitet. Essen ist Urelement, Grundbedürfnis, der Jäger schafft das tote Tier heran, die Frau zaubert eine Mahlzeit daraus. Das ist eine uralte Geschichte, nicht vergleichbar mit Tüte auf, heiß Wasser drauf. Essen IST Liebe. Irgendwie jedenfalls, und Zuneigung auch, und genauso kommt es an.

Warum ich das noch mal erwähne? Weil es unnötig ist, sich über Rollenbilder aufzuregen, wenn Kochen nicht nur ungerecht verteilte Arbeit ist, sondern AUCH ein Instrument der Verführung. Ich gestehe: Ich verführe mit Essen öfter als mit vollem Körpereinsatz. Allerdings ohne es zur Routine, zur Pflichtveranstaltung werden zu lassen. Ja, ich und alle meine süßen Freundinnen schwingen Messer und Kochlöffel, um ihn gefügig zu machen. Entgegen der hirnrissigen Annahme vom Anfang der siebziger Jahre, wonach die Frauen selbst schuld seien, dass sie von Männern unterdrückt werden, weil sie ihnen zu essen geben und sie damit stärken (eine leicht widersinnige Theorie einer damaligen Feministin), rate ich heute jeder Frau, sich drei, vier, zehn Knallerrezepte anzueignen, um ihn bei Gelegenheit um den Verstand zu bringen. Ja, das ist legitim. Nein, es ist kein Rückfall in archaische Rollen. Es ist vielmehr überaus zweckmäßig und liebevoll. Man muss nicht aus jeder Sache einen Kampf machen – obwohl, jemanden wie Didder zu bekochen ist schon schlimm. Liegt aber nicht am Kochen.

Was Frauen empfinden, wenn ER kocht? Erleichterung. Manchmal auch Wut, weil die Küche einem Schlachtfeld gleicht und seine Kreationen mehr der Architektur denn dem Genuss Rechnung tragen. Und im übrigen nehmen wir an, dass er danach fummeln möchte. Ansonsten freuen wir uns sehr. Weiter so, vielleicht lassen wir uns dann auch zu Bratkartoffel- oder Grünkernbratlingverhältnissen hinreißen. Meine Kollegin Katja hat ihren Koch sogar geheiratet. So kann's gehen.

Fünf Allein zu Haus – Warum Männer Pornos sehen und Frauen auch

Sie: »Ona… was? Hab ich nötig!«
Er: »Wenn man sich ne Weile auf die linke Hand setzt, wird sie taub. Fast wie ne fremde Hand. Cool, oder?«

Wilde Phantasien – für Frauen ein Problem

Man las Nancy Friday. Man war erstaunt: Über die bunte Welt der Frauenphantasien. Man las von Gorillas und Lesben, Sklaven und Fußballmannschaften, von Fremden und dem Mann der Schwester. Man erkannte: Diese Welt ist nicht frei von Gewalt. No Sir.

Zwar konnte man sich damit arrangieren – na ja, Phantasien eben, alles unter der Kontrolle der Träumerin, nicht im mindestens übertragbar oder etwa in der Realität erwünscht –, aber es tauchten doch immer wieder Phantasien in den Köpfen von Frauen auf, die einem verhassten Rollenbild entsprechen: die Frau als Wesen, das sich wäscht und schminkt und salbt, um zu gefallen, und nur hart geliebt werden darf, ohne jede Güte, lieber mit Prügeln, auf dass sie nicht zum nächsten geht. Unterwerfungsphantasien der harten Hand, ganz wie im Klischee. Oder andersherum, aber genauso brutal, nicht »typisch weiblich«, sondern dominant und aktiv. Wie kann das erregen?

Kann es.

Es gehört zu den Abgründen der menschlichen Seele, dass Dinge, die uns der Verstand und das Herz aus hundert nachvollziehbaren Gründen verbieten, uns in dem Moment aufgeilen, wo wir die imaginäre Grenze überschreiten und etwas kosten, was uns nicht schmecken würde, nicht schmecken darf. Das Verbot macht es so köstlich.

Und gerade das ist es, was uns Frauen Sorgen macht. Wir WOLLEN das nicht. Keine Rollen mehr, keine Gewalt, keine Klischees, zumindest nicht in der Welt, in der wir leben und sterben. Aber in der sexuellen Sphäre der nachtschwarzen Imagination ist es ein Wollen ohne Erfüllung, ohne Gefahr. Und doch – die Scham. So groß!

So überflüssig.

Manchmal sind es nicht nur die gewaltigen Bilder, die uns erregen. Es ist das Spiel mit den Abgründen, wenn wir heimlich begehren, den wir nicht begehren dürfen, können, sollen. Und es doch tun, für gestohlene zehn Minuten.

Na und? Frauen fühlen sich oft mies, nachdem sie sich gut gefühlt haben. Sie gönnen sich selbst keinen Spaß. Sie verbinden ihre Phantasien mit ihrer Identität, stellen sich selbst in den Mittelpunkt – und urteilen sie als Teil ihrer selbst ab.

Als Mann können Sie davon ausgehen, dass Sie nur einen Bruchteil dessen ahnen (von wissen ganz zu schweigen), was in dem sexuellen Universum Ihrer Gefährtin oder der Dame neben Ihnen im Zugabteil vor sich geht. Ich will nicht schon wieder über die weibliche Omnipotenz und die Omnipräsenz der Sexualität schwadronieren, aber es wurde bislang noch viel zu wenig darüber geschrieben. Die paar Bücher, die paar Andeutungen, das ist nüscht.

Ich kenne KEINE Frau persönlich, die sich nicht mindestens einer ihrer Phantasien schämt, von denen sie erregt wird. Und das kann alles sein – von der relativ harmlosen Vorstellung, mit einem Seidenschal erregt zu werden, über die Phantasie, mit zwei Männern zu schlafen (gern anderer Nationalität), bis hin zu sogenannten BDSM-Aktivitäten wie Zwickmühlenspiele (zwischen zwei schmerzhaften Aufbauten gefangen) oder verbale Demütigungen. Wir sehen Bilder. Wir fühlen den Kick im Kopf. Wir beschwören fremde Gefühle herauf.

Was findet da statt? Man ist sich nicht einig: Ist es eine Verschiebung von Schwächen oder Wünschen auf die sexuelle Ebene? Und wenn ja, wer garantiert, dass das keine Folgen für die Psyche hat? Muss die Vorstellung von Gewalt als destruktiv eingeordnet werden oder handelt es sich dabei vielmehr um ein widerstrebend sinnliches Überprüfen der Ablehnung von Gewalt? Es heißt ja, die Gedanken seien frei, und so soll es auch sein, erotische Träume sind jenseits von Moral und folgen ihren eigenen, unendlich dehnbaren Gesetzen. Und doch fürchten wir Frauen uns manchmal vor uns selbst.

Wir werden niemals alles verraten. Aber wir sind es leid, fast schon für für krank zu gelten wegen etwas, das ganz allein in der Welt der Phantasie seinen Platz hat. Wenn ein Mann uns nach unseren Phantasien fragt, dann muss er sich die Frage überlegen: Will er wirklich die Phantasie hören, die ihn erschrecken könnte, oder will er eigentlich etwas über die Lust erfahren, die in der Wirklichkeit lockt und eine völlig andere ist? Stellt die Frage anders, Männer!

Ein sachdienlicher Hinweis: Wenn wir mit uns allein sind, und manchmal sogar, wenn ihr dabei seid, und uns Bildern hingeben, dann seid ihr nicht immer die Nummer eins. Es können Fremde sein, der Nachbar oder jemand völlig anderer. Tschuldigung. Gedankliche Monogamie ist lobenswert, aber nicht für alle machbar. Fragt nicht, damit wir nicht lügen müssen, ja?!

Wilde Phantasien – für Männer gern auch mal mit Frau Schiffer

Dagegen gibt es unzählige Männer, die sich alles andere als schämen. Sie betrachten Onaniervorlagen, ob im Kopf oder real, als etwas, was nicht zwingend mit ihrer Persönlichkeit zu tun hat. Sie haben nicht zuletzt deshalb weniger Hemmungen, weil sie mit einer gewissen Aggressionsverherrlichung aufgewachsen sind. Nicht in bezug auf Frauen, sondern in Sachen Durchsetzungsvermögen: sich nichts gefallen lassen, auf dem Schulhof zurückhauen, natürlich darf ein Mann auch mal hinlangen.

Manchmal beneide ich euch ja darum: Wenn euch einer dumm kommt, geht ihr mit ihm raus, zack, und danach Blut ins gemeinsame Bier tropfen lassen. Und wir? Wir spinnen Intrigen oder kriegen schmale Oberlippen. Mann! Wie gern hätte ich schon die eine oder den anderen mit ihren eigenen Gürteln quer durch die Kneipe geprügelt, aber so was darf frau ja nicht, und schreiben darf sie es eigentlich auch nicht. Zensur hat schon wieder geschlampt.

Zurück zu den Männer-Phantasien. In einem ähneln sie denen von uns Frauen: Die Frau steht bei beiden im Mittelpunkt (ich gehe mal von Hetero-Lesern aus, das ist einen Tick einfacher). Sie dreht sich um sich selbst, und er dreht sich um sie. Sie ist sein Inhalt, und seine Phantasie kreist darum, was er mit ihr macht, wie sie darauf reagiert, und oft genug ist es eine Frau, mit der er schon mal geschlafen hat. Thema ist die Konzentration auf eine Frau und ihre Vorzüge, nicht auf die Handlung. Das geht dann so: Kopfkino an, Band der Erinnerungen hinein, bisschen ausschmücken oder eine bestimmte Stelle immer wieder auf repeat schalten, und ab geht's. Statt mit Kopfkino geht's natürlich auch mit den bekannten Vorlagen aus den üblichen »Zivilisationslieferanten« Print, TV, Internet, Telefon. Ich behaupte mal, und lasse mich gern eines Besseren belehren, dass Männer sich ihre Phantasien eher von außen holen, während Frauen sie von innen entwickeln. Männer sehen auch mehr Bilder, während Frauen Gefühle hervorholen. Männer trennen Phantasien leichter von ihrer Identität und dem Bild, das sie von sich haben; sie klopfen sie sogar auch auf Umsetzung ab. Sex mit zwei Frauen? Hm, och ja, wenn mich mal eine fragt, hey, vielleicht krieg ich sie ja dazu. Frauen dagegen würden ihre Phantasien niemals auf Erfüllung hintrimmen.

Warum Männer Pornos gucken

Weil ihnen selbst nix einfällt? Verzeihung, das war böse. Ein Mann aus meiner näheren Umgebung sagte mal: »Der Porno ist für den Mann, was der Dildo für die Frau ist.«

Ah? Ein seelenloses Plastikding, aber ab und zu praktisch, kein wahrer Ersatz, aber immer noch besser als eine geschälte, in der Mikrowelle angewärmte Zucchini? Ich nähme ja die Zucchini, weil lebensechter, aber ich verstand: Männer sehen Pornos als Ideenkrücke für obsessives Onanieren.

Sie gucken nicht deshalb Pornos, damit sie endlich mal chauvimäßig andere Kerle dabei anfeuern dürfen, wie die reihenweise Frauen flachlegen, demütigen, über sie verfügen wie über Objekte und sie in schamlose Positionen zwingen.

Na gut, manche tun das vielleicht doch, aber das ist noch weit entfernt von dem hirnrissigen »ALLE MÄNNER …«-Blabla. Während Männer Praktiken und Details sehen bei Pornos, sehen wir Frauen (leider) die Botschaft. Klar, dass wir da nicht zusammenkommen. Können. Für Männer als visuelle Erotiker ist etwas zu SEHEN attraktiver, als es erzählt zu bekommen (es sei denn, der Mann steht selbst im Mittelpunkt der erotischen Phantasie). Außerdem gaukelt der Porno Verfügbarkeit ohne Angst vor Trennung oder Nähe vor. Er ist Lust ohne Furcht.

Warum Frauen nicht (sagen sie zumindest)

Ein wenig Bildung: Das Wort »Pornographie« kommt aus dem Altgriechischen und wird von »porne« abgeleitet, einer damals am wenigsten geschützten oder respektierten Frau, kurz: einer Prostituierten. Und »graphie« meint die Darstellung dieser Frau. Was Frauenrechtlerinnen den Machern solcher Print- oder Filmwerke zur Last legen ist die Darstellung der Frau als williges, allzeit verfügbares

Objekt der männlichen Begierde, über das Männer herrschen. Kritisiert wird also weniger die sexuelle Darstellung, sondern die Aussage, die ein Porno transportiert. Ja, davon kann sich eine Frau ziemlich abstoßen lassen. Es ist das Sexistische, was rüberkommt, die Demütigung, die Abwertung. Vorgeführt wird ein Mensch zweiter Klasse, der als Bumsvorlage reicht und für nichts anderes.

Seien wir mal mutig. Wenn wir von dieser diskriminierenden Aussage mal absehen, was bleibt dann noch? Die Darsteller, die Handlung, die Art der sexuellen Praktiken. Und daran krankt es oft: Die Leutchen sind nicht hübsch, die Mädels irgendwie unecht, die Handlung eine Beleidigung, und, gut, dass es zum Schluss keine Heirat gibt, haben wir gewusst, aber muss es denn *so* billig sein?

Pornos orientieren sich an der erotischen Innenwelt von Männern. Die sind, wage ich mal zu behaupten, relativ grobmaschig gestrickt. Hauptsache reinstecken und Samen sehen. Wo, wie, mit wem – Nebensache. Ab und an ein paar Special-Effects wie ein Hauch Schmerz, die üblichen Rollenspiele oder ein Ausflug in Matschereien mit Lebensmitteln, und das war's dann.

Frauen haben eine ganz andere erotische Innenwelt. Da geht es über die reine Praktik hinaus, es geht mehr um den Sex im Kopf: Grenzen überschreiten, Tabus brechen, Inszenierungen schaffen. Die Erotik der Verlockung, des Rückzugs, der Verweigerung, der Überwältigung, von Macht und Ohnmacht. Nicht *was* er macht ist sexy, sondern *wie* und *wo,* zu welchem *Zeitpunkt* und mit welchen *Begleiterscheinungen* er es macht, das ist sexy. Und das kann ein Porno selten liefern, auch wenn einige Frauen zugeben, sich Anregungen aus Pornofilmen zu holen, um ihre eigenen Phantasien zu unterfüttern oder in eine neue Richtung zu lenken. Und, ja, es gibt Frauen, die beim Betrachten eines durchschnittlichen Pornos erregt wurden – und das verstört sie. Sie trauten sich selbst nicht zu, die Aussage vom Sex zu trennen und vielleicht doch mehr von der Darstellung als von der Botschaft erregt zu sein.

In einer Studie zum Beispiel wurden die körperlichen Reaktionen von Frauen auf Pornos gemessen. Der Körper zeigte eindeutig Erregung, doch sämtliche Frauen meinten, es hätte sie eben NICHT angemacht, im Gegenteil. Auch wenn ihr Körper etwas anderes sagte – der Kopf ging nicht mit. Und der ist nach wie vor die Triebfeder weiblicher Gelüste. Sie ignorierten ihren Körper kraft des Verstandes. Ob das gut ist, ist eine andere Sache.

Was gewünscht ist (vielleicht liest das hier ja mal ein Filmproduzent, der endlich den Frauenmarkt gewinnen will): Ästhetik. Mehr Phantasie. Eine reizvolle Handlung – es reicht eben nicht, wenn er in einer Bar »Na?« zu ihr sagt und sie sich ihm dann auf dem Tresen für Analverkehr zur Verfügung stellt, das ist lächerlich. Frauenbilder, die nicht abwertend sind, sondern machtvolle, erotische Frauen zeigen. Aufwendigere Inszenierungen. Mehr Erotik, weniger Sex, und wenn Sex, dann mit Kerlen, die nicht so scheiße aussehen. Weniger auf männliche Wunscherfüllung gepolt, sondern mehr auf weibliche. Sonst langweilen wir uns nur, denn ficken – ach, ficken allein, das ist es einfach nicht. Fazit: Das Interesse an Pornos ist auch bei Frauen da, nur das Angebot nicht.

Na, dann recherchieren Sie mal schön, Herr Produzent (oder bitte, Madame, gründen Sie schnell eine Firma).

93 Prozent aller Männer onanieren, aber nur 63 Prozent der Frauen

93 Prozent aller Männer onanieren also, vielleicht sind es sogar 98 Prozent, wie ein anderes Umfrageinstitut herausgefunden haben will. Onan soll seinen Samen ja in den Sand einer namenlosen Wüste verschleudert haben, ein Paar Tropfen landeten auf seiner Hand, schon war die Selbstbefleckung geboren. Von einer Masturbata hörten wir zwar nichts, aber Frauen macht es trotzdem Spaß, auch ohne mythische Unterfütterung ihrer Lust. Warum aber machen es sich bloß 63 Prozent der Frauen selbst? Scham? Lüge? Die falschen Frauen gefragt? Dazu ein paar sachdienliche, *persönliche* Umfrageergebnisse:

Warum Männer onanieren:

- Besser einschlafen.
- Gerade nichts Besseres zu tun (Langeweile, Zeitvertreib).
- Pure, nackte Lust. Unbestimmt, aber da.
- Letztes Mal ist schon so lange her.
- Letztes Mal reichte nicht aus.
- Nächstes Mal ist noch so lange hin.
- Weil die Kleine an der Bar echt scharf war; aber lieber zehn Minuten mit der Hand als zehn Minuten mit ihr. Weniger Probleme.
- Nicht zu schnell kommen, wenn's nachher ernst wird.
- Weil's Spaß macht.
- Weil's Spaß macht.

Warum Frauen masturbieren:

- Er ist zu früh gekommen.
- Er ist zu früh gegangen.
- Um überhaupt mal zu kommen.
- Um zu üben, immer besser zu kommen.
- Weil's Spaß macht.
- Besser einschlafen.
- Man kann dabei Gymnastik machen, sehr effektiv sogar.
- Pure, nackte Lust.
- Schon wieder diese sexy Tage.
- Schon wieder dieser sexy Typ. Und der, und der, und der …
- Ich kann sie alle haben, jederzeit, und das ganz ohne Ausgehen, ha!

Warum Frauen nicht masturbieren:

- Denken, sie brauchen das nicht, der Mann soll das für sie erledigen.
- Unmoralisch.
- Scham.
- Weiß nicht wie.
- Brauch ich nicht! Bin doch nicht pervers! Superverklemmung!
- Brauch ich nicht! Bin ausgelastet! Bin verliebt!
- Keine Zeit.
- Trau mich nicht.

Sechs Vorspiel – Warum sich Frauen Männer schön trinken und Männer nur an zwei Stellen herumgrabschen

Sie: »Hab ich mir die Nägel lackiert? O Gott, ist es der graue Slip? Hat Mama angerufen? Wieso küsst er mich da!«
Er: »Okay. Wann geht's endlich richtig los?«

Gut. Frauen dauert's meist nicht lang genug, Männern dauert es meist viel zu lang. Das Vorspiel.

Um alle Eventualitäten abzudecken: Ja, manche Frauen mögen es zu manchen Zeiten, auf Vor- wie Nachspiel zu verzichten, um gleich zur Sache zu kommen. Ja, es soll Männer geben, die intensives Vorglühen unglaublich wichtig finden. Aber der ganze große Rest ist sich einig: Beim Vorspiel fangen die meisten Missverständnisse an. Manche Männer meinen, der Weg von der Bar nach Hause sei Vorspiel genug, und manche Frauen kommen erst bei der richtigen Beleuchtung, Musik, einer bestimmten Reihenfolge der Berührungen, vierstündiger Massage und Zehenlutschen in Fahrt.

Warum Männer es schnell und Frauen es langsam mögen

Ich sag nur: Der Sympathikus (wer das ist: siehe Hauptgang, S. 171 ff.). Männer sind wahnsinnig schnell dazu in der Lage, Körper und Kopf auf »go, baby, go, GO!« zu schalten. Die Gründe sind bekannt: Ihr Nervensystem ist so gekoppelt, dass sie sich bei Erregung ganz leicht nur auf das eine konzentrieren können und nach fünf Minuten bereits so high sind wie Madame erst nach zwanzig. Außerdem ist das männliche Gehirn fähig, Umwelteinflüsse auszuschalten: Wie, es zieht? Egal. Musik? Was für Musik, ich höre nichts.

Frauen dagegen sind mit all ihren Sinnen auf Input programmiert. Wir sind im Vergleich zu Männern hypersensibel, hören besser, nehmen feinere Nuancen wahr, und gerade diese »Übersinnlichkeit« lenkt uns ab. Ein Gedanke (an die Wäsche, das Bügeleisen, die doofe Kuh aus der Buchhaltung), ein Blick (Gott, ist das hier unaufgeräumt, was macht der Riss da an der Ecke?) oder ein Geräusch (hat der Nachbar gerade sein Ohr an die Wand gelegt? Schreit das Baby?) reichen manchmal schon, um uns wieder an den Startklotz zu verweisen, während er schon im Hochgefühl schwebt.

Deswegen benötigen wir ein längeres Vorspiel – unser Körper reagiert langsamer, und das Hirn ist aufgrund seiner Vernetzung nicht so einfach fähig, Ratio aus- und Emotion anzuknipsen. Ein Vorspiel lässt uns entspannen, und das ist die beste Voraussetzung, um erst den Körper fallenzulassen, damit der Verstand folgen kann. Und der muss folgen, damit wir uns der Konzentration aufs Geschehen hingeben können. Oder wir kommen lieber vor dem GV.

Wir wollen fühlen, dass er uns begehrt UND liebt UND bewundert UND geil findet. Wir wollen nicht irgendwer für ihn sein, einfach ein Loch und fertig, und das spiegelt sich für uns in der Aufmerksamkeit seiner Vorab-Aktivität wieder. Und im Nachspiel. Und eigentlich immer. Harter Job, Jungs, ja, aber er kann ungemein viel Spaß machen, wenn ihr den Druck rausnehmt, dass euer Schwanz jetzt die nächsten drei Stunden zu stehen hat, nee, muss er nicht. Ein gekonntes Vorspiel ist oft sogar besser als vier Stunden Vögelei in allen Positionen, weil es der einzige Zeitpunkt ist, an dem ein Mann einer Frau Gelegenheit geben kann, mit seiner Erregung gleichzuziehen. Ihr zu huldigen. Erst das Vorspiel verführt zu gewagten Positionen und Praktiken, erst das Vorspiel bereitet den Weg zum Höhepunkt, und es ist das Vorspiel, was in Erinnerung bleiben wird, und nicht allein die Zeit, in der ein Penis sich rein und raus bewegt.

Was einen Mann zu Positionen, Praktiken, Höhepunkt verführt? Erscheinen Sie nackt, oder fassen Sie ihn dort an, wo er am liebsten angefasst wird. Okay, das war jetzt sehr reduziert, aber es ist wahr, und es macht den Unterschied zwischen weiblicher und männlicher Erregungsfähigkeit anschaulich. Kurz gesagt und auch auf die Gefahr hin, als Wiederholungstäterin zu gelten: Für Männer ist das Ziel das Ziel, für Frauen ist der Weg das Ziel UND das Ziel das Ziel, also das ganze große Gesamtkunstwerk, wie sie dorthin kommt und er auch und was die Zuschauer davon halten und die Punktrichter.

Warum Frauen mehr über Sex wissen als Männer

Frauen bilden sich ständig fort, da höchstens jede zehnte von sich annimmt, eine gute Liebhaberin zu sein. Bei den Kerls glaubt das jeder vierte, weiß das Institut für Rationelle Psychologie. In so ziemlich jeder Frauenzeitschrift mit Zielgruppe U40 (unter 40) wird auf den Sexfaktor gesetzt. Wir kommen gar nicht daran vorbei, ständig mit Info-Häppchen versorgt zu werden: Oh, Sperma macht glücklich? Ach, so geht die Budapester Beinschere? Ach, japanische Männer ziehen sich getragene Höschen aus dem Automaten? Da schau her, hier kann ich einen Test machen, ob ich gut im Bett bin, und hier widerlegt eine Umfrage, was Frauen denken, was Männer wollen … So entsteht der Eindruck, Frauen müssten aufgeklärt werden, was Mann will. Es wird ein Bedürfnis geweckt, um es hernach zu befriedigen, und schon schraubt sich die Spirale weiter. Irgendwann nahmen wir an, es sei normal, sich auf dem laufenden zu halten, obwohl es so viele neue Entwicklungen und Erkenntnisse gar nicht gibt, wenn wir mal genauer hinschauen, denn der Sex wird natürlich auch nicht ständig neu erfunden. Und da der Inhalt der Zeitschriften außerdem der Kontrolle des Hausjustitiars unterliegt, der allzu Deutliches ungern gedruckt sieht, erfahren wir durch Magazine gerade nur soviel, wie wir selbst schon ahnten.

Und doch: Wir wollen offenbar wissende Liebhaberinnen sein. Aus welchen Gründen auch immer – Sucht nach Anerkennung, Selbstliebe, Harmoniebedürfnis, Angst vor Verlust, wenn wir nicht mal wissen, was »Sploshing« ist (Herumspielen mit Lebensmitteln), und außerdem ist es zu nett, mit den Freundinnen zu tratschen. Ja, das machen wir. Einige, viele, manche, egal, aber wir tun es. Nicht mit jeder Freundin, bewahre, dazu ist die Angst vor Urteil und Verdammnis (»So was machst du???«) zu groß, aber mit gut ausgewählten. Nicht ständig, wie es uns *Sex and the City* vorgaukelt, aber über die Jahre verteilt durchaus ebenso eindeutig.

Wohingegen Männer zwar über Sex reden, aber nicht über Praktiken, geschweige denn darüber, wie's denn so angekommen ist, als er sie letztens mit einer Feder an Miss Klit zum Durchdrehen brachte. Schauen Sie sich doch selbst mal in den Männerzeitschriften um: Der Ton bleibt überheblich-zynisch, so nach dem Motto: Wir sagen Ihnen vielleicht, wie Sie ein toller Liebhaber werden, aber eigentlich schämen wir uns und tun so, als ob wir das nicht ernst nehmen, obwohl es ernst ist, und wenn Sie das hier nicht lesen, sind Sie kein Mann. Kurz: Männer können sich darin gar nicht wiederfinden, solange die Magazine nicht übers echte Leben, sondern über die Vorstellung davon, und nicht über wirkliche Männer, sondern nur über ein Bild von Mann schreiben. Manche Zeitschriften haben sich jetzt schon Frauen geholt, die den Männern erklären sollen, wie's läuft. Die werden vom Textchef dann doch auf den Männerton getrimmt, der nach wie vor zwischen Klischees, Ahnen und Hoffen pendelt, aber weit entfernt ist vom Wissen. Jedem Kerl, der meint, er müsse sich mal bilden in Sachen weibliche Sexualität, ihre Wünsche und Vorurteile vor allem, kann ich nur empfehlen, sich in Frauenblätter zu vertiefen.

Warum sich Frauen Männer schön trinken

Die Forschung … Moment. Ja, die Forschung muss Spaß machen. Zum Beispiel wurde kürzlich nachgewiesen, dass mit jedem größeren Bier (oder jedem zweiten Wein), das Frauen zu sich nehmen, die Attraktivität des Gegenübers um 25 Prozent zunimmt. Was wir schon immer ahnten, wurde also nun auch wissenschaftlich bestätigt: Schöntrinken funktioniert. Der Grund: Alkohol wirkt auf das Stirnareal, das für die Verarbeitung von Gesichtszügen notwendig ist. Die Erkennungsfähigkeit wird quasi ertränkt, zurück bleibt ein diffuser Eindruck von Gleichmäßigkeit und Attraktivität.

Warum lassen wir es dann nicht einfach, wenn wir es doch wissen? Nicht das Trinken, sondern die Konsequenz daraus: angetrunken einen Typ mitnehmen, Sex haben und sich am nächsten Tag den Kopf zerbrechen, warum und wieso und wäre doch nicht nötig gewesen und bin ich jetzt ein schlechter Mensch? Hach ja. Wir lassen es nicht, weil das Leben dann halb so anstrengend-aufregend wäre und ein bisschen was zu bereuen lebendiger ist als Leben nach DIN-Plan. Denken Sie bitte trotzdem an Verhütung.

Romantik ist kitschig. Sagen Männer

Vor zehn, fünfzehn Jahren galt es geradezu als verwerflich, wenn ein Mann romantisch war. Weichei wurde man genannt, als hoffnungsloser Fall bezeichnet, und das von Männern wie Frauen. Inzwischen deutet sich jedoch an, dass Romantik im Kommen ist. Der Grund liegt auf der Hand: In dieser übersexualisierten, vertechnisierten Gesellschaft ist etwas so Unfassbares wie Romantik Seelenbalsam. Für jede zweite Frau soll der Traummann »romantisch« sein, hat das Sexologische Institut (SEIN, Hamburg) herausgefunden, vor zehn Jahren war das nur bei jeder zehnten erste Charakterpriorität. Wir wollen keine seelenlosen, durchoptimierten, stromlinienförmigen Zweckrealisten. Sondern Männer, die uns auf den Armen über Pfützen tragen! Wir wollen keine Stabmixer mehr zu Weihnachten, wir wollen Liebesschwüre und Herzchenanhänger, und, na gut, diese tolle Teekanne. Bei Männern ist das nicht viel anders. Sie wollen Frauen, die unter ihren strengen Kostümen Blümchenschlüpfer tragen, sie wollen Lippenstift-Herzchen an den Außenspiegel gemalt bekommen (und dazu ein Päckchen Brillenreiniger, um es zu entfernen) und zum Advent Kerzen anzünden.

Nur verwechseln zu viele Männer Romantik leider immer noch mit Kitsch. Sie können dieses ganze Kerzen-Duftlampen-wehende-Batikgardinen-vor-Orientalkissen-mit-Trockenblumenensemble nicht mehr sehen. Das sind Staubfänger, baufällige Teilchen, aber nicht Romantik. Recht haben sie. Diese tuffigen Kleinigkeiten, mit denen Frauen ihr Nest verbauen, haben leider die Idee der gelebten Romantik versaut.

Aber was ist denn romantisch? Ein paar Hinweise für Männer: Ihr auf Knien eine Liebeserklärung machen. Himbeermarmeladetoasts in Herzform geschnitten. Im Wald fangen spielen. Zehn Dinge aufschreiben, die Mann künftig nicht mehr ohne sie tun möchte. Sie auf Händen tragen. Mal wieder im Fond knutschen. Engtanzen. Tango tanzen. Ihr beim Anziehen helfen. Na, war das jetzt kitschig? Nee. Ich plädiere hiermit für mehr Gefühl in dieser Welt.

Warum die Frauenbewegung von jedem dritten Mann schmerzlich vermisst wird

Ojemine. In der besten aller Welten, in der man von sich selbst ausgeht und meint, bei anderen sei es mindestens genauso oder besser, da sind Frauen die Besserlieber und Mehrfühler und überhaupt.

Die Wirklichkeit sieht anders aus. Beängstigend viele Männer beklagen eine zunehmende Passivität der Frauen, und dabei sollten die Frauen es besser wissen. Frau WEISS nämlich, dass Mitmachen im

Bett gut ankommt, und doch scheinen, wenn ich den Herren Glauben schenken darf, die mich über ihr Sexualleben aufgeklärt haben, viele Frauen einfach nur so dazuliegen und es über sich ergehen zu lassen. Still, Licht aus, nicht bewegen, das Bett könnte knarren, und außerdem sage ich dir nicht, wie du's besser machen kannst, höhö, ätsch, ich bin die Herrin über meine Gefühle und lass dich draußen, um unabhängig zu bleiben!

Warum nur? Ist der Mann so eine Niete, dass keine Begeisterung aufkommt? Oder ist die Frau so befangen, dass sie nicht mal Begeisterung vortäuschen will? Was passiert da wirklich in deutschen Betten?

Gut, Männer wurden jahrhundertelang auf Aktivität getrimmt, Frauen auf Passivität. Mit der Aufklärung kam das Nachdenken, mit dem Nachdenken das Umdenken, und hier sind wir heute. Männer würden gern mal passiv sein, fürchten aber, dass dann gar nichts passiert, oder sie reagieren erschreckt auf weibliche Initiative. Frauen hingegen machen die Erfahrung, dass ihre Passivität immer noch recht einfach ist: Man ist an nichts schuld (auch nicht an der eigenen Lust), braucht keine Bange vor Zurückweisung zu haben und kann es ansonsten den Herren überlassen, herauszufinden, was ihr gefällt, anstatt sich selbst auf die Suche zu machen. Klar ist: Mehr Männer wünschen sich mehr Initiative. Ran an den Mann, meine Damen, wenn es hilft, alle Beteiligten glücklich zu machen.

»Ich kann so nicht«, sagen Frauen. Können Männer dagegen immer?

Männer wollen immer, können aber nicht. Wir Frauen können immer, wollen aber nicht. Das liegt an der physischen Konstitution: Frauen brauchen keinen Blutzufluss im unteren Bereich, um Sex auszuüben, ein wenig Spucke genügt schon. Bei Männern dagegen wird es im Lauf der Jahre immer schwieriger, ihren Einsatz zu bringen (siehe den Hauptgang zum pikanten Thema »Nicht hochkriegen«, S. 194 ff.).

Dass wir aber nicht immer wollen (obwohl wir könnten) liegt hingegen an der mentalen Konstruktion: Nur weil unsere Scham feucht ist, ist unser Kopf noch lange nicht bereit für Sex. Auch hier spielt wieder unsere Hypersensibilität mit hinein: Zu viele Dinge lenken uns ab. Da Sex für uns eine Mischung aus Lust, Liebe und Drumherum ist, ist er auch instabiler, wenn ein Faktor nicht ganz so perfekt ist. Wenn die Lust da ist (fein), aber wir gerade sauer auf den Liebsten sind oder die Schwiegereltern in zwei Stunden auf der Matte stehen und die Küche aussieht wie ein Sauhaufen; werden wir uns eher gegen den Quickie entscheiden (schade).

Nehmt uns das nicht übel, Männer, es liegt nicht immer an euch persönlich, wenn wir eure Hände sanft, aber konsequent zur Seite schieben. Es sind die hunderttausend anderen Sachen, die uns daran hindern, genießen zu können und zu wollen. Manchmal passiert das sogar mittendrin. Angie zum Beispiel ist eine Frau, die nur nach Plan liebt: Das Schlafzimmer muss aufgeräumt sein. Er muss sie massieren, ihren Nacken küssen, den Bauch streicheln und sie dann in einem ganz speziellen Rhythmus lieben, damit sie überhaupt entspannt beziehungsweise kommt. Sie hat sich so sehr an diese Reihenfolge gewöhnt, dass es sie rausbringt, wenn er plötzlich erst ihren Nacken küssen und sie dann massieren würde. Ihr Freund hat sich damit abgefunden, dass Spontaneität oder Variationen sie nur irritieren. So kann's gehen – aber immerhin geht es.

Männer kennen genau zwei erogene Zonen der Frau

Ganz früher, so mit sechzehn, dachten meine damalige Freundin Claudia und ich, die beste Methode, um zu kriegen, was wir wollten, wäre das Vormachen. Wir streichelten unsere Kerle rauf und runter.

Wir betrieben Oralverkehr bis zur Meisterschaft, besorgten uns Massagebücher und Seidentücher. Machten und taten und hofften, dass er das Ganze mal reflektieren und imitieren würde. Wir sprachen nicht, wir handelten, wir machten vor – und er? Fand das toll und es folgte der Koitus. Ans Zurückgeben dachte Mann nicht.

Irgendwann ließen wir es bleiben. Und mussten uns vorwerfen lassen, auch nicht mehr so wie früher zu sein. Ha! Ist ja wohl klar, wenn nichts zurückkommt?! Wir waren Opfer unserer Schweigsamkeit.

Fazit: Vormachen ist toll, aber es verleitet nur in den seltensten Fällen zum Nachmachen. (Lieber männlicher Leser, überlegen Sie mal, was Ihre Freundin alles mit Ihnen macht. Und was sie damit bezwecken möchte, außer, Ihnen Gutes zu tun. Na? Aha??!!) Was bleibt, ist das Reden. Sagen Sie, was Sie wollen. Denn auch die Männer gehen von ihren Bedürfnissen aus. Leider haben Männer einen Schwanz, den sie oft als das Maß aller Dinge und erogene Zone Nummer eins empfinden, und diese Wahrnehmung projizieren sie auf den weiblichen Körper. Schwupps, wird den Brüsten und der Vagina die meiste Aufmerksamkeit gezollt, obwohl die gesamte Hautoberfläche von Frauen als erogene Zone zu betrachten und behandeln wäre. Ja, selbst die Fußsohlen. Denkt daran, Männer: Frauen vergessen nie, WIE sie berührt wurden.

Genauso gehen auch Frauen von sich aus. Meinen, zartes Streicheln wäre auch beim Mann ein Hit – dabei kitzelt es ihn nur. Meinen, zu feste Berührungen täten weh – und greifen zu lasch zu. Da hilft nur eins: Gehen Sie weniger von sich aus, versetzen Sie sich mehr in die Welt des anderen hinein. Seien Sie einfühlsamer als es wir sechzehnjährigen Mädchen damals waren …

Was Berührungen von Frauen zu bedeuten haben. Und was bei Männern

Es gibt sie immer wieder, die ach so zufälligen Berührungen. Da wird der Arm getätschelt, die Schulter berührt, am Rücken herum geklopft, imaginäre Fussel entfernt. Was das bei Frauen zu bedeuten hat, ist: Intimität aufbauen, Pseudonähe. Es drückt aus: Hey, ich versteh dich, gib mehr von dir preis, du berührst mich irgendwie in meinem Inneren, und deswegen fasse ich dich jetzt an. Ich will eine Art Raum schaffen, in dem wir uns gefahrlos begegnen können. Sehr schön.

Bei Männern bedeutet jegliche Berührung: Sex. Sex. Sex.

Danke, Petra, für diesen Hinweis.

Warum Männer Blowjobs lieben

Zitat eines Mannes, der künftig wahrscheinlich weniger orale Freuden genießen wird: »Ungemein praktisch: Sie ist beschäftigt und hält den Mund.«

Zahlreiche Männer sagen, dass sie beim Oralsex zwar auf der einen Seite die intensive Stimulation mögen (enger! feuchter! mehr Action! Scharf, eine Melkmaschine! Sieht gut aus, und es schwingt immer was Paschahaftes mit und ein Hauch Abenteuer wegen der Zähne), auf der anderen Seite aber auch das Gefühl des »Angenommenseins« genießen. Da für den Mann sein Penis einigermaßen wichtig ist (und für manche der Mittelpunkt ihrer Männlichkeit), ist es für ihn wichtig, dass die Frau sein liebstes Stück mag. Indem sie sich ihm oral widmet, verschafft sie ihm nicht nur körperliche Lust, sondern signalisiert auch, dass sie ihn, seinen Körper und auch seine Männlichkeit annimmt.

Das hört sich ganz schön theoretisch an, ist aber dem, was wir Frauen fühlen, gar nicht unähnlich.

Und sonst? Was ist dran am Mund-Job, dass er für Männer eines der elementarsten Dinge der Liebeswelt ist? Das Besondere ist die Passivität, der Mann sich dabei ergeben darf. Gerade der Mann (an sich), von dem Aktivität erwartet wird (immer noch), steht oft im Bett unter (selbstgemachtem) Druck. Er muss versuchen, seine Erektion aufrechtzuerhalten und sich außerdem um den Orgasmus seiner Partnerin kümmern. Beim Zurücklehnen aber muss er gar nichts. Endlich mal nicht müssen müssen.

Und was ist, wenn Monsieurs Saft irgendwie … merkwürdig schmeckt? Nahrungsmittel wie Melone, Kiwi, Ananas oder Stangensellerie können dem Samen einen süßeren Geschmack geben. Ansonsten kann er von dem Wunsch, dass Sie alles schlucken, abgebracht werden, indem Sie ihm einen »Snowball-Kuss« geben: Zack, das gesamte Ejakulat in seinen Mund, und er wird nachvollziehen können, warum er künftig außerhalb Ihres Rachenraums kommen soll. Sie können sein Lollipop-Girl auch anders geben, nicht wahr?

Hier noch zwei in Vergessenheit geratene Techniken.

Erstens: Vergessen Sie Fisherman's Friend – Ingwerbonbons, Zimtkaugummi, ein Schluck Champagner oder ein Splitter Strawberry-Cheesecake-Eis vor oder während der Tat kommen besser.

Zweitens: Kondom mit dem Mund aufziehen:

1. Latexkondom ohne Spermizid verwenden.
2. Lippen mit Gleitgel auf Wasserbasis anfeuchten.
3. Kondom am Reservoir festhalten, entrollen, bis es wie ein Hut aussieht. Umdrehen, so dass der Nippel nach unten zeigt.
4. M&M-großen Klacks Gleitmittel ins Reservoir füllen.
5. Lippen wie zum Flötenspiel spitzen, Kondom in den Mund nehmen (Hütchenspitze nach innen). Etwas ansaugen.
6. Penis festhalten, mit dem Mund ansetzen, Zähne mit den Lippen bedecken, und in einer raschen Bewegung Kondom nach unten abrollen. Eventuell mit einer Hand nachziehen.
7. Fertig. Eventuell am Dildo / Zucchini üben. Er wird Sie anbeten!

Warum Frauen Cunnilingus meist nur dulden

Das Sexologische Institut (SEIN, Hamburg) hat herausgefunden, dass sich über die Hälfte aller Männer und etwa ein Drittel aller Frauen öfter Oralverkehr wünschen. Die Frauen sind beim Oralverkehr eher zurückhaltend. Das könnte – laut *Hite-Report* – daran liegen, dass nur etwa 40 Prozent der Frauen beim Oralsex zum Orgasmus kommen. Andere (amerikanische) Studien behaupten zwar, 86 Prozent aller Frauen kämen durch Lecken zum Big O, aber meines Erachtens ist das eine Mischung aus Wunsch und Lüge und macht nur Druck. Als Vorspieldisziplin jedoch ist Cunnilingus unschlagbar. Lick it, before we kick it.

Kleiner Zwischenruf: Warum heißt das eigentlich bei Frauen Cunnilingus und bei Männern Fellatio? »Cunnilingus« bedeutet aus der Fachsprache übersetzt »Vulva lecken«, wobei als »Vulva« die äußeren weiblichen Geschlechtsorgane bezeichnet werden; »Fellatio« bedeutet »Saugen«, in der Umgangssprache besser bekannt als »Französisch« (wahrscheinlich weil die Zunge bei dieser Sprache auch einige Salti ausführt?!).

Warum wollen wir zwar gern öfter geleckt werden, sind aber gleichzeitig davon so irritiert? Frauen befürchten, ihre Intimflora oder der Geschmack sei ihm unangenehm. Ich zitiere dazu Dr. Britta Bürger von *netdoktor.at:*

> »Durch die sexuelle Erregung sondern Drüsen am Scheideneingang ein Sekret ab, das die Gleitfähigkeit beim Geschlechtsverkehr erhöht. Dieses Sekret ist bei gesunden Frauen harmlos und kann ohne weiteres geschluckt werden. Es riecht etwas herb, aber gerade diesen Geruch mögen viele Männer. Frauen sollten nicht versuchen, vorsorglich Intimlotionen oder Scheidenspülungen anzuwenden, weil dadurch die Scheidenflora, also die natürlich vorkommenden Keime, gestört wird und Infektionen begünstigt auftreten können. Üble Gerüche im Intimbereich können ein Hinweis auf eine Infektion sein.«

Erweitern wir diesen Chemie-Schnellkurs um die Anfängervariante: Geruch und Geschmack ändern sich täglich – zyklusbedingt sowie aufgrund der Ernährungsgewohnheiten. Nicht nur roher Knoblauch hat Einfluss darauf, sondern auch bestimmte Vitaminpräparate.

In Sekundenschnelle scannt unser Gehirn seine Geschmacksdatenbank ab, bis wir einen Geschmack oder Geruch wiedererkennen. Zuerst nimmt unser Geschmackssinn den pH-Wert wahr, das heißt, ob etwas eher seifig oder säurehaltig ist. Unsere Haut hat zum Beispiel einen pH-Wert zwischen 6 und 7, der pH-Wert einer gesunden Vagina schwankt zwischen 3,8 und 4,5. Zum Vergleich: Schwarzer Kaffee hat pH 5, ein kleiner Tropfen Limone pH 2, ein Glas Wein in etwa den pH-Wert der Vagina.

Dieselben Bakterien, die die Scheidenflora gesundhalten, kommen auch in Joghurt vor (Döderlein-Bakterien). Dieser Laktobazillus hält den pH-Wert in der Vagina niedrig. Eine gesunde, feuchte Vagina schmeckt also etwas süß-sauer, am ehesten mit dem Geschmack von Natur-Joghurt vergleichbar.

Der natürliche Geschmack einer Frau ist prickelnd-frisch, ein bisschen würzig und leicht salzig. Auch ein sanfter metallischer Geschmack kann durchschimmern, wenn die Menstruation ansteht oder gerade vorbei ist.

Wenn sich der pH-Wert in der Vagina verändert, riechen die Sekrete meist etwas stärker. Zwei große Einflussfaktoren sind Seife und Sperma. Sperma ist so stark alkaloid, dass es den Geruch in wenigen Sekunden verändern kann (und hier kommt erst der Begriff »fischig« ins Spiel; eine Muschi riecht nie von selbst so, sondern erst nach Beigabe männlichen Ejakulats).

Seife ist oft eine Irritation: Die übertriebene Anwendung normaler Seife lässt eine gesunde Scheidenflora kollabieren. Der pH-Wert der meisten Seifen liegt zwischen 7 und 14. Frauen mit einer empfindlichen Scheide sollten Seifen mit niedrigem pH-Wert benutzen. Besonders zu empfehlen ist Ziegenmilchseife. Sie hat einen niedrigen pH-Wert und enthält Laktobazillen zur zusätzlichen Förderung der gesunden Scheidenflora. Wenn Sie Ihrer kleinen Freundin zusätzlich etwas Gutes tun wollen, können Sie hin und wieder mit dem Zeigefinger ein wenig Joghurt in die Vagina einbringen oder ein Tampon mit Naturjoghurt. Sie wird es Ihnen danken.

Ganz abgesehen davon machen die natürlichen Lockstoffe einer Frau, die sogenannten Copuline, Männernasen rasend. Besonders um die Eisprungzeit herum produzieren Frauen, die nicht die Pille nehmen, diese aufregenden Düfte, die von den sogenannten apokrinen (griechisch: »ausscheidende«) Duftdrüsen von Beinen, Achseln, Wangen, Oberlid und Nacken abgesondert werden. Lassen Sie sich gesagt sein, Lady: Sie schmecken wunderbar.

So. Und falls Sie, werter männlicher Leser, niemanden fragen können, was sich alles mit Ihrer Zunge anstellen lassen könnte – bitteschön, ein paar Vorschläge: Ahoi!-Brausepulver erst aus ihrem Nabel lecken, dann zwischen zarten Lippen kleine Achten züngeln. Er hält sich einen batteriebetriebenen Mini-Vibrator an die Unterseite der Zunge, während er die Zungenspitze an Ihrem Hotspot rotieren lässt. Legen Sie Zeige- und Mittelfinger im »Victory«-Zeichen auf ihre Schamlippen, um dann in diesem massierenden »V« die Zunge kreisen zu lassen. Die Doppelnummer: lecken Sie ihren Damm, von unten nach oben in festen, langsamen Zügen bis zur Klitoris – herrliches Vorspiel. Oder lecken Sie sie von hinten, während sie steht und Sie knien, zum Beispiel nach einer gemeinsamen Dusche. Üben Sie an »Schleck-Muscheln«, diesen Bonbons in Plastik Muschelschalen. Und tun Sie alles langsam, fest und kontinuierlich.

Und wie können Sie als Dame ihn außerdem anleiten? Behalten Sie, wenn er abtaucht, Ihr supersanftes Seidenhöschen an. Er wird den feuchten Fleck genauso lieben wie Sie das Gefühl, durch den Stoff hindurch vernascht zu werden. Fester Griff: Lotsen Sie seinen Daumen in sich hinein, und bitten ihn, mit leicht gekrümmtem Zeigefinger den Damm zu massieren. Der leichte Spannungsschmerz geht bald in wohlige Erwärmung über. Erregende Ergänzung zu einem Cunnilingus.

Damit es nicht zu kurz kommt: Ein paar Ideen für full foreplay

Auch auf die Gefahr hin, dass Sie das alles schon kennen (aufs Machen kommt es an), hier ein Abriss an möglichen Vorspielaktivitäten:

Küssen Sie sich gegenseitig den Körper ab, und atmen Sie bei jedem Kuss kurz durch die Nase ein. Effekt: Sie berauschen sich an Körperdüften, die mehr erregen als jedes Parfüm, und durch den Luftzug bildet sich eine prickelnde Gänsehaut. Oder überreichen Sie ihm einen getragenen (Kunstfaser-)Slip zum High-Schnüffeln. Der Trick dabei: Sie trugen ihn während Ihres ganz privaten Höhepunkts. Bitten Sie ihn, sich auf den Boden zu legen, während Sie im Rock (und sonst wenig bis nichts) über ihm stehen. Ansehen: unbedingt, er darf sagen, was er sehen will. Gönnen Sie es sich und ihm wenigstens einmal in Ihrem Liebesleben, dass Sie sich selbst berühren und er die Aussicht genießen darf. Und: Tun. Sie. Es. Langsam. Gern mit langen Abendhandschuhen. Verbinden Sie sich *beide* die Augen oder schaffen Sie zu Hause einen absolut finsteren Darkroom und gewinnen Sie damit automatisch an Gefühlsintensität. Stellen Sie sich vor, wie es ist in der Dunkelheit, das Stöhnen, Sie mit nichts als einer Augenbinde am Leib ... Duschen oder baden Sie mit ihm im Dunkeln oder bei leichter Kerzenbeleuchtung. Waschen Sie sich gegenseitig das Haar. Eine kräftige Zehn-Finger-Massage über den ganzen Kopf hinweg entspannt und vitalisiert – und macht ihn frei für schmutzige Phantasien, die ein einziges Fest sind, wie schon Shakespeare erkannte. Wenn Sie sich die Augen verbinden, ist der Tastsinn doppelt sensibel. Spielen Sie mit Materialien auf der Haut: Seide, Samt, Rasierschaum, falscher Pelz, Leder, Bürsten, der Metallverschluss seines Gürtels zwischen ihrem zweiten Lippenpaar, zerdrückte Trauben, warmer Grießbrei oder – spooky, aber spannend – der »Sleimi aus der Dose« (in Zaubererzubehörläden). Bringen Sie dieses Spielzeug selbst auf Ihrer Haut auf oder dirigieren Sie seine Hände und verteilen Sie die Spielereien mit vollem Körpereinsatz.

Wer errät, um was es sich handelt, hat sich einen hoch-intimen Kuss verdient. Beatmen Sie sich gegenseitig. Anstatt wie beim Körperküssen Luft durch die Nase zu ziehen, atmen Sie durch den Mund oder lassen das Küssen ganz weg und fahren nur leise keuchend über die Haut. Massieren Sie sich und ihn mit eingeölten – Murmeln! Verführen Sie Ihren Tastsinn mit Kontrasten und doppelten Eindrükken, sensibilisieren Sie sich durch Raffinesse – wie fühlt sich Massageöl mit dem Lederhandschuh aufgebracht an? Wie kleben weiße Seidenhemden, wenn Sie baden gehen? Wie fühlen sich Wärmelampen an den Schenkeln an, wie kost der Wind Ihre nackten Brustwarzen, wenn er Sie vor dem halbgeöffneten Fenster liebt und Sie sich eine Wärmflasche vor den Bauch halten? Was passiert, wenn er Seide an den Hoden spürt und gleichzeitig Feuchte? Zeigen Sie Ihrem Liebsten, was er alles mit einer Murmel anstellen kann – ob er die Klitorisspitze erkundet, die Unterseite Ihres Pos oder die Zwischenräume Ihrer Finger. Im Gegensatz zu Frauen sind Männer kitzlig bei solchen Aktionen – verlegen Sie sich bei ihm auf Handgreiflichkeiten. Finden Sie den Mittelweg zwischen Streicheln und Massieren. Gewöhnen Sie sich kreisende Bewegungen an und die »Kunst des Auslassens«, indem Sie sich an seine erogene Zonen herantasten, ihn fast erlösen – und dann woanders weitermachen. Sparen Sie seinen Lendenbereich mit Reiki-Technik aus – lassen Sie Ihre Hände nur Millimeter über seiner Haut schweben, kosen Sie seine Aura, so dass er zwar die Wärme spürt, aber nicht die Berührung.

Noch mehr Kontraste: Wie trinkt sich kalter Orangensaft unter der Dusche? Was passiert, wenn er erst seine Zunge mit Eistee kühlt und Ihre Vulva kost, dann mit heißem Tee nachsetzt? Wie fühlt sich Sprudel auf dem Nacken an, der trockengepustet wird? Berauben Sie sich Ihrer Sprache – absichtlich. Tun Sie, was Sie wollen, schweigsam, und bedeuten Sie sich gegenseitig nur mit Blicken und Berührungen, was Sie wollen. Setzen Sie sich halb nackt einander gegenüber auf einen Stuhl. Erzählen Sie sich abwechselnd, was Sie mit dem anderen machen würden, wenn er Ihr Sklave wäre. Nach jeder Erzählung rücken Sie näher heran.

Sieben Hauptgang – Warum Frauen das Licht ausmachen und Männer auch nicht immer können

Sie: »Hoffentlich kommt er nicht zu früh.«
Er: »Hoffentlich komme ich nicht zu früh.«

Endlich ist es soweit: Für Männer geht's an die Hauptsache, für Frauen an die Nebensache. Wo sich bereits beim Vorspiel gezeigt hat, wie weit sich Frauen und Männer in ihren Bedürfnissen voneinander entfernt haben (für die einen so kurz wie möglich, für die anderen so lang wie möglich), wird sich jetzt bei dem schlichten Akt selbst zeigen, dass wir mehr über unsere Unterschiede wissen müssten. Gerade jetzt, wo sich der kleine Unterschied zu einem großen ausweiten wird! Aha?!

Gerade um diese Stufe des Paarungsspiels wird immer viel Bohei gemacht. Der Koitus ist das geheime Ziel hinter allen versteckten Werbebotschaften, an ihm wird Lust, Erfüllung, Leidenschaft und Ego gemessen.

Wenn Sie mich fragen, ist es überschätzt. Es, der Akt, der Koitus, der Verkehr der Geschlechter, rein, raus, vor allem taugt er nicht als Gradmesser von irgendwas. Gut, mag sein, dass die Aktfrequenz aufzeigt, wie's um die Leidenschaft in der Beziehung steht. Mag aber auch sein, dass Sex nicht im geringsten etwas darüber aussagt. Viel eher ist es so, dass wir uns alle mal entspannen sollten, um diese Reinsteckarie nicht unnötig überzubewerten. Es muss immer! Alles! Wunderbar! sein, und jedes Mal soll es ein grandioses Erlebnis sein.

Ach, ja? Warum eigentlich? Erstens ist es nicht so, zweitens muss es das nicht, und wer, drittens, das Gegenteil behauptet, arbeitet in der Werbung.

Warum Männer so schnell kommen ...

Der deutsche Durchschnittsakt dauert nach Umfragen eines Kondomherstellers 17,2 Minuten. Die Amis, diese Leutchen, die alles möglichst angeberisch-effektiv durchziehen, ackern 28 Minuten herum, wobei dabei nicht klar wird, ob da das Vorspiel und anschließendes Duschen mit Desinfektionsmittel auch schon dabei ist. Wie auch immer – der deutsche Mann an sich ergießt sich also irgendwann zwischen Minute 12 und 17,2. Gerade dann, wenn's anfängt Spaß zu machen. Uns Frauen zumindest.

Es ist nämlich so: Ein Mann erreicht ein hohes Maß an Erregung mit kurz vor Schuss bereits nach fünf Minuten aufreibendem Kontakt mit der weiblichen Höhle der Geheimnisse – dieselbe Aufregung empfinden Frauen erst nach fünfzehn Minuten. Würde man das ganze in Form einer Kurve darstellen, so wäre bei den Männern ein steiler Anstieg und ein rascher Abfall zu verzeichnen, ähnlich wie bei den Telekomaktien. Frauen jedoch springen eher an wie ein Mercedes-Diesel, ihre Lustkurven zeichnen eher den Aufstieg der DaimlerChrysler-Aktien nach. Langsam hoch, langsam runter. Legt man diese beiden Kurven übereinander, sind die beiden Höhepunkte sehr weit voneinander entfernt. Vor allem zeitlich. Und das nur wegen der biologischen Natur und den Hormoncocktails im Männer- und im Frauenblut.

Frauen brauchen beim Koitus im Durchschnitt zwanzig bis dreißig Minuten, um zu kommen. Männer kommen, weil die Natur es so eingerichtet hat, in fünf bis fünfzehn Minuten. Sie können theoretisch gar nicht anders, als immer zu früh zu kommen – denn »zu früh« heißt vor ihr. Und wenn er aufhört, ist oft die ganze Aktion zu Ende, weil er zu müde ist, sich dennoch um ihr Wohlergehen zu bemühen und sie nicht wie ein nasses Handtuch liegen zu lassen. Da gäbe es zwar noch Hände, Zungen, Zubehör ... aber: nichts von alledem.

Klar gibt es einige, die können lang, länger, Stunden. Das könnte auf einen ziemlich ermüdenden Marathon hinauslaufen. Der Trick dabei: Desensibilisierung. Es kann ja nicht allein Viagra oder eine Creme sein, die den Lingam so taub macht, dass selbst ein Pornoprofi neidisch wird. Und die Sache mit dem Prostata-Training – irgendwie glaube ich die nicht. Durch regelmäßige Muskelanspannung – ähnlich wie bei den weiblichen PC- beziehungsweise Kegel-Übungen – soll das Prostata-Training für die Fähigkeit sorgen, sich immer wieder zurückzuhalten, um zu Schluss explosiver als normal zu kommen. Meister Tao lässt grüßen, der empfiehlt zehnmalige Anspannung neunmal täglich, um die Prostata zu desensibilisieren und die Muskelstränge so stark zu machen, dass sie die Zuleitung kurz vor Spermaausstoß einfach zudrücken.

Wie kann Mann denn nun kommen, ohne zu früh für sie sein Ziel zu erreichen? Nehmen wir mal an, Mann bleibt bei seinen fünfzehn Minuten. Wenn eine Frau aber erst nach dreißig Minuten soweit ist, bleibt nur eine logische Konsequenz: mehr Vorspiel. Geileres Vorspiel. Ein Orgasmus für Sie bevor er ihn überhaupt reinsteckt. Und kurz vor der Not, wenn sie trotzdem noch nicht soweit ist – nun, dann muss er sich was einfallen lassen. Innehalten anstatt blind vor Sensationslust weiterzumachen. Die Position wechseln, aber bitte in eine, in der sie auch etwas davon hat. Und wenn all das nichts hilft, ist eine Nachbehandlung fällig. Wie Männer mit dem schlechten Gewissen, schon wieder als erster und einziger die Sache mit »befriedigend« abgeschlossen zu haben, überhaupt einschlafen können, ist eine Geschichte für sich. Aber wieso schlafen die eigentlich ein, die Lumpen – ist das etwa ein Zeichen mangelnder Liebe? Abgespritzt, Feind erledigt, und ciao?! Tip: Zehn Minuten schlafen, heiß duschen – da fällt die zweite Runde leichter.

... und danach auch noch sofort einschlafen!

Es müssen männliche Wissenschaftler gewesen sein, die das Problem des sofortigen Schlafbedürfnisses nach dem Akt erforscht haben, um sich zu entlasten und nicht als lieblose Spermienschleudern zu gelten. Da ich noch kein Mann war und nach dem Liebesspiel noch Stunden weitermachen könnte, kann ich das zwar nicht gefühlsmäßig nachvollziehen, aber ich beuge mich zumindest vor der Unmöglichkeit, ein Mann könne wie eine Frau sein. Und lasse mich aufklären: Der Vorgang »Blut rein in Penis, Samen loswerden, Blut raus aus Penis« ist mit einigen chemischen Prozessen im männlichen Körper verbunden. Dafür, dass er überhaupt steht, ist der Sympathikus zuständig, ein auf verschiedene Organe einwirkender Teil des vegetativen Nervensystems. Um den Samen loszuwerden, braucht es den Parasympatikus, der die entgegengesetzte Wirkung des Sympathikus hat. Er ist Schlafes Bruder, denn er sorgt dafür, dass nicht nur der Penis erschlafft, sondern der ganze Körper samt Mann gleich mit. Erhol dich vor der nächsten Schlacht, erhol dich für die Verbreitung weiterer Nachkommen, flüstert der Para-Simpel, und so sinkt der eben noch stürmische Liebhaber besiegt auf die Kissen. Nervensystem an Hirn: Schlafen!

Und wir? Wir liegen dann da, noch bebend und hungrig und in einer Erregung, wie er sie nach fünf Minuten schon erreicht hatte, und können es nicht fassen. Nicht nur, dass Männer und Frauen sich schon beim Reden und Fühlen nicht verstehen; nicht nur, dass Klitoris und Vagina so weit auseinander liegen, dass man tibetanische Zirkusnummern durchführen muss, um den K-Spot beim Koitus mitzustimulieren, nicht nur, dass er schneller kommt, wenn wir gerade anfangen, uns loszulassen – er lässt uns auch noch völlig allein!

Zumindest eins sollten Sie als Frau wissen: Er macht das nicht extra. Zwar ist es wahnsinnig bequem, der Natur einfach ihren Lauf zu gönnen. Aber es ist nicht bös gemeint, so nach dem Motto: Spaß gehabt und der Rest interessiert mich nicht. Gute Liebhaber unterdrücken den Schlaf wenigstens für einen Moment und verhelfen Ihnen als Frau zu einem wunderbaren Orgasmus, nach dem Sie auch wunderbar schlafen können. Oder er nimmt Sie in den Arm, bevor er zu schnarchen beginnt. Oder er duscht sich fit.

Kein Wunder, dass Männer und Frauen beim Sex immer mal wieder vor unlösbaren Aufgaben stehen. Sie muss schneller kommen, er langsamer, sie braucht eigentlich eine Nachbehandlung, er muss dringend schlummern, und beide wissen genau: So einfach wird das nicht, die Natur zu überlisten, die das ekligerweise so unschick eingerichtet hat. Unzufriedenheit macht sich breit, Killer der gegenseitigen Toleranz. »Warum kümmert er sich nicht um meine Bedürfnisse?« denkt sie. »Was kann ich nur tun?« fragt er sich. Und beide tun es heimlich, ohne miteinander darüber zu sprechen. So wird das nix. Nur wenig funktioniert ohne Austausch, ohne Reden, oder sind wir jetzt alle unter die Telepathen gegangen? Jugendliche Romantiker meinen, viele Worte würden entzaubern. Erwachsene Romantiker wissen, dass Reden und Romantik sich nicht ausschließen.

Die einzige Möglichkeit besteht darin, dass jeder in seinen Möglichkeiten dem anderen behilflich ist. Sie ist nicht allein für ihren Spaß zuständig, und er nicht allein dafür, nicht zu früh zu kommen.

Warum Frauen nur so tun als ob

Was nicht alles an überlieferten Geschichten existiert, woran Mann den Orgasmus einer Frau erkennt: fleckige Röte an der Brust und am Hals. Kupfergeschmack auf der Zunge. Hochgebogene Zehen. Harte Brustwarzen. Wenn sie seinen Namen ruft oder nach dem lieben Gott. Wenn sie schreit: »Ich komme!« Wenn der Kitzler anschwillt oder die inneren Schamlippen, wenn ihr Mund trocken ist oder ihre Augen glasig, wenn ihre Schließmuskel, gleich welcher Art, zucken, wenn sie überfließt vor samtiger Nässe und seidigem Ozean oder sich ihre Oberschenkel und ihre Pomuskeln verhärten und ihre

Atemzüge tiefer, aber schneller werden. Wenn sie danach Tränen in den Augen hat.

Ich sach ma: Nö. Das kann alles stimmen, kann aber alles auch »nur« Anzeichen der Erregung sein. Auch lauteres Stöhnen oder Hände-in-den-Rücken-Krallen können Sie als Mann gleich mal als Ausweise des Höhepunkts vergessen. Das Problem ist: Wir Frauen können einen Orgasmus ziemlich gut vortäuschen. Dann wird geschrien und gehampelt und sich an ihn gedrückt, zur Untermalung dann durchaus auch mal frech gelogen (»Ich komme, oh, ja, ja, JAAA!«) oder sein Name geflüstert. Ja, wir können selbst unsere inneren Muskelchen wie den PC-Muskel oder den Afterring rhythmisch zusammenziehen, und das bisschen glasige Augen kommt vom Hyperventilieren, was wiederum vom Pseudokeuchen kommt.

Es heißt ja immer, dass ein einfühlsamer Liebhaber es spürt, ob sie kommt. Er bemerkt es, wenn die Fahnen auf Sturm stehen, er merkt es einfach.

Ich sag's noch mal: Nö. Es laufen da draußen nicht die schlechtesten aller Männer rum, denen schon mal ein sauberer Fake als echt vorgesetzt wurde. Sie bemerkten es nicht. Nicht, weil sie dumm sind, nicht, weil sie Gefühlskrüppel sind, nicht, weil sie sich nicht dafür interessierten – sondern weil Frauen Meister der Täuschung sind. Zyniker meinen sogar: Frauen täuschen Höhepunkte vor, weil Männer das Vorspiel auch nur vortäuschen ...

Und warum eigentlich? Manche tun es, damit ein Langweiler die Sache endlich zu Ende bringt und aufhört, unmotiviert in ihnen herumzuschwurbeln. Schlimm genug. Manche bauen eine innere Distanz zu dem Mann auf – sie sagt indirekt »Nein« zu ihm, um sich von ihm und seinen Wünschen abzugrenzen. So kann er ihr nicht zu nahe kommen, und durch ein Fake gibt sie ihm auch keine Chance, zu lernen, wie er an sie herankommt. Ganz schön sinnlos.

Viel schlimmer jedoch: Die meisten wollen nicht als sexuelle Ärmlinge dastehen, die unfähig sind, sich fallenzulassen, sich gehenzulassen, hemmungslos zu sein. Obwohl sie gehemmt sind. Obwohl genau das das Problem ist. Sie können sich nicht entspannen und meinen, es läge an ihnen und der Unzulänglichkeit ihrer Sexualität. Sie glauben, erst dann gut im Bett zu sein, wenn sie kommen können, egal mit wem oder in welcher Position. Sie wollen nicht zeigen, dass sie eine Frau sind, die in der Lust nicht so aufgeht, wie sie glaubt, dass es von ihr erwartet würde. Sie befürchten, als frigide abgewertet zu werden, sie fühlen sich unwohl damit, dass sie nicht abgehen wie Schmidts Katze, und trauen ihrem eigenen Körpergefühl nicht.

Wenige kämpfen außerdem mit einem Trauma unterschiedlichster Art. Es kann eine Vergewaltigung sein, die die Brücke des Genusses zerschlagen hat; es können auch Ängste sein wie die Furcht vor Kontrollverlust, ein moralisiertes Selbst, dass »bei so etwas« keinen Spaß zu haben hat, Gefallsucht, Sonstiges. Und das liegt manchmal auch noch so in der Tiefe der Seele begraben, dass die Betroffenen kaum selbst darauf kommen. Da hilft oft nur der Griff ins Bücherregal der Selbstanalyse, im seltenen Ernstfall sind ein paar Stunden bei einem Therapeuten nötig, um der inneren Schranke auf die Spur zu kommen.

Manchmal denken sie auch, dass in einer glücklichen Partnerschaft Sex kein Problem sein dürfte. Nicht sein DARF. Und dass sie allein dafür zuständig sind, den Schein zu wahren. Dann wird vorgetäuscht.

Dabei ist es ja keine technische Funktionsstörung, wenn Sie als Frau nicht innerhalb von zwei, zwanzig oder sonstwievielen Minuten von multiplen Orgasmen durchgeschüttelt werden. Jede Frau ist an jedem Tag anders. Mit den Jahren entwickelt sich sowieso ein besseres Körpergefühl – nicht umsonst beginnt ab Ende Zwanzig, Anfang Dreißig, Sex mehr und mehr Freude zu machen; erst mit der Zeit lernen wir Frauen, unseren Verstand fallenzulassen und den Körper folgen zu lassen. Uns zu entspannen.

Während des Liebesspiels haben wir nämlich oft ganz andere Sachen zu tun. Unsere beiden Gehirnhälften sind dummerweise – in diesem Fall dummerweise – so vernetzt, dass die Ratio keine Ruhe gibt, während die Emotio eigentlich auf Leckerli switchen würde. Ratio denkt an die Cellulite. Ratio denkt an die Verhütung. Ratio denkt an den Abwasch und was morgen so ansteht und dass er sich nicht rasiert hat und wie schmecke ich bloß und wie geht's Oma eigentlich und darf ich jetzt an Antonio Banderas denken und wo ist meine CD mit den … ups? Er ist schon fertig?

Anstatt zu fühlen, denken wir. Und lenken uns vom Fühlen ab. Klar, manchmal macht es uns ein Mann auch allzu leicht, dass wir abschweifen in unseren Gedanken, weil er sich arg ungeschickt anstellt und zielsicher an den Lustknöpfen vorbei greift.

Was aber nun tun gegen den Fake? Denn Vortäuschen macht die Sache ja nur schlimmer. Er denkt, alles ist bestens. Sie weiß, nichts ist bestens. Und es wird auch nicht besser, weil er ja nicht weiß, dass er was und was er falsch macht, und Sie als Faking-Woman werden es ihm wahrscheinlich nicht sagen. Damit würden Sie ja aus der Deckung gehen und riskieren, dass er ob Ihrer Lüge entsetzt ist. Über Sie und auch über sich. Dass er ein Riesenpferdearschloch ist, das so sensibel wie ein Maschinengewehr in Ihnen herumruckelt. Wenn er kein Klotz ist, wird es seine Männlichkeit treffen. Wenn er außerdem kein Idiot ist, wird er bemerken, wie sehr es Sie belastet und wie mutig Ihre Offenbarung ist, und er wird seine kastrierte Männlichkeit mal eben vergessen und Manns genug sein, Ihnen künftig beizustehen und Sie richtig schön fertigzumachen. Im positivsten Sinn!

Deswegen: Faken Sie in einer Beziehung nicht, werte Damen. Bei One-Night-Stands, ach ja, wenn's die Sache schmerzfrei verkürzt, warum nicht. Ansonsten hat auch Aufstehen, Licht anmachen und was trinken schon geholfen, dann noch mal von vorne anzufangen und die Sache besser hinzukriegen.

Wenn Sie aber seit Jahren einen Fake nach dem anderen vorstöhnen, muss was getan werden. Wenn Sie Ihrem Liebsten zutrauen, dass er es wegstecken kann, müssen Sie es ihm sagen. Meinetwegen umschreiben Sie die Wahrheit, Sie müssen ja nicht beim Frühstück sagen: »Ach, Liebling, die letzten zehn Jahre habe ich im Bett nur so getan, als ob es mir gefallen würde. Reichst du mir mal die Butter?« Das wäre etwas unsanft.

Aber, was Sie dringend VORHER tun sollten: Eruieren Sie ganz genau und mit größtmöglicher Ehrlichkeit: Warum kommen Sie nicht einfach? Liegt es an ihm? Ist sein Dings zu klein, weiß er nichts mit Ihrer Klitoris anzufangen, riecht er, ist er nicht begehrenswert, obwohl sonst ein toller Mann, gibt es kein Vorspiel, sind es seine Praktiken, mit denen Sie nichts anfangen können, oder wünschen Sie sich welche, die er nicht bieten kann? Oder ist es vielmehr so, dass Sie selbst und allein mit sich auch Probleme haben? Können Sie beim Masturbieren kommen? Falls ja, ist es kein körperliches Problem, schließlich können Sie seine Finger dahin legen, wohin sie gehören, oder selbst Hand anlegen, sondern hat psychische Gründe. Dann liegt es am Fallenlassen, das unmöglich erscheint, sobald ein zweiter dabei ist.

Es sind ganze Bibliotheken über die verschiedenen Ursachen und Gründe geschrieben worden, warum eine Frau nicht zum Orgasmus kommt, inklusive diverser Anleitungen und Ratschläge, die Hemmung zu überwinden. Fakt ist: Jede Frau kann kommen, aber keine muss. Fakt ist, dass Männer sich manchmal zu wenig darum bemühen, leider, uns zu helfen, aber sie sind nicht allein an allem schuld, genausowenig, wie wir es sind. An dieser Stelle Ihnen ganz persönlich einen Weg aufzuzeigen, wäre eigentlich wiederum ein Extrabuch wert. So was wie »The Big O«. Bis dahin verweise ich auf das Buch von Rachel Swift: *Die Geschichte mit dem Orgasmus.*

Beginnen Sie in jedem Fall bei sich. Sie müssen sich mit sich selbst beschäftigen, masturbieren Sie überall, wo Sie sich trauen. Im Bett, unter der Dusche, im Auto, sonstwo. Lernen Sie Ihren Körper besser und besser kennen. Berühren Sie sich überall, um Ihre Reaktionen kennenzulernen. Erträumen Sie sich wildeste Phantasien. Darin ist ALLES, aber auch absolut alles erlaubt, und wenn Sie es wild und gefährlich erträumen, dann ist das in Ordnung, denn es ist ja eine Phantasie. Tun Sie es vor Ihrem inneren Auge mit jedem, mit dem es Sie zu tun reizt. Träumen Sie sich selbst in diesen Gedankenblasen schön, denn Sie sind es. In jeder Frau wohnt die Schönheit, und selbstverständlich können Sie in Ihren Eigenliebe-Träumen so auftreten, wie Sie es sich wünschen.

Warum das weiterhelfen soll? Wenn Sie Ihre inneren wie äußeren Knöpfchen finden, können Sie sie zeigen und aktivieren. Und Ihren Liebsten später mit einbeziehen, wenn Sie ihm sagen: »Hier, Geliebter, HIER tut es gut. Komm schon, beiß mich, ja, drück deine ganze Hand so hierher …«

Und faken Sie nie wieder. Die Zeit wird vieles bringen. Keine Frau wird lebenslang ohne Orgasmus bleiben, und sei es, dass sie ihn mit sich allein genießt. Hey, auch das ist wunderschön, und mit jedem jederzeit zu haben …

Warum für Frauen ein Höhepunkt nicht alles sein kann

Meine Güte. Da wird so viel Aufstand um Rein-Raus gemacht, um die Größe des Schwanzes und ob er standfest genug ist. Eine bittere Wahrheit (für Männer) ist jedoch: Uns reicht der Koitus allein nicht. Die üblichen sexuellen Aktivitäten finden wir zwar toll und alles, aber: Eigentlich reichen sie uns nicht. Oft genug sind sie auch noch unbefriedigend, weil unsere Lustknöpfchen, egal ob Klitoris oder Kopf, nicht richtig stimuliert werden.

Und wenn schon, auch ein Orgasmus ist nicht alles, weder in Anbetracht der Tatsache, dass wir mehrere haben können (nicht in kurzer Abfolge, aber ziemlich bald nach dem ersten), noch in Anbetracht dessen, dass wir trotzdem nicht die Erfüllung in der Kontraktion finden.

Erfüllung ist die eine Seite, warum für Frauen der Höhepunkt allein nicht schon ein Garant für guten Sex ist. Mit Erfüllung meinen wir »Berührung der Seelen«. Erfüllung ist, was wir fühlen, wenn wir uns sexuell frei fühlen, Grenzen überschreiten, Tabus einreißen, Verbotenes kosten und uns dennoch währenddessen aufgehoben fühlen, ohne Selbstkontrolle, ohne voller Hemmungen zu stecken.

Die andere Seite ist die unglaublich bunte Welt der weiblichen

Sexualität. Während Männer den Geschlechtsverkehr, den Blowjob, den Handjob vorziehen und fertig, ist Sex für uns mehr als nur Reinstecken in warme feuchte Gruben. Es sind die Küsse. Es ist das Vorspiel, ob wir mit einem Pinsel die Poritze gestreichelt bekommen oder uns in einem sexy Rollenspiel wiederfinden; es sind die Stimmung, die Düfte, die Umgebung, Hautkontakt, Massagen, Erotik der Berührung an Haaren, Zehen, alles mögliche lustvolle Zubehör von Kerzenwachs über Eierlikör bis Handschellen, das und viel viel viel mehr macht die sexuelle Welt einer Frau aus. Wir sind lustvoller als Männer meinen, wir sind reicher an Lüsten, als Männer sich je ausdenken, und allein von der Häufigkeit unseres Geschlechtsverkehrs auf unsere Lust zu schließen ist schlichtweg Unsinn.

Genuss und Verkehr sind nicht dasselbe. Beim Mann lässt sich meist davon ausgehen: Koitus, gekommen, befriedigt. Bei Frauen nicht. Lustlosigkeit hat selten etwas mit einer verkümmerten Sexualität zu tun; wir sind lustlos, weil wir gekränkt sind oder durch Verweigerung Grenzen aufziehen wollen, die wir anders nicht ziehen können. Ja, so was gibt's noch, ist nicht schön, aber wirksam.

Zurück zu unserer Lust. Natürlich ist es für Männer hart zu hören: Ich muss mich um meinen Orgasmus kümmern, um ihren auch noch, und dann noch um all die unentdeckten Strömungen, die rein gar nichts mit Reinstecken zu tun haben? *Irgs.*

Auf der anderen Seite: Hey, Jungs, wir sind ja auch nicht gerade faul. Wir wissen, dass es bei euch mehr darauf ankommt, *wie* ein Blowjob gemacht wird als *dass* er gemacht wird. Wir feilen uns Techniken und Tricks zurecht und kaufen uns bei Palmers die Kreditkarte blank. Also, löst euch ein Ticket ins Land UNSERER Träume.

Was dazu noch fehlt? Vielleicht ein Ratgeber. Vielleicht Hunderte. Oder eigentlich nur mal ein Gespräch oder mehrere mit eurer Liebsten. Sie ist diejenige, die euch mitnehmen kann, von selbst einzureisen ist schwer. Aber immer noch meinen viele Frauen, das Begehren sollte von Mann ausgehen. Ist doch Blödsinn. Er weiß nicht von selbst, was einer Frau guttut, weil jede Frau anders ist, anders als

Männer anders sind. In jeder Frau schlummern unvergleichbare Geheimnisse, während sie sich von Mann zu Mann eher ähneln.

Aber eins ist klar, auch wenn ich mich wiederhole: Für uns ist Ficken bei weitem nicht alles. Das ist ein sehr übersichtlicher Teil, aber nicht Quell der Lust oder gar der Befriedigung. Ich wünschte nur selten, es wäre anders.

Warum Männer morgens, Frauen selten am Morgen wollen

Ich gebe zu: Inzwischen sind mir einige Frauen bekannt, die den Dämmerschlaf zu schätzen wissen. Auf der Seite liegen, noch halb im Traum, der Körper entspannt und warm und eingekuschelt, und plötzlich schlüpft er ganz leicht hinein, bewegt sich, nur auf sich konzentriert, und man selbst ist so entspannt, greift sich zwischen die Beine und bringt es auch zum Ende.

Liebe am Morgen hat etwas Unwirkliches. Es ist unaufgeregt, vor allem unter Langzeitpaaren, und so jenseits von allem, was angeblich Sensationssex ausmacht: Keiner von beiden sieht doll aus, das Licht des Morgens ist selten gnädig, und doch ist es erstaunlich. Schön. Kein Knaller, kein Knistern, nur schön. Wie warmes Wasser.

Männer wie Frauen haben während des Schlafes sogenannte REM-Phasen, die durch schnelle Augenbewegungen gekennzeichnet sind; diese Rapid-Eye-Movement-Momente passieren etwa alle anderthalb Stunden; das Gegenteil davon sind die Tiefschlafphasen. Während dieser REM-Zeit sind sowohl Penis als auch Miss Klitty erregt, egal, wovon Sie gerade träumen. Die REM-Phasen werden immer länger, je mehr die Schlaftiefe abnimmt. Das ist im allgemeinen gegen fünf bis sieben Uhr so – nicht nur erotische Träume sind in diesen Morgenstunden möglich, sondern der Nachhall der unwillkürlichen Erregung ebenso. Wir kommen etwa fünfmal pro Nacht in diese reflektive Lustphase, ohne dass wir es bemerken – höchstens jeder zehnte Traum ist auch erotisch gefärbt! Tja, aber morgens – da wachen wir auf wie nach einem ziemlich langen Vorspiel. Unser Körper und der Kopf haben sich für Sex trainiert, heimlich still und leise.

Und was passiert, vorwiegend bei Männern, wenn das Vorspiel gut war? Sie wollen es. Jetzt!

Männer scheren sich im Vergleich zu Frauen auch weniger um ihren morgendlichen Auftritt. Ihr Penis wurde zum Schwanz, Morgenlatte hin oder her, und so was wie Mundgeruch oder Strubbelhaar, Rest vom Lidstrich oder Schlafshirt bringen sie nicht davon ab, ihrem körperlichen Erleben freien Lauf lassen zu wollen.

Im Gegensatz zu uns: Genau diese Umstände machen uns einen Strich durch den Biorhythmus. Nicht, dass wir nicht könnten, nicht, dass unser Körper auf Trockenzeit geschaltet hätte (hat er nicht, im Gegenteil, das heimliche Vorspiel hat auch bei uns gewirkt), nein, wir fürchten uns vor unserem und vor seinem Kuss und dass wir der Erotik gegenübertreten, ohne (angeblich) bereit zu sein.

Schade. Das ist also endlich mal ein konstruierter Unterschied. Der ist nicht gegeben, der wurde gemacht. Und alles nur deshalb, weil wir Frauen so gern küssen? Kann sein – der Kuss ist der Vorgeschmack des Beischlafs, die Verheißung dessen, was folgen könnte, die Brandkugel, die alles entzünden kann. Oder eben nicht – nur, darauf zu verzichten wegen Zahnpasta-is-nich, das fühlt sich für uns Frauen komisch an.

Abgesehen davon tun wir es morgens so ungern, denn wenn er auf uns liegt, die Beine auf die Schultern schmeißt und eindringt, drückt er dermaßen auf die Blase, dass wir in diesem Moment beginnen, Sex zu hassen.

So. Also: Wenn schon morgens Sex, der eindeutig zum Beziehungshighlight wird, wenn man weiß, wie – dann in Löffelchenposition. Keine Blasenquäler bitte, werte Herren, und auch keine Positionen, in denen wir uns gegenseitig schlechten Atem in die Nase pusten.

PS: Ich habe es getestet und testen lassen: Das mit dem Atem erledigt sich, wenn Sie sich ganz lang, ganz heftig auf Zunge küssen. Ist schon komisch. Schmeckt irgendwie … schamlos schön.

Warum Männer lieber nicht so genau über den Unterleib einer Frau Bescheid wissen möchten

Ich – und mit mir vor allem Kohorten von Männern – frage mich: Warum machen Gynäkologen eigentlich ihren Job? Wieso das und nicht was anders? Oder bin ich der Frage nur deshalb aufgesessen, weil es sich um Intimes dreht? Aber, hey, ein Mund ist auch intim, also warum machen Zahnärzte diesen Job und nicht einen anderen? Wegen des Geldes kann es nicht sein, siehe Gesundheitsreform und Krankenkassenabrechnung, ist ja der Hohn, dass überhaupt noch wer auf Hippokrates' Eid schwört.

Warum also Gynäkologe? Den ganzen Tag in Frauenkörpern rumwühlen und gucken, Geruch bleibt auch nicht aus, und sich Sexgeschichten anhören. Und das, wo doch jeder zweite Mann peinlich berührt zusammenzuckt, nimmt man mal das Wort Vaginalsekret, Ausfluss, Menstruation, Blasenentzündung oder Gebärmutterstauchung in den Mund.

Jeder zweite Mann nur deshalb, weil ich nicht ungerecht sein will. Aber es ist doch so: Reinstecken wollen sie ihn alle gern. Auf Cunnilingus lassen sich auch viele ein, obwohl sie rumplärren wegen der Haare, einige verweigern sich der oralen Abwechslung auch, weil sie meinen, ein echter Mann mache das nicht. Und tschüss. Aber ansonsten haben Männer ausgerechnet mit dem Körperteil und seinen Ausläufern nicht viel am Hut, nach dem sie meist auf der Jagd sind: der Pussy und ihren Befindlichkeiten. Männer wissen unglaublich wenig über Zyklen, Unterschiede der natürlichen Ausflüsse (mal klar, mal weiß) oder Ursachen krankhafter Ausflüsse und wollen auch nicht wissen, wenn da was im argen liegt.

Es kann ja nicht allein am Trauma der eingebildeten Vagina dentata liegen – das weibliche Geschlecht, das in seinen Untiefen Zähne verbirgt, um des Mannes Prunk so kurz und klein zu beißen, dass der Träger hernach straflos einen Frauenparkplatz benutzen könnte. Nein, Männern ist es unheimlich, dass ausgerechnet der Ort der Wonnen auch mit Schmerzen oder Seltsamkeiten ausgestattet ist. Ich würde jeder Frau empfehlen, ihren Liebsten nicht zwingend bei der Geburt dabeisein zu lassen, wenn sich der Scheidenkanal so weit ausdehnt, um einen Kindskopf auszupressen. Es kann für beide ein Trauma sein. Sich der gebärenden Körperöffnung bewusst zu werden ist eine Erfahrung, die sich beide schenken können. Jedenfalls meiner Ansicht nach und nach der jener zirka acht jüngst gewordenen Mütter sowie bereits erprobten Mütter, die sich anschließend neu mit ihrem Körper und ihrer Sexualität arrangieren mussten.

Überlegen wir doch mal, was das männliche Unterbewusstsein abstößt. Manche verstecken sich zwar hinter »riecht so muffig« oder »sieht komisch aus«, aber was kann es noch sein? Die Überlegung, in einen anderen menschlichen Körper vorzudringen, wo unter anderem Gedärme und weiteres lagern. Die Angst, sich zu verlieren oder gar zu verletzen. Seinen Penis trägt ein Mann vor sich her, die Reizzonen sind offensichtlich, und bevor er jemanden in seinen Körper lässt, muss der Hausarzt schon sehr auf die Prostatavorsorgeuntersuchung dringen.

Diese vage Abscheu vor den Mechanismen des weiblichen Unterleibs hat zur Folge, dass Männer selten wissen, wie unterschiedlich die Geschlechtsteile einer Frau sein können. Wo sie hinfassen sollen. Sie ahmen mit Berührungen die Bewegungen eines Penis nach, und doch gäbe es so viel mehr zu tun, und vor allem: viel Aufregenderes.

Da ich nicht so die Technikdame vom Dienst bin, verweise ich auf meine Kolleginnen (Lou Paget, Dr. Gloria Brame, Susie Bright oder Margot Anand) mit diversen Fibeln für Praktiker; ansonsten bitte ich bei der männlichen Innung um Nachsicht. Liebe Männer, machen Sie nur eins: Beschäftigen Sie sich mit der Muschi Ihrer Liebsten. Sie beißt nicht. Probieren Sie ein paar Dinge aus, die Ihnen vielleicht merkwürdig vorkommen: Streicheln Sie die Klitoris mit der Spitze einer Feder. Massieren Sie die Scheideninnenwände mit beiden Daumen. Berühren Sie die Falten zwischen inneren und äußeren Schamlippen. Hören Sie auf, immer nur nach dem elenden G-Spot zu graben oder die Klit wundzurubbeln. Ergreifen Sie endlich mal wieder die Initiative, wenn es um eine Forschungsreise gen Süden geht.

Warum Frauen Softies nicht wirklich ausstehen können – oder: Echte Frauen wollen echte Kerle

Frauen mögen höflichen Sex. Komplimentreiches Vorspiel, ausgedehnter Hauptgang, danach Im-Arm-Halten mit weiteren hundert Streicheleinheiten, und alles bitte rücksichtsvoll, einfühlsam und zärtlich. Männer sollten Kavaliere im Bett sein und ihr brav den Vortritt lassen, ganz wie sie es durch zahlreiche Ratgeber und Küchengespräche gelernt haben. Macker haben keinen Zutritt zum Allerheiligsten. Es wird nicht rumkommandiert, sondern wohlerzogen geliebt, am liebsten im Sonnenuntergang unter Palmen.

Mit Verlaub: Ha, ha.

Soviel zum schönen Schein der von Natur aus erotisch friedfertigen Frau – die Wahrheit ist nämlich weniger perwollgewaschen: Einige unserer nachtschwarzen Phantasien stellen selbst die zensierten Szenen von *9 1/2 Wochen* in den Schatten, und nicht erst seit Britney Spears »Hit me Baby one more time« flehte, ist klar: Frauen wollen es auch mal härter als nur zart. Für bis zu 38 Prozent aller Frauen spielen gewollte Unterwerfung, ein Hauch Schmerz, spielerische Gewalt, verbale Demütigung oder einfach nur brachiales Überwältigtwerden eine betörende Rolle in ihren heimlichen Gedanken, fanden unter anderem die US-Autorin Nancy Friday oder das Hamburger Sexologische Institut (SEIN) heraus. Nach einer Umfrage des Psychologen Henner Ertel aus München sind es sogar bis zu 65 Prozent, die gelegentlich davon träumen, in erotische Machtspielchen verwickelt zu werden. Zahlreiche Sexualforscher stellen in unabhängigen Studien immer wieder fest: Frauen phantasieren nicht nur schön, da geht's zur Sache, wie es kein Pornoregisseur auch nur ansatzweise hinkriegen würde. In vielen von uns – unabhängig von Beruf, Alter oder Stand – schlummern sexuelle Bedürfnisse, bei denen eingefleischte Feministinnen das Grauen bekommen dürften: Lustvolle Unterwerfung heißt das Reizwort. Er führt, sie folgt – aus freiem Willen. Oder auch mal andersherum, was gesellschaftlich aber leichter anerkannt wird. Die sich hingebende Frau, die sich gern mal dominieren lässt, ist das ganz große Tabu, das am liebsten gleich abgeschoben wird in die zwielichtige SM-Ecke. Oder abgewertet wird mit dem Stammtisch-Spruch: »Die braucht's doch hart, das Luder.«

Im Trend tickt, wer sagt: »Na und?«

Denn es geht weder um sadomasochistische Praktiken oder Lack-Leder-Fetisch-Heißa mit Gerten-Striemen auf dem Po und Master-Anrede; es geht um den Kick im Kopf, der durch erotische Machtkämpfe ausgelöst wird. Nicht umsonst sitzt die Feder des weiblichen Triebs zwischen den Ohren – und genau da wird er stimuliert, wenn es um die spannungsgeladene Welt von Dominanz und Überwältigtwerden geht. Um Sehnsüchte nach Erfahrungen, die sie jenseits von Sie-oben-er-unten erwarten. Wenn er plötzlich härter zufasst, die Handgelenke niederhält. Wenn er uns die Augen verbindet, mit Handschellen, Tüchern, Gürteln fesselt, erregt, doch nicht erlöst. Wenn er weiß, wann es Scheinwiderstand zu brechen gilt, mit Worten und Befehlen, für die er sonst eine Ohrfeige kassieren würde. Wenn er die Klamotten runterreißt, als wäre es das letzte, was er in diesem Leben tun wird. Wenn er Dinge macht, die wir selten in Frauenzeitschriften zu lesen bekommen. Kurz gesagt: Wenn er den Dominus-Domino gibt, absolut Mann ist und uns nach heftigem, gespieltem Sträuben überwältigt.

Die Scham über so gänzlich politisch unkorrekte Wünsche ist groß; nicht nur, weil verbrecherische Gewalt gegen Frauen absolut abscheulich ist, sondern weil der Appetit auf Dominanz im krassen Gegensatz zum Selbstbild und dem emanzipatorisch-gefestigten Bild der Frau in der Gesellschaft steht. Warum sonst würden die Medien jedes Mal so ein Geschnatter erheben, wenn eine Werbung oder ein Bildband mit Elementen aus der D/s-Szene (Domination & submission) arbeitet oder einem Hauch Haue, Bondage oder sonstigen Unterwerfungsposen daherkommt? Warum gelten bis heute *Basic Instinct* oder *Body of Evidence* als Filme mit »grenzüberschreitenden« Inhalten (gähn)? Wieso sonst darf das »schwache« Geschlecht alles andere als mal schwach sein? Die Botschaft ist klar: Das ist unmodern, das gehört sich nicht, und welche aufgeklärte Frau wirft sich schon einem Macho an den Hals?!

Doch, ja, es ist ganz normal, diese Anwandlungen von Unterwerfungslust zu haben. Solche Grenzüberschreitungen gehören sogar dringend zu einer aufregenden Sexualität dazu und könnten zum neuen Kapitel selbstbewusster Weiblichkeit erwachsen: Die Aachener Sexualforscherin Ulrike Brandenburg berichtet von einem zunehmenden neuen Typus Frauen, die keine Lust mehr auf den rücksichtsvollen, sanften Mann haben – sie schätzen ihn zwar im Alltag, aber sie vermissen den »echten«, den potenten Mann im Schlafgemach.

Echte Frauen wollen echte Kerle. Soweit die gute Nachricht. Die schlechte: Das werden nicht alle so sehen. Das fängt ja schon im eigenen Kopf an, in dem es von Zweifeln nur so wimmelt.

»Wer ist die fremde Frau in mir?« Das fragt sich manche, die ab und an mehr möchte als Bondage light mit handelsüblichen Seidenschals oder Erdbeeren aus dem Bauchnabel. Die Ursprünge der prickelnden Sehnsüchte nach mehr Härte in der Liebe sind vielfältig – Schuldvermeidung zum Beispiel vermuten viele Sexualpsychologen als ein Motiv. Wenn die eigene Lust unbewusst als inakzeptabel empfunden wird, kann durch ein spielerisches Aufzwingen Verantwortung an den dominanten Mann abgegeben werden – ganz nach dem Motto: »Eigentlich will ich das ja nicht, aber er hat mich mitgerissen. Er hat mich dazu verführt, Hemmungen abzulegen, ich kann nix dafür ...« Die inneren Widerstände gegen eigene Lüste haben sich oft über Jahre aufgebaut – durch Erziehung, übernommene Normen aus dem Umfeld oder das Wunschbild der »anständigen« Frau. Und die wird eben nur mit Dominanz hin- und weggerissen.

Auch der eigene Selbstwert kann durch stürmisches In-Besitz-Nehmen aufgepäppelt werden: »Er will mich so sehr, dass er seine Selbstkontrolle fallen lässt und rücksichtslos über mich herfällt.« Was für eine romantische Vorstellung, dass ich ihn allein durch mein Dasein entflamme! Diesem narzisstischen Element geht die Soziologin Isabelle Azoulay in ihrem Buch *Gewalt in der sexuellen Phantasie von Frauen* nach.

Es kann aber auch ganz anders sein – wenn es einfach der Hunger nach mehr Leidenschaft ist, nach Erfahrungen jenseits von Vanilla-Sex. Wenn man einfach müde geworden ist, ihm zu erklären, wie man's denn gerne hätte, und die stundenlangen Zärtlichkeiten schlichtweg langweilen, sein »ist's recht so?« jede Spannung nimmt. Und man sich fragt: Wann waren wir zuletzt richtig wild aufeinander, wann bemerkte man die Lustbisse erst beim anschließenden Blick in den Spiegel, und könnte es nicht mal was Neues geben? Wie wäre es mit einer Ausweitung der erogenen Kampfzone vom Körper auf die Ebene von Persönlichkeit, Phantasie und Willen?

Sind Sie stark genug, um schwach zu werden? Denn genau das ist der Knackpunkt: Eine Frau sollte sich nicht unterwerfen, damit er allein seinen Spaß hat, um Himmels willen! Sie will freiwillig unterworfen werden, nach allen Regeln der Kunst: Er soll gleichzeitig konsequenter Verführer *und* Diener ihrer Wollust sein. Die Entscheidung, von ihm überwältigt zu werden, entspringt also nicht einer Schwäche, sondern der Stärke, zu dieser Lust zu stehen! Die Kurve ist nicht leicht zu kriegen, doch immer mehr Frauen haben das Selbstbewusstsein, zu sagen: »Ich bin stark genug, um auch mal schwach zu werden. Deswegen bin ich noch lange nicht pervers, krank oder masochistisch. Komm her, du Tier, mach mit mir, was du willst – aber so, dass es mir gefällt!«

Nur: Wo kriegt man einen Kerl her, der ab und an den Stier rauszuschicken weiß, und womöglich noch ohne viele Worte? Denn darüber Reden muss nicht sein – es hat schon genug Nerven gekostet, es sich einzugestehen und auf die Moral fremder Leute zu verzichten. Und nun soll bitteschön aus dem Pantoffelhasen der Potenzhengst werden – was aber, wenn er es nicht richtigmacht und mir die Würde nimmt oder ich ihn vor Lachen nicht ernst nehme? Was ist, wenn er mir wirklich weh tut oder mich insgeheim verachtet? Was wird mit unserer Beziehung passieren – wird er im Alltag den Macht-Macher rauskehren?!

Man könnte meinen, in jedem Mann stecke ein geborener »Top« (so nennt es die BDSM-Szene, wenn jemand den anderen – »Sub«, »Bottom» – in Liebe dominiert). Leider stimmt das jedoch nicht. Leider deshalb, weil eine gute Portion Einfühlsamkeit, Phantasie, Mut und noch mehr Respekt dazugehört, das Geschenk »Mach, was du willst« zu verwalten. Und das kann nicht jeder Mann – ob aus Furcht, ihr aus Versehen doch weh zu tun, oder aus Angst, nicht ihrem mentalen Drehbuch zu folgen und sich zu ungeschickt anzustellen. Und weil es nicht zum Selbstbild des zuvorkommenden, zärtlichen und zahmen Gentleman passt; Frauenversteher fassen nicht hart zu, das sei doch bitte nur hirnlosen Hengsten zuzutrauen. Zack, ab in die Klischee-Schublade! Ab zu dem Vorurteil, zwischen Hardcore und Harmlosigkeit gäbe es keine Facetten – klar, wenn pseudoperverse Enthüllungen wie »Ich bin Leder-Fetischistin / Domina / Masochistin« die Gelüste dazwischen verschleiern, dass es auch ein paar Nummern kleiner reicht.

Schließlich haben genug Männer die Erfahrung gemacht, wie leicht sie zum natürlichen Feindbild und Symbol der Gewalt abgestempelt werden – wer will da die Gefahr eingehen, sich auch nur andeutungsweise als gewaltbereiter Sexist zu geben?! Machtspiel – das Minenfeld.

Aber ein betretbares und durchaus erotisierend explosives Minenfeld, wenn die Grundvoraussetzungen geschaffen sind: »Dazu gehört ein stabiles Gefühl von Verlässlichkeit, Vertrauen und Intimität in der Partnerschaft, will man die Inszenierung von erotischen Unterwerfungs-Szenarien in die Hände eines anderen abgeben,« sagt der Hamburger Kommunikations-Psychologe und Supervisor Aristides Damdounis. Dazu gehört auch die Einsicht, dass Sexualität zwar ein Teil unserer Persönlichkeit ist – aber nicht der lebensentscheidende. Also werden Machtspiele auch nicht zwingend den gemeinsamen Alltag zur ständigen Unterwerfungskampagne verändern. »Auf dieser Basis des Respekts und Vertrauens lassen sich rituelle Machtspiele sicher für Herz und Verstand gestalten. Ist diese Geborgenheit da, sind Scham oder voreilige Zensur der eigenen Phantasie fehl am Platz«, sagt Aristides Damdounis. »Wer klug liebt, lässt sich nicht von anderen sagen, was normal ist und was nicht. Der weiß, dass es nicht nötig ist, alle Phantasien umzusetzen, sondern nur jene, die man sich zutraut. Und lässt sich nicht von vornherein verunsichern, ob der andere was falsch machen wird oder die Beziehung kippt.«

Leicht gesagt – denn Männer scheinen weniger über die Lüste der Frauen zu wissen als über Quantenphysik: Man schläft zwar miteinander, aber die Kommunikation über Sex ist eingeschlafen. Dabei wüssten gern mehr als 80 Prozent aller Männer, was sich ihre Liebste wünscht.

Also, bringen wir's ihm schonend bei … und da versteck ich mich doch mal hinter einem, der's erforscht hat: »Guter Sex braucht eine Story«, meint Professor Uwe Hartmann, Sexualwissenschaftler und Psychologe an der Medizinischen Universität Hannover. »Eine Vorstellung, die über das rein Körperliche hinausgeht. Man muss auf den Partner neugierig bleiben, bloß nicht annehmen, man wisse schon alles. Man kann zusammen experimentieren, riskieren, den Grenzgang zwischen Alltag und erotischer Welt wagen.«

Klar, kein Problem. Man legt ihm das Drehbuch »Dominanz daheim« aufs Kopfkissen, und dann … nein. Es gehört zu den Phänomenen unserer Zeit, dass wir alle wahnsinnig beredt sind, außer wenn es um die eigenen Bedürfnisse geht. Wer also keine Meisterin der klaren Worte ist, verlegt sich auf die Taktik Lesen, Sehen, Kommentieren, Nachahmen, besser oder anders Machen. Als Infomaterial können Filme dienen wie *Body of Evidence, Der letzte Tango in Paris, Der Liebhaber* oder zur Not auch *Wilde Orchidee,* die Lektüre von Klassikern wie *Die Geschichte der O., Venus im Pelz* oder von modernen Erzählungen wie *Quiver* oder *Taxi nach Paris* bis hin zum Anschauungsmaterial in Fotografiebänden von Araki, Roy Stuart oder Jeff Koons. Gemeinsam konsumiert, lassen sich die Reaktionen des Dominus in spe beobachten – macht es ihn an? Ist er irritiert, weil er bisher glaubte, Sie stünden auf Doris-Day-Duselei? Vielleicht erleben Sie auch eine Überraschung – er ist hingerissen und versteht den Wink, sich mit Ihnen auseinanderzusetzen.

Es ist viel einfacher, über anderer Leute Obsessionen zu plaudern als gleich über die eigenen – also reden Sie darüber. Was Sie sehen. Wie Sie es empfinden. Ob es Sie inspiriert ... und vielleicht wird sich daraus etwas ergeben. Eine Stunde der Geständnisse, eine Situation, ein Spiel, eine zerrupfte Strumpfhose, ein wohliger Klecks Paraffinwachs irgendwo. Überstürzen Sie nichts – eine Mauer aus Moral, Zweifeln und verquasten Vorstellungen über Sex im Grenzwert lässt sich nicht in einer Nacht abtragen, weder Ihre noch seine. Was auch immer passiert – bleiben Sie dran. Wichtig ist, so der Kommunikationsprofi Damdounis, auch eine Nachbereitung dessen zu machen, was geschah – und zwar von beiden Seiten. Was hat mir gefallen, was könnte besser sein und auf was möchte ich bitte verzichten?

Zu sexuellen Machtspielen gehören Regeln – und Sie müssen sie festlegen, zum Beispiel: »Fesseln ja, knebeln nein. Hart anfassen okay, keine Schläge auf den Po. Slips zerschneiden gerne, aber wehe es ist der von Palmers! Befehle ja, nur das oder das würde ich nicht tun. Wenn mir was wirklich weh tut oder zu weit geht, werde ich ›Schluss jetzt‹ sagen. Und morgen wäre es schön, einfach nur zu kuscheln oder nett essen zu gehen ...« Unterschätzen Sie nicht die Wirkung, die Ihre ehrlichen, liebevollen Anweisungen für ihn haben werden – »sie soll mir sagen, was sie mag«, steht immer noch ganz oben in der Rangliste dessen, was sich Männer von Frauen dringend wünschen. Endlich weiß er, was er tun kann, darf, soll, und so wandelt sich das Unterwerfungsspiel in ein Szenario, in dem Sie die bewusst aktivpassive Bestimmerin sind. Was ist daran bitte verwerflich?

»Und das Beste«, prophezeit Damdounis, »wird dann passieren, wenn er innerhalb des Vertretbaren, Vertrauten, auf ganz neue Dinge kommt, die Ihre eigenen Phantasien übertreffen. Wenn er einen Schritt weiter geht und Sie ins Neuland führt – das ist der Stoff, aus dem die Brücken der Lust in der Partnerschaft gebaut werden.«

Hm, lecker. Aber lassen Sie es bitte nicht zum Hochleistungsakt ausarten, weil's jetzt Trend ist oder »Mehr Spaß beim Sex, aber auf der Stelle!« gefordert wird. Wie es in der Szene so schön heißt: Alles kann, nichts muss. Vor allem nicht dauernd.

Ich hab übrigens mal mit vier Kerlen darüber gesprochen. Ganz nett, in der Bar Rossi hab ich sie abgefüllt mit ein paar Bieren. Dabei kam folgendes heraus: Ja, Männern macht es Spaß, den Dominus zu machen. Ihr die Arme über den Kopf zu reißen, sie gegen das Kissen zu pressen und sie zu vögeln. Oder sie nachts einfach zu besteigen. Nach einhelliger Meinung der überaus entzückenden Herren (zwischen 26 und 38) käme es jedoch darauf an, ihr zu zeigen, dass es »nur« erregendes Spiel sei und keine bewusste Demütigung.

Für den älteren der vier war es sogar unmöglich, einen Kick aus halbernster Demütigung zu ziehen – dafür habe er einfach zuviel Respekt vor seiner Frau. Einer der jüngeren meinte, ein Mann sollte es aber sich und auch ihr eingestehen, dass gerade die Grenze zwischen ernst und halbernst erst richtig erotisch sei. Dass es tatsächlich dieses männliche Machtgefühl gibt, einzudringen und sie dabei zur Bewegungslosigkeit zu verdammen. Wenn dieser Spiel-Ernst, das Ernst-Spiel, nicht in den Alltag rüberswitche, muss es doch verdammt noch mal möglich sein, diese erotische Spielart zu pflegen, ohne dass Emanzen und Feministinnen einem deshalb gleich das Auto abfackeln oder die Zahnpasta gegen Rheumacreme austauschen. Und was hieße schon »Demütigung«? Zwei der anwesenden Männer zogen ihren kleinen Kick, eine Frau zu unterwerfen, schon aus der A-tergo-Position (sie von hinten zu nehmen); die anderen beiden waren der Ansicht, es hätte etwas mit der Überraschung, der liebevollen Brutalität ohne Schmerz zu tun, wenn sie sie einfach festhalten, ihr die Beine auseinanderdrücken und sich an ihr vergehen.

Und dabei ihre Lust zu spüren, dass sie es genießt, dass sie mit sich machen lässt, was er will.

Politik im Bett und in einer funktionierenden Beziehungen hielten diese junge Männer für verfehlt, doch gleichzeitig waren sie schamhaft genug, um über diese Gelüste und Praktiken im Alltag nicht zu sprechen, weil sie vor Vorurteilen Angst haben.

Ich kann dazu nur sagen: Erotik zwischen Mann und Frau hat auch diese dunklen Ströme, die wie ein Sog auf unsere Gier wirken, aber durch die Gesellschaft nieder- und schlechtgeredet werden. Es gibt nicht immer nur schwarzweiß. Man(n) kann und will auch in der Liebe hart sein.

Es ist Ihre Entscheidung, was Sie daraus machen, ob Sie sich in diese Untiefen begeben. Darauf zu verzichten ist allerdings eine Erfahrung weniger im Leben.

Warum Männer ihn nicht hochkriegen und Frauen es persönlich nehmen

Tristesse in deutschen Betten: Jeder zweite Mann über 30 hat oft Frust mit der Lust. Für Frauen ist das wie eine persönliche Beleidigung: Kann er nicht oder will er mich nicht (mehr)?

Vielleicht kennen Sie das: Mal war er müde. Mal drehte er sich wortlos weg, dann schien das Vorspiel nur wie ein nasser Waschlappen zu wirken, dann erledigte er das Liebesspiel wie eine Pflichtübung – und letztlich gingen Wochen ins Land, in denen die schönste Nebensache der Welt zum absoluten Mittelpunkt wurde. So ging's mir auch – denn wir hatten ihn nicht mehr, den Sex, und damit hatten wir ein Problem. Sein Penis blieb schlaff und desinteressiert, und der ganze Mann gleich mit. Ich fühlte mich empfindlich getroffen in meiner Weiblichkeit, doch mehr noch machte mich rasend, dass er mir das »Warum?!« nicht beantwortete. Diskussionen endeten im peinlichen Nichts und der heimlichen Frage: Wird er heute endlich wieder wollen? Und zum Schluss wuchs irgendwann die Wut auf denn Herrn der (Er)Schöpfung.

»Erektile Dysfunktion« – er kommt nicht hoch – und »Appetenzstörung« – er hat sowieso keine Lust – heißen die Schatten, die sich nicht nur auf mein Liebesleben legten: Etwa sechs bis zehn Millionen deutsche Männer gelten als impotent, 16 Prozent klagen über dauernde Lustlosigkeit, und mit dem Alter schwindet beides: Stand und Appetit. »Die große Unlust« – Sexualtherapeuten orten sie immer deutlicher. Wo noch in den achtziger Jahren in den Praxen von Erektionsschwierigkeiten berichtet wurde, obwohl Mann wollte, zeichnet sich heute ab: Der Mann kann, will aber nicht. Die Null-Bock-Generation unter der Gürtellinie – ich kenne keine Freundin, die sich nicht schon mal mit diesem Phänomen auseinanderzusetzen hatte.

»Männer wollen immer« ist also ein Irrtum. Professor Dr. Uwe Hartmann, Psychologe an der Medizinischen Hochschule Hannover, sagt: »Es herrscht eine Art Natürlichkeitsmythos vor, sexuelle Lust würde von selbst entstehen. Und das ist in vielen Fällen – zumindest wenn man ein paar Jahre zusammen ist – nicht so.« Fast jeder Mann hat in seinem Leben mal mit einem willenlosen Anhängsel zu tun; gelegentliche Impotenz – vielmehr: Erektionsstörung – ist eigentlich normal. Doch übersteigerte Vorstellungen vom hochpotenten Hengst, gepusht durch Medien und Angebereien aus dem Freundeskreis, selbstgemachter Leistungsdruck und Angst vor dem Versagen haben dazu geführt, dass mit dem Verlust des Standvermögens auch die Gier geht. Und das ist nicht mal eben mit Sextips oder einer Flasche Wein erledigt, denn obendrein haben die Herren der (Er)Schöpfung auch noch ihre Probleme mit initiativen, lustvollen, starken Frauen, denen sie sich nicht gewachsen fühlen. Auch die um Dreißigjährigen hat die Lustlosigkeit erfasst: Männlich wären sie gern – wenn sie erst mal wüssten, was das ist. Vorbilder: Fehlanzeige.

■ *ER WILL NICHT – die Appetenzstörung*

Michael Mary, der Autor von *5 Lügen, die Liebe betreffend,* sagt: »Die Behauptung, eine gesunde Beziehung beruhe auf gesunder Sexualität, stempelt Millionen zu Versagern ab. Es würde nämlich bedeuten: Wer sich liebt, muss sich begehren, wer sich nicht begehrt, liebt sich nicht. Und das stimmt so nicht.«

Oft genug sind die Gründe für die Verweigerung des besten Stücks und für Unlust banal: Müdigkeit, Alkohol, Erschöpfung, Grippe, den Kopf mit tausend anderen Sachen voll, Medikamente, Jobstress, ein schwelender Streit, eine unerotische Umgebung wie zu hellhörige Räume. Bevor sich eine Frau also einbildet, er würde sie nicht mehr begehren oder sogar ablehnen, sollte sie eins bleiben: entspannt. Und nicht gleich unter Leistungsdruck geraten, um Johannes Schützenhilfe zu leisten – denn mit panikartigen Aufbaumaßnahmen macht man einen normalen Vorfall nur zum Problem.

Er ist aber lustlos – seit Wochen? Der Schweizer Therapeut Jürg Willi meint, dass ein matter Penis, der auch zwischendurch absackt, etwas »sagt«: »Ich habe Angst vor den Folgen – einer Schwangerschaft, oder dass ich dich verletze. Ich habe Angst, dass du nicht richtig befriedigt wirst und ich für dich unattraktiv bin. Ich bin müde. Ich bin als Liebhaber nicht gut genug für dich. Ich kenne dich noch nicht genug. Ich finde dich nicht attraktiv. Ich habe ein schlechtes Gewissen, weil ich dich betrogen habe.«

Ein sprechender Penis also. Hätte ich mich damals besser mit ihm unterhalten sollen?! Dr. Steffen Fliegel, Therapeut aus Köln, meint, wenn unter der Decke auf Monate tote Hose herrscht, könne auch ein Konflikt vorliegen, der in der Partnerschaft und nicht im Bett zu suchen ist und Lust einfach erstickt: »Das alles ist genauso möglich wie sexuelle Hemmungen, Gedanken an früheres Versagen, die ihn wieder plagen und der Herausforderung aus dem Weg gehen lassen.« Letztlich entsteht Lust immer noch im Kopf – und wenn die »Rotlichtzone« des limbischen Systems durch Ängste gesperrt ist, läuft zwei Etagen tiefer wenig.

ER KANN NICHT – die Erektionsstörung

Nach der Definition der Sexualtherapeuten Masters und Johnson bedeutet Impotenz: »Die Unfähigkeit, eine ausreichende Erektion zu erlangen oder zu erhalten, so dass es in 75 Prozent der Versuche innerhalb von drei Monaten nicht gelingt, den Geschlechtsakt vollständig durchzuführen.« Gefühlvoll formuliert wie ein Hackbrett. Was aber sind die Ursachen von physischer Impotenz (dazu gehören auch »Ejaculatio praecox«, »Ejaculatio retarda«: verzögerter oder ausbleibender Samenerguss) oder schwacher Erektionen trotz Lust?

Dr. Steffen Fliegel erklärt: »Zu drei Vierteln sind die Ursachen organisch – wie Alkoholgenuss, Rauchen, OPs, Diabetes, Herz-Kreislauf-Schwäche, Leber- oder Nierenerkrankungen, Magengeschwüre; bestimmte Medikamente, sehr häufig Störung der Gefäßversorgung oder Prostata-Entfernungen sowie sogar Atemstörungen im Schlaf.« Gefahr erkannt, Gefahr durch Therapie oder eine gesündere Lebensweise gebannt? Schön wär's. Obwohl sie wissen, dass es aus natürlichen Ursachen nicht so klappt, wie es sollte, geraten viele Männer in den Circulus vitiosus (den sogenannten Teufelskreis), in dem die Impotenz durch Versagensängste verstärkt wird. Dazu kommt das unaufhaltsame Alter: Senioren haben nicht dasselbe Lendenfeuer wie Studenten, wollen es aber nicht wahrhaben. 50 Prozent der über Fünfzigjährigen haben mit erektilen Dysfunktionen zu kämpfen, meist aus Testosteronmangel.

Auch Antidepressiva wie Prozac und andere Serotoninbomben sind wahre Liebestöter, die das Vergnügungsviertel unter der Schädeldecke stören; ihre Hormone vertragen sich nicht mit erotischen Signalgebern wie Dopamin. Stimmungsaufhellende Mittel mit abtörnenden Nebenwirkungen: Schon wird in den USA an Liebeselixieren gefeilt, um die durch Prozac peinlich berührte Potenz wieder hochzustemmen.

Was lässt das Liebesleben noch veröden? »Es kann auch ein Symptom für ernsthafte Beziehungsprobleme sein«, sagt Ulla Ellerstorfer, die Leiterin der Mainzer Pro Familia, »zum Beispiel mangelnde Wertschätzung des Partners oder zu wenig Gleichberechtigung in der Beziehung.« Häufig spielt sicher auch ein Rollenwechsel mit: Wenn die anfängliche Verehrung zu einem Vadder-Mutti-Geplänkel verkommen ist oder mehr geschwisterliche Gefühle füreinander herrschen, fährt die psychische Inzestschranke hoch.

Die größten Lustkiller

»In vielen Fällen ist es jedoch vor allem der banale Alltag, der die Partnerschaft belastet. Ritualisierte Wiederholungen des immer Gleichen gelten als Lustkiller Nummer eins; im Extremfall nimmt man nur noch wahr, was einen am anderen stört«, sagt Ulla Ellerstorfer.

Stress, Zeitdruck, Sex als Machtspiel, das Gefühl der Pflichterfüllung oder Resignation durch zu häufige Zurückweisung lassen die Lust verkümmern – genauso wie zu viel Fernsehen oder einseitige Initiative. Was nun – Beziehungsarbeit total? Hört sich freudlos an …

Das können Sie ändern

Die Verlockung ist groß, jetzt drei Tips runterzureißen, wie Sie ihn sofort wieder für alle Zeiten animieren. Doch wir wissen alle: So einfach ist es nicht mit Licht aus, Kerze an. Trotzdem gibt es Verhaltensmuster, zu denen Experten raten, um die Situation zu entspannen:

- Nicht stumm darauf lauern – er weiß auch so, dass Sie darauf warten. Und gerät zunehmend unter Druck: »Jetzt muss ich's aber bald mal bringen!« Der stille Vorwurf in Ihren Augen ist oft der schlimmste Feind – besser ist, Ihren Zweifeln eine Stimme zu geben.
- Kein Hyperverständnis – er hat sich ja nicht den Arm abgehackt, sondern eben nur einen blutarmen Penis. Er will Ihnen nicht leid tun!
- Vorwürfe anders artikulieren. »Du schläfst überhaupt nicht mehr mit mir – liebst du eine andere?« ist ungefähr so einfühlsam wie

eine Blaskapelle. Aber Sie können ihm deutlich machen, dass für Sie nicht sein Penis der Mittelpunkt der Ehrerbietung steht, sondern er als Person. Und dass Sie sich vor allem von ihm, nicht von seinem Schwengel, Aufmerksamkeit wünschen.

- Selbstkritik üben – wie sieht es denn mit Ihrer Libido aus? Warten Sie nur darauf, verführt zu werden, oder neigen Sie dazu, Ihre Lust brachial ausleben zu wollen? Hat er noch Gelegenheit, selbst Appetit zu entwickeln, oder wird es ihm aufgedrängt, so dass er nur mit einem Phall-Rückzieher reagieren kann?
- Fragen Sie, denn oft ist die Lösung näher, als wir ahnen. Ein Parfüm, dass ihn an eine Enttäuschung erinnert. Das Knarren des Betts. Probleme, die er vom Job nach Hause nimmt. Nehmen Sie nicht gleich das Schlimmste an, steigern Sie sich nicht in Horrorszenarien rein, behutsame Kommunikation (und bitte: *nicht* im Bett!) kann vieles klären.

Das kann nur er ändern

Dr. Rudolf Sander, Sexualtherapeut, Eheberater und kritischer Beobachter der Theorien von Masters & Johnson, meint, dass zunächst der Begriff »Störung« relativiert werden sollte: »Die Etikettierung ›Störung‹ – ob Appetenz- oder Erektionsstörung – impliziert, dass es ›normal‹ ist, dauernd sexuellen Appetit zu haben. Aber wie mit dem Essen ist es so, dass ein Gefühl des Hungers da sein muss, um Appetit zu haben.« Sprich: Nicht immer zu können ist normal, immer zu können die Ausnahme. Ein Mann muss sich mit Ängsten und Zweifeln auseinandersetzen und lernen, sie zu artikulieren: denn seine Lustlosigkeit geht nicht allein ihn etwas an.

Den Durchhänger erkennen – ist er psychisch oder physisch bedingt? Bei psychischer Impotenz tritt die Weichheit akut auf, bei einer bestimmten Person oder einem bestimmten Ereignis, während Onanie möglich ist; bei physischen Ursachen ist der Verlauf eher schleichend, morgendliche Erektionen werden selten. Was ein Mann für sich beschließen muss, wenn eine organische Ursache nicht auszuschließen ist: dass er einen Urologen aufsucht, der ihm durch

Diagnose und Beratung die Last der selbsteingeredeten Schuld abnimmt. Sinnvoll ist auch, sich bei einem Apotheker schlau zu machen, welche Medikamenten-Nebenwirkungen zu Lasten der Lust gehen (zum Beispiel Schmerzmittel, Blutfettsenker, Entzündungshemmer und so weiter).

■ *Das können Sie gemeinsam anpacken*

Um den Kreislauf zu unterbrechen, müssen Sie reden. Über ihn und über sich. Über Wünsche, Sehnsüchte und Ängste, über Erwartungen und eingebildete Anforderungen; über verletzten Stolz und Peinlichkeit. Im schlimmsten Fall kommt raus, dass er Sie zwar gern hat, aber nicht mehr begehrt – und im besten Fall, dass er sie so sehr liebt, dass er befürchtet, Sie durch ein Versagen zu verlieren. Dazwischen gibt es Hunderte von Grauzonen, die Sie beide entdecken müssen, um gemeinsam etwas zu ändern. »In dieser Zeit ist es jedoch wichtig«, so Professor Hartmann, »sich gegenseitige Wertschätzung auf andere Weise zu zeigen, weil die Komponente ›Begehren‹ wegfällt.« Das heißt: Schmusen. Essen gehen. Händchen halten.

Eine von Sexualtherapeuten empfohlene Methode ist, sich den Sex zu »verbieten« – auf unbestimmte Zeit. Liebkosen, streicheln, im Arm halten – ja, aber ohne Muss auf Erfolg im Sinne von Orgasmus. Dadurch wird der Druck genommen, zur Liebe gehöre ein steifer Schwanz. Der kommt nämlich irgendwann von allein wieder, wenn er nicht kommen *muss.*

■ *Blaue Pillen, Liebespflaster, Potenzcremes?*

Nach Meinung der meisten Therapeuten hat es wenig Sinn, bei psychisch bedingter Enthaltsamkeit seine Zuflucht auf Dauer bei Aufbaumittelchen zu suchen. Doch um sich selbst wieder zu bestätigen – »Geht doch!« – oder organische Ursachen zu beheben, kann eine ärztlich überwachte Behandlung zum Beispiel mit Viagra oder Testosteron-Pflastern Sinn machen. Stärkungsmittel der Zukunft sind beispielsweise auch AndroGel, Uprima, Vasomax oder Topiglan, die sowohl im Kopf als auch im Penis wirken. Nur: Bitte nicht allein experimentieren, da die Nebenwirkungen für bestimmte Menschen gefährlich sein können.

Der beste Tip kommt eh von meiner Mutter: »Alles nicht so eng sehen. Es ist doch völlig okay, dass beide nicht immer gleichzeitig funktionieren. Wo liegt das Problem?«

Die inneren Regeln – für Frauen das Strickmuster der Würde

Mirka tut es. Doreen tut es. Jana tut es auch: Sie staffeln ihre Bereitschaft zu Liebesdiensten. Blowjob erst bei inniger Liebe, Schlucken nach Heiratsantrag, von hinten lieben lassen frühestens beim vierten Mal Sex, Analverkehr – o je, Analverkehr? Zu Weihnachten vielleicht?

Gut, das letzte ist unglaubwürdig, aber selbst das soll es schon gegeben haben. Falls Sie sich als Mann gewundert haben, warum das dritte Mal irgendwie besser war als das erste Mal, so sei Ihnen gesagt: Das liegt erstens in der Natur der Sache (deswegen sind One-Night-Stands ja auch meist öde), weil Sie beide unsicher sind und sich noch nicht kennen, und zweitens daran, dass Frauen dazu neigen, gewisse Praktiken häppchenweise zu gestatten. Das hat sehr viel mit ihrem Selbstwert zu tun, den sie nicht gefährden wollen. Und beweist, wie eng Sex immer noch mit der Identität gekoppelt ist. Frauen sagen Dinge wie: »Ich will nicht die sein, die er am ersten Abend in den Po gefickt hat und dann sitzen lässt.« Es kann durchaus sein, dass Sie als Mann an den Praktiken ablesen können, inwieweit eine Frau es ernst meint.

Oft genug aber auch nicht. Es gibt mindestens genauso viele Frauen, die lieben, wie sie wollen, weil sie Sex eben nicht als Liebesbeweis sehen, sondern als Sex.

Trotzdem, richten wir unser Augenmerk auf die Staffel-Lieberinnen. Was treibt sie zur bewussten Auslassung? Manche sind gefangen in dem Klischee, sich nicht zu schnell für alles herzugeben, um seinen Respekt nicht zu verlieren. Manche schützen ihre Seele, indem sie sagen: »Okay, es war nach zwei Monaten vorbei, aber wenigstens hat er nur mein Herz verletzt, ich habe ihm nicht meinen Körper überlassen.« Die nächsten befürchten, dass er ihre Cellulite sieht, wenn er sie von hinten nimmt, oder dass er nur noch Blowjobs haben will, weil sie so früh damit angefangen hat, anstatt es als Geschenk zu nehmen. Andere befürchten, uninteressant zu sein, wenn sie gleich alle Attraktionen aufs Bettlaken werfen.

Das kann ich nachvollziehen. Es ist immer schön, wenn man noch ein paar Joker in petto hat. Letztlich dienen Staffelungen jedoch dazu, seine Würde zu erhalten. Und hier müsste man ansetzen: Wieso ist Sex für Frauen eine Sache, die ihre Würde beschneiden könnte? Bilden sie sich das ein, oder wird tatsächlich Druck gemacht? Sprüche über willige Frauen, die alles mitmachen und experimentierfreudig sind, gehen oft einher mit Verachtung, weil ihnen eine unterschiedslose Beliebigkeit unterstellt wird. Gut, Geheimnisse sind immer aufregender als offen zur Schau Gestelltes. Ja, gut, Eroberung ist aufregender als wenn uns etwas nachgeworfen wird. Was mich aber stört, ist diese Würde-Kiste. Die Gefahr, sich mit Sex zu demütigen. Schade. Wenn ich jemanden liebe, ist es die Kombination »Williger Liebhaber, der mich trotzdem überrascht« doch sehr anmachend.

Meine Damen, behalten Sie Ihre Staffelung, der Überraschung und des Reizes willen, ruhig bei, warum nicht, ist ja gar nicht so unerotisch. Nur, bitte, denken Sie mal nach: Wer macht Ihnen diesen Druck: Sie selbst auf Kosten des Genusses? Oder Ihr Umfeld – und was haben andere Menschen mit Ihrem Leben zu schaffen?

Warum Männer gern unten liegen, manche Frauen ungern oben

Männer sind nicht die Eroberer vom Dienst. Ja, sie mögen es zwar, aber sie würden auch gern mal passiv sein, um sich nicht dauernd dem Druck der Erfüllung auszusetzen. Sie merken in der unterlegenen Position: Hey! Sie macht was! Sie lässt es nicht über sich ergehen, nein, sie will! Sex! Mit! Mir! Cool. Und ich kann endlich was sehen: Mein Penis in ihr, und wieder heraus, rein, ja, Baby, setz dich in der Hocke auf ihn, wow, eng, noch mehr Kino! Brüste anfassen, mjamm, auf den Hintern hauen, klatsch, ausgeliefert sein, hui, und endlich kümmert sie sich mal um ihren Höhepunkt und nicht ich. Außerdem haben mir die Oberarme schon wehgetan von den ewigen Liegestützen …

Tja. Für uns Frauen ist on top eigentlich eine schöne Sache. Wenn er seine Bauchmuskeln anspannt und unsere Hüften so an sich zieht, dass die Klitoris auch ein wenig Gerubbel mitbekommt, lässt sich auf jeden Fall einfacher kommen als in den meisten anderen Stellungen. Wir stülpen uns über ihn, sind aktiv, haben die Kontrolle, anstatt festgepresst unter ihm zu verharren, bis er kommt. Und so ist es angeblich eine der beliebtesten Stellungen. Aber ich traue Statistiken nicht immer, also fragte ich mal unter den Damen meines Vertrauens nach. Alle zwischen 20 und 60. Unrepräsentativ, aber intim.

Das Ergebnis: Sie haben alle so ihre Probleme mit der »Reiterstellung«. Diese Aktivität ist ein wenig unheimlich. Manchmal rutscht er auch raus, was doof ist. Sie fühlen sich präsentiert. Nackter als nackt. Sie lassen sich nicht so recht fallen, er könnte ihnen ja dabei ins Gesicht sehen, hu, und wer weiß, was sie für Grimassen ziehen. Wohingegen im Dunkeln, Superstellung! Also, meine Herren: Dimmen Sie das Licht und bitten Sie die Damen in den Sattel.

Vögeln kann man jedem beibringen. Küssen nicht

Frauen lieben Küssen. Es ist für sie sogar eine eigene Disziplin und nicht gedacht als Vorfahrtsstraße zum Bett. Für Männer aber ist es bereits Teil des Vorspiels. Was passiert denn da? Die Lippen und der Mund des Menschen enthalten jede Menge hochempfindliche Nervenenden, die einen leidenschaftlichen Kuss zur natürlichen Droge machen: Ein Zungenkuss setzt 39 Gesichtsmuskeln gleichzeitig in Bewegung. Beim Knutschen steigt der Puls auf 120 Schläge pro Minute, und mit dem Herzschlag steigt die Körpertemperatur. Hormone werden ausgeschüttet und regen Stoffwechsel und Blutzirkulation an. Adrenalin und Glückshormone dämpfen das Schmerzempfinden. Chemische Botenstoffe des Gehirns, sogenannte Neuropeptide, bringen die Abwehrkräfte auf Trab. Einer amerikanischen Studie zufolge müssen Vielküsser sogar seltener zum Arzt. Ausgiebiges Küssen lässt uns das Wasser im Mund zusammenlaufen, und mit dem Mehr an Speichel verteilen sich Mineralien im Mund, die den Zahnschmelz schützen. Und: Den Lippen und ihren Empfindungen werden im Lustzentrum des Gehirns mehr Platz und reaktive Zellen zugeordnet als zum Beispiel Penis oder Vagina! Wir fühlen also hier schon mehr als beim Koitus, vielleicht ist Sex ohne Küssen deshalb so … unfertig, unrund, ungeil?!

Soweit die Leute mit den Klemmbrettern im Labor. Und sonst? Küssen ist intim, küssen ist geil, und ein schlechter Küsser wird es im Bett schwerhaben, seinen Makel auszuvögeln, auch wenn er ein Fickvirtuose sein mag. Das Dumme ist nur: Küssen kann man nicht beibringen, Vögeln schon. Mit ein paar technischen Hinweisen oder etwas Feintuning durch eigene Bewegungen lässt sich beim Koitus schon viel so verbessern, wie man es persönlich gern hätte. Doch Küssen? Ha. Manche schlabbern einem das Gesicht voll. Die nächsten stopfen die Zunge bis zum Anschlag rein, Vorläufer der Penispenetration. Wieder andere küssen trocken oder nur dann leidenschaftlich, wenn sie Sex wollen. Falls man ihnen gerade im Weg steht, weil sie Bundesliga sehen oder den *Stern* lesen wollen, gibt es kurze abwesende Küsse ohne Schmelz, und jetzt huschhusch, Weib, weg. Soviel zum Thema Frauen nehmen sich, was sie wollen. Nee, wir können ihn nicht zwingen, umgekehrt ist es schon einfacher: It's easier to build a hole than a pole.

Sechsundsiebzig Tage verbringt der Mensch im Leben mit Küssen. Am 6. Juli ist Welt-Kuss-Tag. Rote Lippen sollen an Schamlippen erinnern. Küssen ist Stress, wenn auch positiver. Und Frauen reagieren darauf anders als Männer – mit Glück, Zuneigung, Wohlfühlen, Erotik, während Männer sich von dem Stressalarm sexuell animiert fühlen. Wenn ein Mann sich dem Küssen verweigert (Bundesliga, *Stern),* dann nur, weil er sich weder den Stress noch die eingebildete Folge (Sex) jetzt vorstellen oder gar leisten mag. ARRG! Wir wollen keinen Sex, nur küssen, Hergott!

Wenn bei Paaren, die lange zusammenleben, die Kussdauer auf drei Sekunden sinkt, sind es vor allem Frauen, die sich über den nachlassenden Kusshunger des Manns beschweren. Die Gründe, die der Kasseler Psychologieprofessor Harald A. Euler dafür angibt, klingen altbekannt. Für Frauen, behauptet Euler, werde der Bindungsaspekt immer wichtiger im Lauf der Jahre. »Jeder Kuss bestätigt sie darin, in einer dauerhaften Beziehung zu leben.« Bei Männern besteht daran angeblich weniger Interesse. Sie sähen, so Euler, »im Küssen eher ein Eroberungsritual auf dem Weg ins Bett«, und den würden sie eben auch nicht ewig mit derselben Frau anstreben. Ob dem so ist, lassen wir hier mal dahingestellt.

Quickie gegen Tantra

Meine Kollegin Frau George schrieb (als *Cosmopolitan*-Fachfrau fürs Horizontale) mal einen wunderbaren Artikel über Zen-Sex; darin enthalten: Taoistische Schlafzimmergeheimnisse wie die 9 x 10-Stoßtechnik, Tantra-Rituale (die zirka vier Stunden dauern) und andere östliche Zelebrationsmethoden. »So schööööön!« schwärmten die Leserinnen; die meisten Männer hingegen stand das P der Panik in den Augen. Ja, Männer sind schwer für die Kunst der Langsamkeit zu begeistern. Sie befürchten, während der ganzen Vorbereitungsarie mit Waschen, Salben, Blumenstreuen, Essen, Flüstern, Kosen, Massieren, Rababa ihren Ständer zu verlieren. Obgleich sie ihn gar nicht die ganze Zeit in Bereitschaft haben müssen!

Auch hier schlägt wieder die Geschichte vom Weg und dem Ziel zu. Frauen kommen langsam nach oben, Männer fix, aus biologischen Gründen. Frauen brauchen Entspannung im Kopf, um loszulassen, Männer haben einen geheimen Schalter, der die Sache verkürzt. Zudem hat ein Quickie evolutionäre und animalische Wurzeln: Rein, raus, rämmbädämm, da hinten könnte ja ein Mammut lauern oder sonst eine Gefahr. Ein Mann ist noch mehr Mann, wenn er sich brachial und ohne Heckmeck auf seine Samenabsonderung konzentrieren darf. Dass Frauen das »über sich ergehen lassen« würden, ist übrigens falsch: Auch wir schätzen Fast-Food-Sex durchaus, denn unsere Wahrnehmung dreht es so hin: Er will mich so sehr, dass er nicht länger warten kann. Wir projizieren seine bestätigte Männlichkeit auf unseren weiblichen Selbstwert, auf den Sex-Appeal. Und das törnt an, egal ob's die Wahrheit ist oder nicht. Es ist eben nur schade, dass im Gegenzug die Slowsexnummer, ob mit Tantra oder ohne, beim Manne Ängste auslöst. Und ihn im Zweifel einfach langweilt.

Auf der anderen Seite: Es betreiben viel weniger Menschlein Endlossex, als Sie glauben. Wir alle sind meist Durchschnitt, und wenn Sie MAL ein Fest zelebrieren, ist das doch auch schön. Aber täglich, stundenlang, mit immer mehr Raffinessen bis hin zum Streicheln mit verschiedenen Pinseln an der Nasenwurzel – ach je. Es sind verschwindend wenige, die einen Lustgewinn daraus ziehen.

Setzen Sie sich nicht unter Druck, es ist so unnötig. Vor allem, wenn man weiß, dass die Kunst der Langsamkeit etwas damit zu tun hat, wie angenommen, wie geliebt und bewundert sich der andere fühlen möchte – die Beschäftigung mit dem Körper des anderen ist eine Übersetzung der Liebe. Und die können Sie doch bitte zeigen –

aber nicht dauernd, und vor allem nicht, um Sexweltmeister zu werden. Baden Sie Ihre Liebste – schon das macht sie glücklich.

Warum Männer »Oh, BABY!« sagen, Frauen seinen Namen

Weil Männer sich vergessen, Frauen selten. Ich wiederhole jetzt NICHT, wie Körper und Gehirn strukturiert sind und Männer und Frauen beim Sex gesteuert werden oder dass die einen eben Sex betreiben, die anderen so was wie Liebe, wozu auch die Benennung des Liebsten gehört. Frauen reden, um Erlebtes zu verarbeiten, und sei es ihren Höhepunkt, den sie emotional verketten mit dem anderen Beteiligten. Dieser psychologische Anker hat schon so manche Frau ins Unglück geführt, weil sie annahm, der Kerl sei es, der ihr die Orgasmen beschere, statt, Heinz oder die eigene rechte Hand.

Männer grunzen, schnaufen, schreien, oder sagen »Oh, Baby«, weil ihr Orgasmus nicht nur was damit zu tun hat, was sie macht. Ein bisschen konstante Reibung an den richtigen Stellen bringt das gewünschte Ergebnis, während ein Mann sich richtig Mühe geben muss, um den individuellen Kick der Dame über oder unter ihm herauszufinden. Er ist sehr am Gelingen ihres Höhepunkts beteiligt (oder sollte es im besten Fall zumindest sein), und dafür hat er sich eine Namensnennung verdient. Die ist allerdings kein Garant dafür, dass sie ihre Lust nicht doch vortäuscht!

Wer zerkratzt denn heute noch den Rücken?

Wussten Sie, dass Kratzen eine S/M-Praktik ist? Jawoll. Genauso wie Beißen. Oder ein Klaps auf den Hintern. Nur sind das integrierte Techniken, voll akzeptiert, während zum Beispiel gezieltes Hauen oder Würgen geächtet werden. Selbst der Knutschfleck, eigentlich auch eine Art Verletzung, könnte in dieser Ecke abgelegt werden; aber nein, wir tragen ihn stolz. Und haben während seiner eigentlich schmerzhaften Entstehung keinen Schmerz gespürt. Wie es eine der Internetfachseiten (rohrstock.de) so nett sagt: »Die übliche Begründung für dieses Phänomen lautet, dass das Gehirn sogenannte Endorphine produziert, natürliche Opiate, um starken Schmerz in bestimmten Situationen abzublocken. Das High der Läufer kommt daher, dass der Körper lange genug einer schmerzhaften Situation ausgesetzt wurde, so dass die Endorphine sich einschalten. Das ist eine Begründung, warum Discipline-Fans Spaß dabei finden, Dresche zu kriegen. Es ist in dem Augenblick nicht Pain, sondern Pleasure.« Aber Flecken und Kratzer sind bei Erwachsenen »out«.

»Revierkennzeichnung«, mäkelt Holger denn auch, »Knutschflecke und Rücken zerkratzen, wer macht denn heutzutage so was noch?«

Ich sag's dir, Holger: diejenigen, die Spaß daran haben. Die Leidenschaft ausdrücken können. Ob »man so was macht« oder nicht, das ist solchen Leuten egal, und welcher Mann schritt nicht schon stolz in der Männerdusche einher, mit Malen der Wollust auf dem Rücken? »Eh, Leute, SCHAUT DOCH MAL, ich bin ein wilder Hecht.« Es muss ja nicht gleich bis aufs Blut sein. Da Männerhaut auf Streicheln sowieso eher kitzlig reagiert, darf's gern etwas fester sein, und dann eben auch mal eine Musterzeichnung mit den Fingernägeln – ohne gleich die Haut einzuritzen und zu vernarben. Manche Frauen kratzen gern. Es ist lustvoll, es ist geil, und es passiert gern dann, wenn wir uns im Moment des Höhepunkts verkrampfen, festhalten, um beim Schweben nicht gänzlich zu vergehen und explodieren.

Allerdings: Es muss nicht sein. Ich frage mich gerade sowieso, wie die Frauen kommen können und gleichzeitig seinen Rücken umfassen; haben die Typen vielleicht eine Stellung gefunden, in der die Klitoris wunderbar befriedigt wird?! Schreiben Sie mir doch mal was dazu, ich bin neugierig.

Licht aus? Licht an?

Irgendwer hat irgendwann mal behauptet, es im Dunkeln zu tun sei spießig. Und rückständig. Und so was von verklemmt. Mag ja sein, aber wie erklärt es sich dann, dass wir Frauen uns dennoch im Schutz der Dunkelheit besser fallenlassen können? Wir kümmern uns weniger ums Aussehen. Wenn der Sehsinn ausgeschaltet ist, ist der Tastsinn doppelt intensiv. Frauen sind wahnsinnig detailversessen, von Natur aus nehmen sie einfach mehr wahr. Und das lenkt leider auch ab. Der Riss in der Zimmerdecke kann uns mehr ablenken als alles andere. Also Licht aus.

Und er? Macht das Licht wieder an, der Tropf, weil er es GEIL findet, dabei zuzusehen, wie sein Schwanz rein und raus glitscht, wie sich ihre Lippen öffnen, wie die Brustwarzen verhärten, einfach alles. Gut, manchmal mögen es sogar Männer im Dunkeln. Ansonsten sind sie visuelle Erotiker, was klar war, aber, lieber Mann, reagieren Sie bitte nicht mehr so zickig auf weibliche Mach-ma-aus-Manie. Oder wollen Sie, dass die Tapete interessanter wird als Sie? Schaffen Sie Kompromisse oder ein Meer an Kerzen, hinter deren Schimmer noch der letzte Riss romantisch aussieht. Kommen Sie sich beide ein wenig entgegen.

Acht Nachklapper – Warum Frauen kuscheln wollen und Männer fragen: »War's gut für dich?«

Er: »War's gut für dich?«
Sie: (Idiot, fragt der das jetzt wirklich?) »Ja, super.«

Es soll wohl ein Zeichen von Aufmerksamkeit sein, dass Männer danach wissen wollen, ob's für die anderen Beteiligten soweit auch nett war. Dass es nebenbei beweist, dass sie mit dem Kopf nur ganz bei der eigenen Sache waren, ist, tja, schade. Einige setzen sich gegen die Kritik, nur auf sich selbst fixiert zu sein, so zur Wehr, dass sie es auf die Frau und ihre mangelnde Mitteilungsbereitschaft abschieben. Sie läge da wie ein Opfer, geschnitten Brot, eine Salami im Flur, wie ein nasses Handtuch, eine Ikeamatratze, würde weder einen Pieps sagen noch schneller atmen und dabei sowieso die Augen geschlossen halten, und wie soll Mann vor allem im Dunkeln verdammt noch mal nach den üblichen Anzeichen von Erregung fahnden? Na?

Ja, klar, jetzt sind es die Frauen.

Und doch ist die Lage verzwickter. Manchmal haben Frauen tatsächlich die Angewohnheit, sich stumm und still daliegend beschlafen zu lassen. Manchmal, um ihn zu demütigen und damit er sich wie ein notgeiler, ausnutzender Arsch vorkommt. Manche, weil sie eben noch schlafen. Und andere, weil sie mittendrin feststellen, dass sie gerade einen Fehler machen und des Vorspielens leid sind, noch mal andere, weil er es nicht im mindesten schafft, sie zu erregen – und ganz viele liegen da wie ein Hackbrett, weil Sex für sie immer noch eine Sache ist, mit der sie sich nicht anfreunden können. Aus unterschiedlichsten Gründen passt es nicht zum Selbstbild, abzugehen wie ein Flitzebogen. Traumata, die auf der Seele und dem Körper lasten. Unsicherheit gegenüber dem eigenen Körper, erst recht gegenüber dem des Mannes. Abscheu gegenüber Körperflüssigkeiten, Schweiß und der Lächerlichkeit der Bewegungen. Rammelnd, stöhnend, sich ergießend wie die Tiere. Abscheu, Ekel, schockgefroren.

Das ist ein Problem für sich. Aber womit sich ein Mann niemals zufriedengeben sollte, wenn er die Frau, die er liebt, nach einem keuchlosen, bewegungslosen, leidenschaftslosen Koitus fragt, wie's denn für sie so war, ist ein »Schön« als Antwort. Vor allem dann nicht, wenn er merkt, dass sie nur ihm zuliebe »schön« sagt, aber in Wahrheit einen ganzen Roman darüber erzählen könnte, was sie sich statt dessen gewünscht hätte.

Wie könnt ihr Männer euch damit einfach zufriedengeben? Die Frage »War's gut ...« an sich ist ja sowieso bescheuert. Merkt ihr denn gar nichts? Wo habt ihr eure Antennen abgelegt, dass ihr nicht mitkriegt, ob eine Frau mitgeht oder lieber weggehen würde? Und hört bloß auf zu heucheln, dass ihr nicht sicher seid, schließlich würden Frauen auch heucheln im Bett. Durch diese Frage werdet ihr es nicht herausfinden. Und auf das Lob aus zu sein, der Beste und der Tollste zu sein, ist bei Sex doch irgendwie ärmlich. Gut, wir alle wollen der Beste und die Tollste sein, den der andere jemals im Bett hatte. Der Grund liegt auf der Hand: Damit wir immer begehrt werden. Immer in Erinnerung bleiben. Und endlich keine Vergleichsängste mehr ausstehen müssen. Und das jedes Mal aufs neue, bei jedem bisschen Sex dieselbe Frage, dieselben Selbstzweifel, diese Sucht nach Bestätigung.

Wie anstrengend.

Schluss mit dem Fishing for fantasticas. Die Frage nach der Benotung offenbart ja nur Unsicherheit und ein schlechtes Gewissen, zwischendrin ausgestiegen und sich um sich selbst gekümmert zu haben. Die Antwort soll sein Ego pflegen und ihn gleichzeitig der Pflicht entheben, noch ein Nachspiel zu liefern. Faule Eierei. Diese Frage, meine Damen, sollte künftig mit einer Gegenfrage geahndet werden, um herauszufinden, was mit Ihrem Lover nicht in Ordnung ist: Kriegt er nix mit? Hat er Angst, Ihnen nicht zu genügen? Wirken Sie auf ihn unbeteiligt? Was will er bitteschön hören und was sagt das über ihn aus? Möchte er vielleicht doch eine Medaille?

Lügen werden wir nicht mehr. Sonst macht er im Stil von DIN A 6 so weiter, während Sie eigentlich ein paar Änderungswünsche hätten.

Und die Herren bitte ich, sich nicht mehr zu entblöden, und diese Frage aus dem Katalog zu streichen. Im Gegenzug fragen wir nicht mehr, ob wir zu dick geworden sind.

Wer nicht belogen werden möchte, fragt nicht: »wie war ich ...«

Fragt sich nur noch, warum Frauen lügen, wenn es alles andere als gut war. Ganz einfach: aus ähnlichen Gründen wie bei der Bist-du-gekommen-Frage. Um nicht als sexueller Trottel dazustehen, als ein unempfindliches, leidenschaftsresistentes Wesen ohne sensitive Eigenschaften. Ganz abgesehen davon halten wir A- und B-Noten für überschätzt, weil Sex nicht gemessen werden sollte, und wenn's ihn halt glücklich macht ... Okay, dann fangen wir einmal damit an, die Sache ein wenig zu beschönigen. »Klar war's schön!« seufzen wir und hoffen, dass er uns nicht an den Augen ansieht, dass wir in Gedanken woanders waren. Oder dass der Körper heute irgendwie nicht so richtig will. Er kann ja nichts für unsere Befindlichkeiten, reden wir uns ein, und schon ist sie heraus, die kleine Lüge, ob's denn gut war oder wie er war.

Dabei hat jeder Mann auf diese Frage ein schallendes Gelächter verdient, es sei denn, er wäre ein Gigolo, der nach Referenzen fragt. Oder war das hier eine Ein-Mann-Show? Hat er hier was vorgeturnt, erst Pflicht, dann Kür?

Einen Wie-war-ich-Mann sollten Sie nicht ernsthaft in Ihrem Leben haben wollen. Dann eher den Wie-waren-wir?-Mann, der diese Frage aber bitte mit einem ironischen Ton von sich gibt, um zu beweisen, dass er dieses Buch gelesen hat.

Anders ist es bei Exfreunden, die gerade in einem sexuellen Tief sind und sich fragen, ob sie überhaupt für irgend jemanden interessant sind. Da kann es schon vorkommen, dass Sie als Ex morgens um drei rausgeklingelt werden, nur um sich auf die Frage »War ich gut im Bett?!« eine Antwort vom Kissen zu sticken. Lassen Sie es sein, den Ex dann aufzuklären, dass es immer von allen (beiden) Beteiligten abhängt, ob der Sex gut, sehr gut, so lala oder heute einfach nur gemacht worden ist. Sagen Sie ihm, woran es konkret gefehlt hat (seine Größe, seine Streicheleinheiten, sein Küssen, seine monotone Art, in jemandem herumzustochern) oder sagen Sie einfach ja und legen wieder auf.

Bei allen anderen Wie-war-ich-Fragern, die Sie nicht auslachen, sondern gehörig vor den Koffer … na, was auch immer wollen, greifen Sie zur Übertreibung. Sagen Sie ihm in allen Details ganz genau, was gut und was mangelhaft war. Damit wird er nicht gerechnet haben, und wenn er wieder Luft holen kann, setzen Sie nach und sagen, dass Sie nie wieder danach gefragt werden wollen, es sei denn, es interessiere ihn, was Sie sich von Sex so wünschen.

Wie-war ich-Frager neigen außerdem dazu, Sie erst in den Arm zu nehmen, wenn Sie ihn restlos überzeugt haben. Ansonsten wird er schmollen, und dann können Sie zusehen, mit wem Sie kuscheln können. An Ihrer Stelle würde ich das in Kauf nehmen. Wenn er seinen Lolli nicht kriegt, dann soll er sich woanders auf den Boden werfen.

Warum bitte WOLLEN Frauen in den Arm genommen werden danach?

Frauen wollen kuscheln, weil sie eigentlich noch mal wollen. Und können, im Gegensatz zum Mann, der von Parasympathikus dahingerafft wird. Frauen brauchen keine sogenannte Refraktärzeit, also eine Erholungsphase, nachdem sie gekommen sind. Sie können nach einem Orgasmus weitermachen, sich wieder erregen lassen, während Monsieur erst mal schlummert.

Aber die höhere sexuelle Potenz der Frau ist nur eine Erklärungsmöglichkeit (wahrhaftig auf jeden Fall: Wenn es uns Spaß macht, wollen wir mehr, warum auch nicht – wir können es ja, wir sind die, die immer können, wenn wir wollen), die aber, wenn's nur ums Kuscheln geht, nicht der einzige Grund ist.

Es ist mehr das Gefühl, nach dem wir nach dem Genuss der körperlichen Freuden haschen. Kuscheln, und sei es nur, dass er uns hält, übers Haar und Gesicht streichelt, ist das Maß an Zärtlichkeit, was wir verlangen, wenn er schon wieder als erster und einziger gekommen ist. Es ist der Ausgleich für die Zweifel, die uns plagen, wenn wir uns fragen, ob er es ernst meint oder wir ihm unseren kostbaren Körper irrtümlich überlassen haben. Es ist eine Steigerung der Intimität – Sex ist intim, Küssen intimer und Kuscheln superintim –, weniger ein Zeichen des beliebigen Begehrens, sondern des individuellen Mögens, Liebens, der zärtlichen Fürsorge, der menschlichen Zuneigung. Und das wiegt in unseren Augen, wenn wir etwas Längerfristiges mit dem Typen vorhaben, mehr als fünf Orgasmen am Stück (sind auch schön, aber nur?). Bei One-Night-Stands ist Kuscheln, gern im Löffelchen, auch ein Zeichen des Respekts: Hör zu, du bist für mich nicht nur eine Samenablage, sondern jemand, an deren Seite ich gern bin, mit der ich einschlafen und aufwachen will und die ich nicht wie eine Fremde behandele. Zärtlichkeit ist es, was Fremdheit überbrückt, nicht Sex. Sorry, Jungs, das mit dem Schnarchen ist deswegen keine so gute Idee.

Es gibt natürlich, wie immer, wenn es um die Sexualität der Frau geht, die in hundert Jahren nicht auf ein paar Nenner zu bringen ist, Ausnahmen. Frauen (wie ich), die sich runterrollen, Küsschen geben und schlafen. Das geht mir so, aber auch Penelope, Sandra oder Catarina, und Klammerzwang nach dem Liebemachen macht uns zu schaffen. Gut, vielleicht noch ein bisschen Brusthaare kraulen bei ihm, zugedeckt werden, das reicht. Einig sind wir uns jedoch, dass wir uns diese Entspanntheit unter zwei Decken vor allem bei unseren langjährigen Lovern leisten. Wir sind uns sowieso seiner Zuneigung und Fürsorge sicher, er muss uns nicht mehr beweisen, dass er kapiert, dass er mit Streicheleinheiten zu entlohnen habe, wenn wir beim Sex Opfer bringen.

Kuscheln macht aber für die meisten Frauen die Qualität der Beziehung aus, die sowohl aus nicht-sexuellen Komponenten als auch aus sexuellen Komponenten zu bestehen hat. Auch wenn es nicht die große Liebe ist, wollen wir Zärtlichkeit und Erregung, Fürsorge und Sex, Respekt und Wollust. Ja, so sind wir, ein weites Land.

Bitte nur Sex – Die Kunst, sich nicht in den One-Night-Stand zu verlieben

Siehe oben: Es fällt uns schon ein wenig schwer, die Intimität von Sex nicht gleich zu übertragen in die Intimität einer Liebe oder von etwas, das so aussieht als ob.

Und doch: Jede körperliche Begegnung ist intim. Sie können sich dagegen wehren, wie Sie wollen, sie ist es. Deswegen haben ja selbst dickste Freunde dickste Probleme, wenn sie es tun und hinterher fragen: Hups? Wo ist die Lässigkeit unserer Freundschaft geblieben? Aber es geht ja nicht um Freunde. Es geht um die One-Night-Stands. Meiner Freundin Dani passierte es letztens, dass sie sich mal wieder in jemanden verliebte, der eigentlich nur lecker war. Der jedoch meldete sich wochenlang nicht, und als sie ihn irgendwann traf, schlug er vor: »Hey, lass uns nächste Woche was essen, und danach knutschen wir wieder, ja?«

Selbstbedienungsladen? Gefühlsebbe? Dummdreister Einzelfall? Keineswegs – andere Männer schaffen es sogar, erst die eine Frau anzugraben und dann zur nächsten zu gehen, um ihr zu »gestehen«, sie sei seine Traumfrau. Ja, im selben Laden, mit zehn Minuten

Abstand. Oder er gibt ihr seine Nummer mit der Bitte, ihm eine SMS zu schicken, damit er ihre auch hat – nur, um dann vor versammelter Runde zu tröten, dass die Sowieso ihm eine Sims geschickt hat, hey, Leute, was meint ihr, geht da heute noch was?

Die Wetten werden angenommen. Dumm nur, wenn die Sowieso daneben sitzt.

Diese kleinen Bosheiten des Alltags sind so was von real, dass man schon ein neues Wort für real erfinden könnte. Und was sagen sie uns außerdem? Nicht jeder oder jede, mit dem Sie einmal knutschen, fummeln oder schlafen, hat das Herz, um trotz der Kürze Ihrer Begegnung behutsam mit Ihnen umzugehen.

Ich höre die Selbstbewussten unter den Lesern jetzt schon wieder plärren: Wieso denn behutsam? Es geht doch nur um Sex! Animalischer, fremder, gieriger Sex, Trieb. Mensch, Anne, was soll das denn jetzt hier mit Höflichkeit und Herz?! Da ist die Gefahr doch noch größer, sich zu verlieben!

Nur weil es nicht en vogue ist, heißt es nicht, dass es falsch ist, menschlich miteinander umzugehen. Seitdem der dumme Spruch »Wer zweimal mit derselben pennt …« bladifasel Alltagsroutine wurde, nahm man kurzerhand an, es geschähe schließlich im gegenseitigen Einvernehmen.

Und doch haben wir Frauen die lästige Angewohnheit, so eine Art beischlafverursachte Verliebtheit zu pflegen. Warum? Wir koppeln unser Herz an den Körper, weil wir dem Körper ungern zugestehen wollen, dass er nur Lust hat. Lust! Passt nicht ins Selbstbild. Hinzu kommt: Ist der Sex gut, gerät der Hormonhaushalt in eine ähnliche Hochstimmung wie bei der Verliebtheit. Dass der Spuk nach drei Tagen bis drei Wochen vorbei ist, ist bekannt. Aber auch, dass die Tage zu lang sind, um nachzudenken und uns was einzureden.

Schlussendlich besitzen viele Frauen auch die Veranlagung, sich erst dann fallenzulassen, wenn die Beziehung zu dem Beteiligten stimmig ist (siehe ergänzend dazu das Subkapitel über Frauen und Callboys, S. 266 ff.). Bei manchen ist ein One-Night-Stand mit absoluter Fremdheit verbunden, bei anderen mit der Simulation von

Nähe. Ich kenne unzählige Frauen, die sich für diese eine Nacht der Illusion hingegeben haben, sie wären innig vereint mit dem Mann, der sie liebt, den sie lieben. Sie ließen erst dadurch richtig los und verdrängten, dass nur der Moment in Liebe geschah, aber diese »Liebe im Augenblick« vergänglich ist. Doch der Moment schwang nach. Die Einbildung überholte sie. Unser Gehirn ist so angelegt, dass zirka 50 Prozent unserer Erinnerung nur vermeintlich sind, meist eine Täuschung. Weil wir gewisse Dinge erinnern möchten, einige verklären, andere verdrängen, damit sie weniger weh tun.

Warum er davor aufs Klo rennt und Frauen danach Blasenentzündung bekommen

Urinieren geht nicht mit einem Ständer (eine Leitung für zwei Flüssigkeiten), und Sex zu haben mit gefüllter Blase kann schmerzhaft sein. Vor allem, wenn die Dame obenauf sitzt. Also rennt er aufs Klo. Vorher.

Soviel dazu. Jetzt zum »Frauenleiden« danach.

Sie taten es. Dann taten sie es noch mal. Am nächsten Tag konnte sie nicht mehr mit geschlossenen Beinen gehen, und abends war es dann da, das, was immer mit einem neuen Typen folgt, bei fast jeder Frau: Blasenentzündung und andere Misslichkeiten in der unteren Spaßabteilung. »Ausgerechnet jetzt!« denkt man sich, aber es ist so was von klar, dass wir es uns immer wieder einfangen werden. Denn: Richtig Spaß macht Sex erst nach vier Monaten – zumindest dem weiblichen Körper. Vier Monate braucht der Körper einer Frau mitunter, um sich auf den Sex mit einem neuen Partner einzustellen. Zunächst sieht der Organismus der Frau die Spermien noch als Fremdkörper an und wehrt sich gegen sie, wie die *Apotheken Umschau* berichtet (die ist für einiges an Erklärungen gut). Deshalb könne neue Liebe zu Hautreizungen und Entzündungen führen.

Erst nach diesen vier Monaten tritt der Gewöhnungseffekt ein, der neuen Forschungen zufolge sogar vor Komplikationen bei der Schwangerschaft schützt: Wissenschaftler der Universität Adelaide (Australien) fanden heraus, dass das Komplikationsrisiko achtmal geringer ist als mit einem ganz neuen Partner. Bloß wieso, das stand da nicht.

Was aber tun bei neu-Sex-bedingten Wehwehchen? Trinken Sie lieber gleich Blasentee und nehmen Sie Bärenkraut- oder Kürbiskernkapseln, machen Sie eine Nachbehandlung mit Tampons mit Naturjoghurt, um den Säure-Basen-Haushalt der Schleimhäute wieder auf 3,5 einzupendeln, halten Sie Nieren und Füße hübsch warm, gehen Sie nach dem Akt auf die Toilette – und freuen Sie sich ansonsten auf später. Ein Glas Wein täglich hilft auch. Trinken!

Sex mit dem Ex – Wiederholung in Serie?

Manche glauben, sie müssen ihre Liebste, ihren Lover fernhalten von allen fremden Menschen dieser Welt, damit er bloß nicht dem Trieb der Neugier folgt und sich zur Seite verspringt. Liegt ja auch nah.

Denken Sie lieber noch näher: Ja, die Sache mit dem Ex. Immer weniger Deutsche beenden mit der Trennung vom Partner auch die Freundschaft. Eine Forsa-Umfrage ergab: 44 Prozent der Männer und Frauen zwischen 25 und 60 sind mit einem ehemaligen Partner oder sogar mit mehreren Expartnern befreundet. Fast jeder zweite (48 Prozent) von ihnen trifft sich weiterhin in Kneipen oder Restaurants mit dem früheren Lebensgefährten. 43 Prozent telefonieren regelmäßig miteinander, 24 Prozent plaudern mit dem Ehemaligen über Probleme ihrer neuen Liaison. 14 Prozent steigen mit dem Expartner sogar noch mal ins Bett. Die Experten gehen hier von einer höheren Dunkelziffer aus.

»Dunkelziffer« ist schön in diesem Zusammenhang. Es gehört zu den häufigsten erotischen Phantasien, sich noch mal an der alten Flamme zu wärmen. Sex mit dem Ex – so schlecht kann der eingespielte, routinierte Sex dann ja wohl nicht sein, also warum machen wir uns eigentlich immer so verrückt?!

Gut, diese These gehört hier nicht her. Es geht um die 44 Prozent, die aus Liebe Freundschaft gemacht haben. Vor zehn Jahren waren es gerade mal 10 Prozent, es gehörte damals zum guten Ton, die Straßenseite zu wechseln, wenn man seines Ex ansichtig wurde, und es gehörte vor allem dazu, mächtig über ihn zu tratschen und so im nachhinein regelmäßig seine Wut auf ihn zu pflegen.

Und wieso jetzt der neue Kuschelkurs (vom Sex mal abgesehen)? Ich zitiere dazu den Psychologen Heinrich Gauß: »Die religiöse Hochschätzung von Ehe und Partnerschaft lässt nach. Eine Trennung ist etwas ganz Normales und hat nichts Anrüchiges mehr. Das ist jedem schon einmal passiert, wer heiratet heute schon seine erste große Liebe? Und wer eine Trennung verzeihen kann, der öffnet den Weg zu einer Freundschaft.«

Vergangenheitseifersucht bleibt dabei aber leider nicht aus. Wie Oscar Wilde feststellte: »Die Männer wollen immer die erste Liebe einer Frau sein. Darin liegt ihre Ungeschicklichkeit. Die Frauen haben in diesen Dingen einen subtileren Instinkt: Sie wollen die letzte Leidenschaft eines Mannes sein.« Da aber die wenigsten von uns mit Mitte 30 noch Jungfrau sind und die meisten definitiv ein Vorleben haben, ist die direkte Anwesenheit der Vergangenheit für neue Partner noch schwieriger, als wenn da nur der Schatten ist. Meint man.

Doch es hat sich herausgestellt, dass Männer besser mit dem Vorleben ihrer Liebsten umgehen können, wenn sie sich die Kerle ansehen und anhören können. Was sie sich allerdings verbitten: Dass ihre Herzdame mit dem Ex über sie schludert. Oder sich Tips einholt, wie sie sich in Krisen zu verhalten habe. Die aktuellen Männer wollen nicht so behandelt werden wie die Exmänner, da geht das Gefühl verloren, ein einzigartiges Wesen zu sein.

Und dann ist es vorbei! Kurzer Abriss des Liebeskummers

Klar ist: Beide leiden, egal wer Schluss gemacht hat. Komisch nur: Nachdem sich Frauen bei ihrer Freundin ausgeweint und gelitten haben, leben sie nach einiger Zeit ihr Leben einfach weiter. Vorsichtig zwar, aber sie leben. Männer hingegen lassen sich zu folgendem hinreißen: Etwa ein halbes Jahr nach Ende der Beziehung – meistens am Wochenende weit nach Mitternacht – rufen sie die Verflossene an, was sich dann in etwa so anhört: »Ich wollte dir nur sagen, dass du mein Leben zerstört hast und dass ich dir niemals verzeihen werde. Ich hasse dich, und du bist echt das Letzte! Aber ich glaube, dass es für uns immer noch eine Chance gibt.« Dieses paradoxe Phänomen ist Psychologen als das »Ich hasse dich / Ich liebe dich-Telefonat« bekannt. Untersuchungen belegen, dass 99 Prozent aller Männer ab 25 das zumindest einmal gemacht haben. Immer wieder werden Selbsthilfegruppen gegründet, um Männern über diesen Zwiespalt der Gefühle hinwegzuhelfen.

In einer 2002 im *Journal of Cognitive Psychotherapy* veröffentlichten Studie zeigen zwei Psychologen, dass die Gründe für eine Depression oder für Versagensangst nicht geschlechtstypisch, sondern allgemein menschlich sind. Es ist NICHT typisch weiblich, dass sie sich wegen Liebeskummer das Haar ausreißt, und nicht typisch männlich, dass er einen Karriereknick erleidet und nur noch rumheult. Na, da sind sie sich recht ähnlich. Sie leiden beide – nur bei ihm dauert's länger. Er wird überrumpelt, sieht sich in der Existenz bedroht, fühlt sich gelähmt, will verhandeln, tritt zunächst in Regression ein, in der er Fremdverschulden durch einen Dritten annimmt (der berühmte Tom), und gelangt erst dann zu Akzeptanz. Das dauert, denn nur jeder dritte von Liebeskummer geplagte Mann wagt das Gespräch mit Vertrauten. Doch genau das würde ihm helfen, die Sache rascher zu verarbeiten. Kein Wunder, dass er länger leidet. Frauen hingegen schütten sich zu 90 Prozent aus und gehen mutig zum Alltag über.

Neun Gegenseitige Anziehung – Warum Männer auf die Brüste und Frauen auf die Schuhe gucken

Sie: »Warum schaust du eigentlich jeder Frau hinterher?«
Er: »Damit ich sie besser sehen kann.«

Mal abgesehen von den gleichgeschlechtlichen Anziehungskräften (britische Forscher schieben sie der vorderen Gehirnstruktur zu, allerdings wurde das nicht an Menschen, sondern an Widdern festgestellt. An WIDDERN! Auch ne Methode) ist das Zusammenspiel der weiblichen und männlichen Wesen aus folgenden Grundzügen aufgebaut: Männer wollen jede Frau. Sie sind darauf programmiert, jede Frau zu wollen. Und wenn sie nicht jede haben können, dann wollen sie wenigstens mit so vielen Frauen wie möglich schlafen, vor allem in der köstlichen Jugendzeit bis zirka 28. Sie taxieren jede Frau erst mal als »Frau«, erst dann als »Mensch«. Der Grund: Männer können, sie sollen ihre Samenzellen verschwenden, sind ja genug da.

Frauen dagegen wollen nicht jeden Mann. Sie lassen die Jungs antanzen und gucken sich einen aus. Oder zwei. Einen zum Kindermachen, einen zum Kinderkriegen. Der Grund, so Soziobiologen: Frauen wollen ihre Eizellen behüten. Sind ja nicht so viele von da. Was die Sozibiofredis nicht ahnten: Frauen sind dabei alles andere als monogam. Sie suchen sich durchaus mal mehr Männer aus, als sie »brauchen«, und das nennt sich »zweigleisige Reproduktionsstrategie«, oder einfacher gesagt: Gene abstauben (siehe »Der Macho für gewisse Tage«, S. 260 f.).

Die gegenseitige Anziehung lässt sich nicht so einfach zusammenfassen in »Gegensätze ziehen sich an« oder gar »Wir suchen alle nur einen Spiegel unserer selbst – je ähnlicher, desto besser«. Denn, mal ehrlich: Sobald wir uns in einen verguckt haben, finden wir Gründe ohne Ende, warum er und kein anderer. Und vor allem, warum den einen für Sex, den anderen fürs Leben, den nächsten fürs Shoppen oderoderoder …

Auf der anderen Seite sind es oft auch die Umstände, die das Herz entflammen. Die einen kennen sich schon recht lange, plötzlich springt der Funke über. Bei den anderen reicht eine Geste, ein Augen-Blick, und die Leidenschaft entflammt. Bei den nächsten sind es tatsächliche äußere Einflüsse, die das Gehirn täuschen – treffen Männer zum Beispiel auf eine Frau auf einer schwankenden Hängebrücke, dann werden sie ihr Stressempfinden, das eigentlich auf das Schwingen der verdammten Brücke zurückzuführen ist, auf die Frau übertragen, und schon scheint die interessant. Es gibt erstaunliche Experimente zu diesen Täuschungen. Sollen wir uns jetzt alle auf Hängebrücken treffen? Wäre immerhin ne Möglichkeit. Aber es muss nicht immer Hängebrücke sein, wir können Männer auch dahin locken, wo etwas Aufregendes passiert – Kino, Achterbahnfahrt, gefährliche Sportwettkämpfe. Das Ganze nennt sich »Transfer-Verstärker« – er verwechselt sein Angst-Herzklopfen mit Herzklopfen für SIE –, aber was macht das, wenn die Großhirnrinde meldet: Wow! Haben wollen! Geifer! Mjam! Was folgt, ist der geistige Zustand von Zwangsneurotikern. Andere nennen es Verliebtheit.

Egal. Die Anziehung unterliegt je nach Kultur und persönlicher Entfaltung geradezu unendlich vielen Freiheitsgraden, so dass es eigentlich eine Schande ist, so zu tun, als ob ein Regelwerk à la »So werden Sie für jeden Mann attraktiv« oder »So kriegen Sie jede Frau rum« tatsächlich halten könnte, was es verspricht. Und weil das nicht geht, ist dieses Kapitel auch kein Vorschlagsregister, wie wer auf jemand anderen garantiert wirkt, sondern es enthält allgemeingültige, wiederholt beobachtete Phänomene des Alltags. Manchmal scheinen Frauen einen Tick mehr aufs Ansehen eines Mannes, Männer einen Hauch mehr aufs Aussehen einer Frau zu schauen, bevor sie sich angezogen fühlen (oder ausgezogen werden möchten), aber das ist, für jedes Individuum gesehen, nicht festzuzurren.

Denn oft ist es nicht mal eine Anziehung, die auf eine Nacht oder ein halbes Leben ausgelegt ist. Sondern nur für den Moment. Wenn er sich wieder mal den Hals verdreht zum Beispiel.

Warum Männer jedem Wackelpo hinterherschielen

Männer drehen sich nach jeder Frau um, weil sie Augen im Kopf haben, die ihnen leider nur das ermöglichen. Männer haben ein recht eingeschränktes Sehvermögen, was den Fokus angeht. Sie nehmen weniger aus dem Augenwinkel wahr, sondern müssen sich aufgrund ihrer biologischen Beschaffenheit drehen, um ein sich bewegendes Objekt im Nahbereich zu verfolgen. Sie besitzen zudem kein fotografisches Gedächtnis, das ihnen erlauben würde, mit einem kurzen Blick alles auf einmal zu erfassen, sondern sie müssen Stück für Stück scannen, um sich das Bild mühsam einzuprägen. Auch wenn Testosteron zu einer besseren räumlichen Sehkraft beiträgt – unerlässlich beim Jagen, beim Einparken und beim Kampfjetfliegen –, sind Männer eben die größeren Spanner. Sie müssen starren, weil ihnen die rechte vordere Gehirnhälfte genau das befiehlt: Guck dir die Beute an, berechne den Abstand und seine Größe. Wenn er nicht nach Miss-Perfect-Butt starrt, könnte man ihm ebenso gut ein Pingpongspiel zeigen, er würde ähnlich gaffend verharren.

Das ist das eine. Dazu kommt, dass Männer nun mal Augenmenschen sind. Sie werden durch nackte Körper erregt, schwellende Rundungen, wippende Pos und freischwingende Brüste unter hauchzarten Tops. Frühling und Sommer sind eine einzige Schaubühne für die Männer. So viel Abwechslung! So viel Kaugummi und Entspannung für den Sehnerv, hach!

Dieses Hingucken-ohne-zu-sehen dauert recht lang, bis er sämtliche Einzelheiten aufgenommen und abgeglichen hat. Alles, was über äußere Deutlichkeiten wie Haarfarbe, Titten, Arsch, Beine hinausgeht, ist zu komplex, um unmittelbar darauf zu reagieren, geschweige denn sich Gedanken zu machen, was dahinter wohl für ein Wesen stecken mag. Kein Wunder, dass er Signale, die über dieses Erscheinungsbild hinausgehen, auch nicht registriert. Ob zum Beispiel die Frau, der er gerade so intensiv hinterhergafft, ihn am liebsten schlachten möchte.

Das Ansehen-ohne-zu-sehen ist aber keine böswillige Ignoranz, sondern nur Natur. Es kommt auf die Persönlichkeit eines Mannes an, ob er fähig ist, in Anwesenheit seiner Liebsten die Augen zu senken, wenn wieder mal Augen-Bubblegum vorbeistöckelt. Sollte er tun, der Schuft.

Wir Frauen dagegen – hey, wieso guckt kaum eine von uns Muskelprotz-Wettbewerbe? Warum wohl liegen Nackte-Kerle-Hefte wie Blei in den Zeitschriftenregalen? Das ist einfach nicht unser Ding. Klar, ab und an, an manchen Tagen im Hormonzyklus einer Frau, so um den zwölften bis sechzehnten Tag, ja, da gucken wir uns auch die V-förmig gebauten Sixpacks auf zwei Beinen an und sabbern uns die Lefzen voll, wollen Mister-Dreitagebart am liebsten gleich auf dem Jubelpreisetisch niederstrecken. Das liegt an den Hormonen und kommt verstärkt bei Frauen vor, die keine Pille nehmen und so dem evolutionären Kindermachdrang unterworfen sind.

Ansonsten sind wir Augenschließer, unsere Sehnerven sind einfach keine Eintrittskarte für sensorische Erregung. Wir wollen den Kerl abtasten, sehen, was er mit dem Körper anstellen kann und was er im Kopp hat. Von der Hose mal ganz abgesehen.

Wenn wir unsere Blicke umherschweifen lassen, dann lassen wir sie meist ebenfalls auf Frauen ruhen. Stichwort: der Vergleich. Gott sei Dank, selbst Gwinnie Paltrow hat Orangenhaut. Ach, J. Lo, deine dicke Kiste lässt mich Caramelbrownieeis gleich viel entspannter verschlingen. Seufz, die Blonde da mit dem Mörderbusen, zum Glück hat die auch schon einen alten Hals. Ja, so sind wir. Erregung: *pff.* Neugier: ja, das schon. Weswegen sonst würden wir uns mit Bierbäuchen zufriedengeben? Glück gehabt, Mann.

Frauen gucken zuerst auf seine Schuhe, Männer auf ihre Brüste

Man könnte ja meinen, wir Frauen würden nur deshalb auf das Schuhwerk des Mannes achten, um zu sehen, ob er mit beiden Beinen fest oder bloß auf Latschen im Leben steht. Abgelatschte Sohlen, äbäh, ungefähr so wird er auch auf der Liebe rumlatschen, einmal »Ich liebe dich« gesagt, und das muss jetzt reichen für Timbuktu und zurück, immer mit denselben Schuhen.

Man könnte auch annehmen, wir würden auf die Schuhe gucken, um zu sehen, wie es mit seinen finanziellen Einzelheiten aussieht, ob er Geschmack hat oder ein Idiot ist, der auf seinen Dockers oder Buffalos jedem Trend hinterhereiert.

Ganz indiskutabel sind Slipper, am schlimmsten die mit Bommeln, da könnte man ja gleich seinen Bankberater flachlegen. Nichts gegen Bänker, haben sicher auch was, aber sie sind nun mal höchstens so sexy wie diese Gardinenkordeln auf dem Lederschuh. Wer hat das eigentlich erfunden? Und wozu soll das gut sein? Getoppt wird der Bommelträger nur noch vom Nagelschuh oder vom Cowboystiefel, wobei letztere nur von ganz wenigen Männern im australischen Busch getragen werden sollten, die auch nackt darin einfach nur geil aussehen. Zum Anzug ist das so bohlenmäßig, dass der Gesprächspartner in etwa auch so feinsinnig wie dessen Hits sein dürfte. Die Nagler, ach Jottchen, die wollen sich wohl bei jedem Schritt ihrer Existenz versichern, wer weiß, oder halten sich für eine Neuausgabe von Ginger Rogers, soll ja alles schon vorgekommen sein.

Sonst noch was zum Draufrumhacken? Die ganzen Adidas-Schlurfer oder Bootsschuh-Träger vielleicht? Es kommt auf den Schuh an – wer NUR Sneakers trägt, sollte weiter im Sandkasten spielen und den Mund halten, wenn sich erwachsene Frauen unterhalten; bei den Bootsschuhen muss man von denen Abstand nehmen, die sich in Grün und Blau vertan haben, denn sie halten sich für originell und sind es nicht.

Ja, all das könnte man meinen. Früher dachte ich auch, es stimmt: gute Schuhe, guter Mann. Idiotenschuhe, Idiot.

Inzwischen ist bekannt, dass Männer mit großen Schuhen / Füßen nicht nur große Socken haben, sondern tendenziell auch einen großen Schwanz. Hat er dazu noch große Hände, hat er mit ziemlicher Sicherheit einen Totschläger in der Jeans.

Ob es ein Blut- oder Fleischpenis ist, lässt sich zwar nicht gleich daran festmachen, ob er Budapester oder Oxford trägt, aber was macht das schon, denn der Umfang ist eh weit interessanter als die Frage, wie schnell er steht oder wieder in sich zusammenplumpst. Flumm.

So. Wir Frauen achten also deshalb auf Schuhe, weil sie erstens offenbaren, wes Geistes Kind vor einem steht und ob er verantwortungsvoll mit seinem Zeug umgeht oder eher nicht (und entsprechend auch mit uns), und zweitens, ob sein Teil akzeptabel ist. Ich möchte hiermit alle Männer mit Schuhgröße 41 bedauern und ihnen versichern, dass die Körperlänge der zweite Hinweis auf seine Größe ist sowie natürlich die Statur des ganzes Mannes. Beste Karten haben demnach schlanke, sehnige Männer über 1,85 mit Schuhgröße 45 und großen Händen. Die anderen überzeugen durch innere Werte.

Männer dagegen sehen im weiblichen Schuhwerk nicht wirklich einen Hinweis auf Lebenswelten. Sie sehen nur hoch, spitz, schwarz: scharfe Alte. Ansonsten sehen Männer Brüste. Ein wogendes Meer an Brüsten, und so praktisch zu betrachten, schließlich gibt es genug Auslagen.

Einige Verfechter der Brust-gleich-Hintern-Theorie meinen ja noch immer, dass es nicht die Brüste an sich sind, denen Männer nachgeifern, sondern dass es die Erinnerung an einen Hintern sein soll, den wir Damen da vor uns herschieben. So von wegen rund und Spalte, fertig, und das alles nur, weil die Höhlenmenschen es am liebsten von hinten taten. Das ging schneller, und er konnte währenddessen die Umgebung beobachten, falls sich ein Säbelzahntiger nähert. Zack, raus aus ihr und weggelaufen.

Ja, mich erinnert das auch an einige Kerle aus der Gegenwart …

Aber Sie können davon ausgehen, dass diese Titten-gleich-Arsch-Theorie für denselben ist.

Was finden Männer denn nun an Brüsten? An Warzen, die sich durchs Shirt drücken wie Igelnasen (andere sagen wie Schnuller), und außerdem sind die Dinger weich und treten hervor, SIND ALSO NICHT ZU ÜBERSEHEN, und manch einer sagt sogar, es bringe einen zurück in die postnatale Phase. Ja, das ist die nach der Geburt.

Wenn dem so wäre, könnten wir auch getrost annehmen, dass Männer Frauen lieben, die eine Mischung aus Mama und Geliebter sind, wobei sie nicht aussehen sollen wie Mutti, aber ihrem kleinen Buben dieselbe Bewunderung und Zuneigung und Geborgenheit entgegenbringen sollten. Den Rest der Zeit darf sie die zickige, aufregende Geliebte sein, aber fragen Sie mich jetzt nicht nach der exakten Zeitverteilung.

Also Brüste. Größere wirken auf einige Männer bedrohlich, auch wenn man prima das damit machen kann, was Spanisch oder auch Tittenfick genannt wird. Nein, nicht jeder Mann steht auf große Brüste, genausowenig wie jeder auf Blond steht oder auf Fußball. Jeder fünfte liebt kleine Brüste. Verabschieden Sie sich von Klischees, das verringert Minderwertigkeitskomplexe.

Das nächste Klischee ist beim Thema Brüste nicht fern: Je mehr die Brüste gen Himmel zeigen, desto eher sei das ein Beweis für Jugendlichkeit (Untertitel: Fruchtbarkeit!), was wiederum für Männer anziehend ist.

Mag sein. Aber seitdem gespritzt und aufgefüllt und gepusht wird, zeigt eh alles gen Himmel, und für eine Vierzigjährige ist es kein Problem, die Attribute einer Zwanzigjährigen nachzuahmen. Und Mann schläft trotzdem sehr sehr sehr gern mit ihnen, auch ohne BH, der alles drückt, also kann's das ja nicht sein, oder sind Männer blind und dumm? Nein. Er guckt dann einfach auf den Po.

Und wir Frauen derweil auf die Hände, um den Schuhen noch eine zweite Chance zu geben. Ansonsten haben Forscher mal so nett auf Liste gebracht, was eine große Gruppe Damen an Männern als angenehm auffällig, erotisch und symphatisch befindet:

- Überdurchschnittliche Körpergröße (über 1,80 Meter).
- Aufrechte, lockere Körperhaltung.
- Vitalität (lockere, sichere Bewegungen; wacher, neugieriger Blick).
- Lächeln.
- Kleidung, die einen höheren sozialen Status andeutet (Anzug).
- Gepflegtes Äußeres.
- Sichere Gesten und Blickkontakt.

Warten, warten, warten. Leider meist nur auf dumme Anmachsprüche

Der Tanzschritt des Flirts ist eine Sache von Sekunden. Ob da mehr draus wird als Augenwinkelgestarre, sehen wir gleich:

Phase 1 – die ersten drei Sekunden: Die Beteiligten werden nach einem Raster aufeinander aufmerksam, das drei Kategorien folgt, in die sie nach Betreten des gemeinsamen Reviers die Anwesenden eingeordnet haben: auffällig / symphatisch, auffällig / unsymphatisch und unauffällig / uninteressant.

Phase 2 – die magischen dreißig Sekunden: Der erste Blick geht meist von der Frau aus und dauert etwa drei, vier Sekunden: Hallo! Interesse! Augen niederschlagen. Er lächelt. Sie: Blick ab, Blick hin. Er: Blick hin, Blick ab.

Phase 3 – die Folge: Meist bleibt sie aus. Wenn der Mann nach diesen dreißig Sekunden sich nicht ein Herz fasst und sie anspricht, egal wie, Hauptsache mit einer Frage, auf die sie antworten kann, ohne dass sich einer als Idiot verhalten muss, wird in 90 Prozent aller gegenseitigen Anziehungskräfte nichts passieren. Ja, es obliegt meist immer noch dem Mann, den ersten verbalen Schritt zu tun. Nicht, weil ich das sage, sondern weil es draußen so passiert. Sie wird ihre Blicke ansonsten nämlich einstellen.

Dummerweise ist es so: Sich ein Herz zu fassen und einer Fremden irgendwie zu verstehen zu geben, dass Mann sie sympathisch findet, zwingt Männer zu Überlegungen. Und wir wissen: Sie überlegen zu lang. Oder nehmen einen einstudierten Baggerspruch. Keine gute Sache, das. Dabei wäre es doch keine große Sache zu sagen: Hallo. Ich bin der und der. Du bist mir aufgefallen. Du siehst so und so aus – wie geht es dir?

Phase 4 – die Minuten der Entscheidung: Nach etwa fünf bis zehn Minuten Miteinandersprechen fällt die Entscheidung, ob sich eine Fortsetzung lohnen könnte. Die Entscheidungskriterien auf beiden Seiten sind:

- Kann er / sie aufmerksam zuhören?
- Wie stark ist sei n / ihr Interesse an dem, was ich erzähle?
- Geht der / die andere auf mich ein?
- Wie groß sind Übereinstimmungen?
- Liegen wir auf einer Wellenlänge?
- Weckt er / sie meine Neugier, mehr von ihm / ihr zu erfahren?
- Wie groß sind Humor und Toleranz ausgeprägt?

Danach gibt's entweder eine Telefonnummer, eine Verabredung – oder ein unverbindliches Ich-geh-m ich-mal-frisch-Machen und Nie-wiederKommen.

Was aber, wenn Sie zu der Sorte gehören, die sich weder auf Partys noch in Clubs oder im Supermarkt an Fremde herantraut, geschweige denn angeflirtet wird?

Das macht nichts. Alle reden immer nur von Bar, Club, Park, sonstwo, wo fremde Menschen zusammenkommen; dabei ist es nicht das Maß aller Dinge, ausgerechnet dort jemanden zu finden, den Sie spannend finden. Repräsentative Befragungen zeigen nämlich, dass die meisten Paare sich am Arbeitsplatz, im Urlaub oder bei gemeinsamen Hobbys kennenlernen. Und das in aller Ruhe, nicht in fünf Minuten. Oft springt der Funke erst Wochen oder Monate später über. Das heißt, die Liebe auf den ersten Blick (an die 86 Prozent der Frauen, aber nur 38 Prozent der Männer glauben) ist die Ausnahme, die Liebe auf den zweiten Blick die Regel.

Sugar-Daddys und die Kraft der Jugend (alter Kerl, junge Frau)

Haben Sie sich auch schon ab und an gefragt: Was will die Frau mit dem alten Kerl? Oder: Wieso beginnen Männer über 50, sich willenlos einer Endzwanzigerin zwischen die Schenkel zu werfen?

Nein, es ist nicht immer der Vaterkomplex, was junge Frauen in die Arme des welken Fleisches treibt. Und, nein, es ist nicht immer der machtbesessene, hässliche, reiche Chauvi, der sich eine Frau wie ein Schmuckstück ans Revers heftet. Trotzdem ist beides möglich, wir reden hier ja nicht von der besten aller Welten, wo nur die Liebe zählt und in der sich Seelenverwandte auch dann treffen, wenn dreißig Jahre Lebenserfahrung zwischen ihnen stehen.

Also, die alten Kerle und die jungen Frauen. Was erhoffen sich die Damen vom Mittelalter? Reife. Ruhe. Sicherheit. Geborgenheit. Weniger Konkurrenzdruck: Sie hoffen, ihm macht es weniger aus, wenn sie Karriere machen, als einem gleichaltrigen Mann, der es nicht verkraften kann, wenn sie mehr verdient als er, und der sie am liebsten barfuß und schwanger in der Küche sehen würde. Was noch? Ach ja, die Sache mit »erklär mir die Welt, führe mich über meine Grenzen, denn du bist doch hoffentlich reifer als die Flummiboys meiner Generation«. Manchmal ist es auch Dankbarkeit, die gern in Kauf genommen wird – der alte Mann ist dankbar, dass ihm aus zweiter Hand die Jugend noch mal verliehen wird, und so wird er alles tun, um sie zu halten und glücklich zu machen, um weiterhin mit stolzgeschwellter Hahnenbrust den Jungs im Golfclub das junge Hühnchen an der Seite zu zeigen, während die mit ihren alten Hennen herumhacken müssen.

Handelt es sich also eine Art Gegengeschäft? Gib du mir Jugend, gebe ich dir Aufmerksamkeit und Weltwissen in Hülle und Fülle? Ich schmücke mich mit dir, und dafür bekommst du alles, was du dir sonst erarbeiten müsstest? Materielle Sicherheit gegen Schönheit? Status Geld gegen Status Jugend? Kann sein. Manche Frauen suchen außerdem eine Art Mentor, den sie in ihrer Altersklasse nicht vermuten. Sie suchen nach dem Fair-Lady-Prinzip den Mann, der nicht nur ihre Talente fördert und sieht, sondern sie auch an die Hand nimmt, um ihr die Welt zu zeigen. Und noch seltener ist es der reine Sex – es gibt so urmännliche Männer um die 50, da kommt keiner der gelackten Dreißiger oder früh gebeugten Vierziger mit. Echte Kerle eben.

Dumm nur: All die Sicherheit, die Geborgenheit, die Aufmerksamkeit ist nicht bloß deshalb vermehrt zu erwarten, weil er alt und sie jung ist und er sich vor lauter Dankbarkeit selbst zerfleischt, um ihr zu gefallen. Es hängt leider und immer wieder vom Mann selbst ab. Die vermeintliche Ruhe stellt sich dann plötzlich als Phlegma heraus, das Weltwissen als Besserwisserei, die Geborgenheit als einengende Eifersucht, die Dankbarkeit als ein Appell an ihr Verantwortungsgefühl, den alten Mann nicht im Stich zu lassen, wenn er sich doch darauf eingerichtet hat, mit der Frau alt zu werden (auch wenn er es schon ist). Oder, am schlimmsten: Er nimmt sie nicht ernst genug und wird ihre Träume klein machen, nur weil er meint, dass sich seine Träume schließlich auch nicht entfaltet haben. Der Neid auf die Jugend ist der Feind des Alters. Er ist schon so gut wie durch mit seinem Kram und will bald die Früchte der Arbeit genießen, mit dem Campingbus durch die Welt touren oder es auf Handicap - 4 bringen, während sie noch dabei ist, sich das Leben einzurichten, durchzustarten, was zu bewegen. Zu Stillstand gezwungen sein, nur weil er bereits still steht? Gift! Von ihm in ihrem Wirken nur beobachtet, kritisiert, ignoriert werden, weil er ihre Anstrengungen nicht mehr aus seinem Alltag übersetzen und nachvollziehen kann? Hochgiftiges Gift.

An seinem Geld kleben? Och, ja. Kann nett sein. Wenn man nicht dauernd darum bitten muss oder Dinge aus Schuldbewusstsein tut. Nervengift.

Und andersherum stellt sich oft heraus: Die jugendliche Frische, die Leichtigkeit entwickelt sich zu einer fremden Lebenswelt, in der seine Erfahrungen nicht erwünscht sind, weil sie nichts mit dem jetzigen Leben zu tun haben. Man kann nicht gemeinsam ausgehen, außer zu Aktivitäten, wo Senioren nicht gleich als Sargnagel angesehen werden. Sie kann mit seinen Freunden, er mit den ihren nichts anfangen; sie wird sich fühlen, als ob sie still zu sein hat, wenn die Erwachsenen reden, und er kommt sich noch älter vor, wenn ein Haufen Mittdreißiger um ihn herum ist. Es sei denn – ja, es sei denn, er ist bereit zu akzeptieren, dass Jugend die Zukunft von morgen ist und dass auch ein Mensch mit weniger Lebensjahren im Pass über Erfahrungen und Wissen verfügt und jemand ist, von dem selbst er was lernen kann. Wenn er fähig ist. Wenn er willens ist. Wenn er im Kopf jung ist oder sich jünger fühlt, je älter er wird.

Aber es kann ja nicht allein die psychologisch durch den Hackwolf gedrehte seelische Befindlichkeit sein, die einen blind in die missliche Konstellation treibt. Sie und Eliza-Doolittle-Gehabe, er und sein Wahn, nur so alt zu sein wie die Frau, die er küsst. Nein. Es ist die Versuchung der fruchtbaren Jugend. Aber merken Sie sich folgende Regeln: Macht keine Kinder. Verletzt niemanden. Kauft euch kein Haus. Bedenkt, die gemeinsame Zukunft ist kurz.

Wenn Männer Frauen und Frauen Männern nachlaufen

Für Frauen ist nichts charmanter als ein Mann, der ihnen beharrlich nachrennt (auch wenn wir ihn nicht wollen, ist die Wahrscheinlichkeit doch groß, dass seine Mühe und konditionelle Ausdauer belohnt wird); für Männer ist nichts furchtbarer als eine Frau, die sich ihnen pausenlos zur Verfügung stellt. Sie wertet sich dadurch ab und verliert ihren Markwert. Schade.

»Er war zwar süß, aber sonst nicht mein Typ. Doch er ließ einfach nicht locker! Ich hatte das Gefühl, er meint es so ernst – das hat mir mehr gefallen als der Mann an sich.« Regina unterlag dem weiblichen Eitelkeitsmakel, dass sie mehr begehrt wird als selbst zu begehren, und schwupps landete sie mit Lambert im Bett, und das nur, weil er nicht locker gelassen hatte. Es schmeichelte ihr ungemein und sie hoffte, dass sich seine Bewunderung im Bett fortsetzte. Das tat sie zwar nicht, aber sie schwärmt noch heute davon, wie »sehr er ihr doch nachgelaufen sei«. Dabei vergisst sie zu sagen, dass es nicht ihre eigene Lust war, die sie animierte, sondern ihr Ego, das er ihr auf einem Silbertablett servierte; seine Lust auf sie steckte sie an. Sie fickte mit ihrem Spiegelbild. Und bedauerte es später sehr – weil es nur eine Frage der Zeit war, bis sie sich mit ihm einließ, keine des Wollens.

Leila setzte einem sehr beharrlichen Verehrer zwar eine verbale Grenze, indem sie ihm nach dem vierten oder fünften Martini-Abend sagte: »Ich weiß, du willst mit mir schlafen. Ich denke aber, dass du es nicht wegstecken wirst. Du wirst dich verlieben, von deiner Frau trennen, und das will ich nicht. Es wird niemals passieren.«

Nachdem Ben eine halbe Stunde zickte, potenzierte er danach nur sein Bemühen. Leila war entzückt. Die Fronten waren klar, und er umschmeichelte sie immer noch. Das ging ein halbes Jahr so, in dem sie bei ihren Freundinnen damit angab, dass der Kerl ja soooo wild auf sie sei. Sie verdrehte zwar die Augen, aber es gefiel ihr. Weniger gefiel ihr, als er das Werben einstellte. Sie war in die zweite Falle getappt – erst durch seine Beharrlichkeit das Ego aufpushen und sich schließlich davon abhängig machen, so dass bei Entzug der Ärger über sein ausbleibendes Werben größer ist als der erste Ärger, dass er ein Nein nicht akzeptiert.

Fazit: Frauen stehen auf Beharrlichkeit, wenn Symphatie dabei ist. Ein Mann, der eher mittlere Chancen bei der Lady seines Herzens hat, wird eine Frau mit Kontinuität mehr beeindrucken als durch das Ich-mache-mich-rar-Spiel. Und wieso? Ernstgenommen werden, begehrt werden, das Gefühl, für einen anderen im Mittelpunkt zu stehen – das kann bei vielen Frauen ein lang entbehrtes Gefühl von Sicherheit, gepaart mit Machtgefühl, auslösen. Und so ergeben sie sich der Eitelkeit einer Prinzessin, die wie eine Königin behandelt werden will. Sie binden ihr Selbstwertgefühl an seine Beharrlichkeit, anstatt an sich selbst, und wenn die Kontinuität wegbricht, ist es wie ein Diebstahl ihres Selbstwerts. Frauen neigen leider dazu, ihr Selbstbewusstsein an die Reaktionen anderer zu hängen. Sie glauben sich selbst weniger, eine tolle Frau zu sein, als wenn es ein Fremder ihnen sagt. Schon irre, oder?

Anders bei den Männern. Die meisten Männer empfinden es als extrem anstrengend, eine Verehrerin zu haben, die sie mit Simsen bombardiert, Lippenstift auf dem Autoaußenspiegel hinterlässt und auch sonst Gewehr bei Fuß steht, wenn ihn nach ihr verlangt. Es schmeichelt ihnen zwar für den Moment, aber dann setzt folgendes ein: Eine Frau, die mir hinterherläuft, ist ja nicht so dolle. Und ihr Geschmack auch nicht. Also ich auch nicht. Miststück.

Männer finden es peinlich, von Frauen begehrt zu werden, die nicht ihrem eigenen Beuteschema entsprechen. Dass sie sich gezwungen fühlen, überhaupt über die Frau nachzudenken, empfinden sie als Zumutung, denn sie wittern dahinter die Erwartung, Verantwortung übernehmen zu sollen. Der Mann als Jäger will nicht etwas haben, was ihm in Mundhöhe präsentiert wird. Er will sich bücken, jagen, danach haschen, denn alles, was billig und leicht zu haben ist, taugt ja nüscht. Deswegen, werte Frauen, bewerfen Sie einen Mann nicht mit Ihrer Liebe, Zuneigung, Sexualität, auch wenn Sie meinen, er müsste so doch endlich kapieren, dass Sie die einzig Richtige für ihn sind. Mann will es selbst herausfinden dürfen.

Auch Schmeicheleien, die Sie als Frau gern zu hören bekommen, um sich sicher und aufregend zu fühlen, sind bei Männern nur bedingt einsetzbar. Sie sind es einfach nicht gewohnt. Die Kunst, einen Mann mit Komplimenten einzuwickeln, ist: sie erst gekonnt verteilen und sich dann zurückziehen. Das sorgt für mehr Nachdenken: »Hey, sie hält mich für einen tollen Mann mit den unglaublichsten Bergseeaugen der Welt, wow, aber warum meldet sie sich nicht mehr?«

Es ist so einfach, jemanden dazu zu bekommen, dass er oder sie über einen nachdenkt: mit kompakter Nähe, viel Honiggesäusel und abruptem Rückzug. Ja, es ist gemein, das Spiel, aber Sie brauchen es ja nicht zu spielen, nur sollten Sie wissen, wann es mit Ihnen gespielt wird.

Böse Männer kriegen alle Frauen ...?

Er beschlief sie. Er meldete sich nicht. Er hatte nur Zeit, wenn er es wollte. Er hob sie hoch, ließ sie fallen. Er wies Geschenke ab, war der beste Lover aller Zeiten. Er behandelte sie schlecht. Was liebte sie ihn dafür!

Die netten unter den Männern fragen sich oft: Wieso haben die Scheißtypen, die bösen Buben, die fiesen Kerle, Erfolg bei Frauen? Warum ertrug Jackie O. ihren Faun von Mann? Nur weil er Präsident war? Wieso ertrug die Callas den fetten Onassis als Geliebte ohne Rechte? Wieso legen sich Frauen auf Männer fest, die sich nicht im mindesten auf sie festlegen???

Hey! Sie haben nicht bei ALLEN Frauen Erfolg. Das Phänomen liegt nicht bei dem Mann, der ätzend ist, sondern bei der Frau, die sich von diesem Verhalten angezogen fühlt; von der Spannung, von der Hitze und Aufregung, vom Abenteuer, so einen Mann mit Überraschungsfaktor 100 halten zu können, zu wollen! Die Gründe sind vielfältig und in Kindheit, Psyche und Erfahrung der entsprechenden Frau abgeheftet: Es sind konditionierte Frauen, die erst glücklich sind, wenn sie andere glücklich gemacht haben – und sei es mit Warten, Flehen, ständiger Nachsicht, süßem Getue, Unkompliziertheit, nur um sich für einen Moment in seiner Dankbarkeit und seinem Begehren zu sonnen. Es können Frauen darunter sein, denen sich eingeprägt hat: Ich werde nur geliebt, akzeptiert oder gewollt, wenn ich schön bin, es allen recht mache, perfekt bin, Erwartungen erfülle, den anderen glücklich mache, Leistung bringe, anders bin als ich bin. In dem Mistkerl erhoffen sie Response, aber auch Aufwertung: Mit diesem Gewinnertyp an der Seite bin ich endlich wer. Und, hach, endlich wird richtig gevögelt, begehrt und nicht alles zerredet, er nimmt mich als Frau wahr! Großartig! Ja, wecke Träume in mir, meine verschüttete Sinnlichkeit, und fast wäre er der Idealmann, wenn er nicht so wäre wie er ist …

Diese Frauen stehen also, auch wenn sie sich dafür selbst nicht mögen, auf Männer, die Frauen eigentlich auch nicht sehr mögen, die sie entwerten und mit denen sie Nähe und Distanz spielen, ja, SPIELEN, ein Helfersyndrom provozieren und sich doch zugleich davor fürchten, gezähmt zu werden. Ist dieser Wille bei der Frau erst geweckt, kann er mit ihr machen, was er will. Wo das endet, ist klar. Frau hechelt seinen Erwartungen nach und verkauft sie sich und anderen als freiwillige Entscheidung. Es gibt dasselbe Phänomen bei Männern, die auf »böse Frauen« stehen. Je distanzierter und wechselhafter sie sind (oder auch: je schlechter sie den Mann behandeln, der ihnen sein Herz hinhält), desto begehrenswerter sind sie. Es ist eine komische Welt, nicht wahr? Aber Es ist immer auch Ihr Entschluss, mitzumachen und zu leiden. Selbst wenn das Votum knapp ausfällt: Solange Sie bleiben, wollen Sie es nicht anders.

Der Tag danach ist wichtiger als der Abend davor

Hier zeigt sich am deutlichsten, dass Männer in erster Linie Sex und Frauen in erster Linie Liebe und ihre Begleiterscheinungen haben wollen. Denn Frauen denken VOR dem ersten Mal darüber nach, ob mit dem Kerl eine Beziehung möglich wäre. Bei einem Ja gehen sie eher noch langsamer vor als bei einem Nein, bei einem Vielleicht hängt alles von dieser Nacht ab. Männer überlegen sich vorher, wie sie sie ins Bett bekommen, und hinterher, ob es sich noch mal lohnt. Irgendwann viel später, wenn sie sich schon fragt, ob er's denn wirklich wert ist, denken Männer über eine Beziehung nach. Wie gehabt, nicht alle, aber so viele, dass es auffällt.

Warum Männer erst nach dem ersten Sex über eine Beziehung nachdenken und Frauen schon vorher

Sascha sagte mal: »Wenn ich an eine Frau denke und nicht mehr in erster Linie daran, wie es ist, mit ihr zu schlafen, sondern sie einfach zu sehen, mich nach ihrer Anwesenheit zu sehnen – dann weiß ich, dass ich verliebt bin.« Das ist so.

Frauen dagegen haben immer noch dieses Würde-Ding. Sie empfinden ihre Körperlichkeit als ein Teil ihres Selbst, das sie nicht jedem einfach so hinterherwerfen wollen, obwohl Lust ohne Reue auch eine schöne Idee wäre. Aber Frauen haben nun mal diese eingepflanzten Selbstzweifel, so dass sie den Mann, sich, ihre Beziehung, und was daraus werden könnte, überprüfen, bevor sie die Beine öffnen. Das deckt sich mit der Tatsache, dass nur wenige Frauen Callboys in Anspruch nehmen: Es geht weniger um Sex, als um die Beziehung. Und die will vorher überlegt werden, nicht hinterher.

Alles weitere: siehe oben. Dazu noch der sachdienliche Hinweis, dass Sex, Erotik, Leidenschaft die Stoffe sind, um aus männlicher Zuneigung heiße Liebe entstehen zu lassen. Manche wollen auch nicht die Katze im Sack und empfinden Sex als eine Art Kennenlernphase. Das sollte Sie als Frau nicht weiter stören oder unter Druck setzen, denn Sie können Sex ja auch als »Kennenlernen« betrachten und nicht gleich als Entscheidungsstunde.

Warum Männer (angeblich) typische Fremdgänger sind und Frauen weniger (ha, ha)

Frau mit heimlichem Liebhaber – dieses Modell ist nicht eingeplant in der Gefühlswelt der meisten Männer. Doch so selten scheint der einmalige oder dauerhafte Seitensprung gar nicht zu sein: Laut Gewis-Umfrage haben 44 Prozent aller Frauen – und 47 Prozent der Männer – ihren jetzigen Partner mindestens einmal betrogen. Die Lust am Zweitlover ist gestiegen: Vor zehn Jahren tobten erst 31 Prozent der legal verpartnerten Ladys durch die Betten (bei den Männern 43 Prozent). Je älter Frauen werden, desto eher sind sie einer außerhäusigen Liaison zugeneigt. Mit dem Alter geht das Gewissen, kommt der Genuss – und das Ja zur Daueraffäre nebenbei. Eine andere Art der »Wechsel-Jahre«. Es lässt sich sogar behaupten, dass in 70 Prozent aller Beziehungen der eine oder andere ein- bis x-mal sich mit jemand anderem in die Kissen verirrt.

Ich bitte meine Busenfreundinnen zum schonungslosen Gespräch unter Frauen – Geheimhaltung (sprich: Namensänderung) und Rotwein inklusive. Nikki (28) plagt sich zur Zeit mit zwei Affären. Der eine für den Alltag, der andere für die Auszeit. Auf beide will sie nicht verzichten. Lisa (30) löst eine Beziehung nahtlos mit einer anderen ab. Dass es da zu Überschneidungen im Bett kommt, ist klar. Ellen (39) bekennt sich dazu, alles mitzunehmen, wenn sich etwas ergibt – doch sie liebt ihren Mann aufrichtig. Für sie ist das keine Diskrepanz, genausowenig wie für Barbara (35), die seit zwei Jahren einen Liebhaber hat, den sie alle zwei Wochen sieht.

■ Die wichtigste Frage: *Haben Frauen ein Treue-Gen? Oder möchten nur Männer gern an dieses Märchen glauben?*

Nikki: »Nein, Frauen haben nur schneller ein schlechtes Gewissen – ich muss auch erst mal ein paar Stunden für mich haben, weil ich fürchte, dass man es mir ansieht.«

Lisa: »Treuegen? Ein Gerücht. Sie sind definitiv diskreter. Ich trenne so gut es geht, würde niemals in einer Clique herummachen.«

Ellen: »Körperlich – nein. Seelisch – vielleicht. Ich nehme meinem Mann nichts weg und verliebe mich auch nicht in einen anderen, nur weil ich mit ihm schlafe. Die Liebe bleibt unangetastet.«

Barbara: »Frauen versuchen, ›treuer‹ zu sein – und verbiegen sich. Die einzigen treuen Lebewesen sind Seepferdchen, denke ich. Mein anderer Freund ist auch gebunden, und wir geben uns etwas, was wir beide vermissen: Leidenschaft. Ohne Verpflichtung.«

»Frauen waren niemals treuer als Männer« ist auch die einhellige Meinung moderner Anthropologinnen wie Helen Fisher oder Sarah Blaffer Hrdy. Das Bild der treuen Hausfrau, der aufopfernden Mutter, der lustlosen Gattin – ein Mythos. Es dürfte sich um das gleiche männliche Wunschdenken und denselben evolutionstheoretischen Bockmist handeln wie bei der Legende, nur Männer wären »von Natur aus« polygam. Fakt ist: Frauen haben Abenteuer. Sie können Sex von Liebe trennen und ihre Herzen teilen. Nur dass heute der Hausfreund eben nicht ins Haus kommt, sondern per Annonce, Online-Chat oder auf der Dienstreise eingefangen wird, um sich mit ihm von Hotelzimmer bis Hochsitz zu verlustieren. Julia Onken schreibt in ihrem Buch *Die Kirschen in Nachbars Garten,* dass 44,5 Prozent der Frauen gezielt nach Affären suchen. Nichts von wegen: »Es ist einfach so passiert.«

Liebe Männer, das ist die Wahrheit: Wir planen es, sind diskret, und kaum einer bekommt es mit. Jetzt bloß keinen Aufstand machen – solange wir lieben, steht der Zweisamkeit nichts im Weg. Ob und wie jeder einzelne damit leben möchte, ist manchmal eine Frage der Einstellung. Meine Lieblings-Bekenner Jo und Holger halten es so: Wenn ihre Damen einen Sidestep machen, dann wünschen die Herren es a) nicht zu wissen, b) soll der Typ wenigstens nicht in derselben Stadt wohnen, damit die Gefahr geringer wird, ihm über den Weg zu laufen und seine Fresse zu polieren, und c) soll sie ja auf Schutz achten, sonst gibt's Senge. Auch eine Art Überlebensstrategie.

Übrigens: Männer fragen seltener, ob Frau treu ist. Weil sie Angst haben, ihr das Gartentürchen zu öffnen und verlassen zu werden.

■ Nächste Frage, Mädels: *Woher die Lust an Untreue?*

Ellen: »Manchmal denke ich: Wenn es mir doch nichts bedeutet, warum mache ich es überhaupt? Es ist weniger die Bestätigung als der Hunger auf einen neuen Mann. Anfassen, riechen, einfach vögeln. Der Reiz des Unbekannten. Das Begehren, sich begehrt zu fühlen ... Manchmal frage ich mich, warum ich diese Bestätigung brauche, oder ob ich mir nur was vormache. He, du bist die Tollste, keine bläst so wie du – und dann lasse ich mich einfach fallen und genieße.«

Nikki: »Ich könnte das nicht, Männer nehmen, wie sie fallen. Die Gefahr, sich benutzt vorzukommen, ist doch höher als die schnelle Befriedigung. Ich brauche das Herzflattern, ein wenig Verliebtheit, dieses Wenn-der-andere-nicht-wäre ... auch wenn es sich oft schlimm anfühlt, sich nicht entscheiden zu können. Vielleicht will ich mich nicht entscheiden müssen. Ich will und kann mich nicht für einen Typ für die Ewigkeit entscheiden. Miteinander alt zu werden, hört sich romantisch an. Aber jetzt bin ich jung und will nicht gleich morgen alt sein. Ich will leben, mit Schmetterlingen und Flugzeugen im Bauch.«

Barbara: »Sich nicht entscheiden zu können, ist eine Sache. Oder nicht entscheiden zu wollen. Bis du einen Mann gefunden hast, der sich als Ersatzgarde zufriedengibt, musst du lange suchen. Ich habe mich für einen Liebhaber entschieden, weil ich es satt habe, zu Hause auf Beziehungsarbeit zu machen, die dann doch nichts bringt. Je weniger man es tut, desto weniger kann man über Sex sprechen. Immer wenn ich es gerade über mich gebracht habe zu sagen, was mir im Bett fehlt, macht er es exakt einmal, und das nächste Mal bleibt er wieder bequem. Ich bin's satt gewesen, immer die Initiative zu übernehmen. Immer als zweite oder gar nicht zu kommen. Dass er mich für selbstverständlich genommen hat, ließ mich fühlen wie eine Blume, die verwelkt, weil sie keiner berührt. Ich hab einfach das Gefühl, er will sich nicht anstrengen, um mir gutzutun, es ist für ihn zu aufwendig, mich neu kennenzulernen. Das ist mit meinem Lover anders. Weil uns nur das verbindet, gibt er sich Mühe. Ich fühle mich begehrt, geliebt, verehrt, bewundert, sexy. Ein schönes Gefühl, auf das ich nur ungern verzichte.«

Lisa: »Mir wäre es zu anstrengend, eine Daueraffäre zu haben. Lügen, für Alibis sorgen – und ich würde mich und die anderen beiden mehr verletzen, oder? Ich hätte das Gefühl, dass auf meiner Stirn ›Betrügerin!‹ erscheint. Daueraffären finde ich merkwürdig, da kann ich mich doch gleich trennen.«

Ellen: »Meinst du etwa, ein One-Night-Stand ist eine lässliche Sünde, aber ein Longtime-Lover Indiz für Herzenskälte?«

Barbara: »Dazu kann ich nur sagen: Wer nichts bereut, hat nicht gelebt. Natürlich muss man sich immer fragen: Wieso der andere? Was läuft schief zu Hause? Doch eins kann ich sagen: Ein Liebhaber erhält die Lust an der Liebe, sogar an der häuslichen.«

Etwa nur jedes zehnte deutsche Paar ist glücklich im Bett, rechnete die Gesellschaft für Rationelle Psychologie in München vor. Vier Jahre gesteht US-Forscherin Fisher der Leidenschaft zu – dann sei es mit dem Prickeln vorbei. Verflixtes viertes Jahr …

Ob Gelegenheitsbeischlaf, romantische Untreue mit Herzflattern, eheliches Arrangement oder einfach Lust auf körperliche Liebe – der weibliche Seitensprung hat viele Gesichter. Die Sehnsucht, begehrt zu werden, der Wunsch nach neuen sexuellen Erfahrungen, das Bedürfnis nach Abwechslung oder der reizlose Partner sind genauso machtvolle Triebfedern wie Neugier, Einsamkeit oder Rache. Ein Nebeneffekt bleibt nicht aus: Danach fühlen sich die meisten Frauen glücklich, zufrieden, begehrenswerter und selbstbewusster. Und übertragen diese Selbstzufriedenheit auf die Beziehung.

■ **Sagt mal, was anderes, Girls:** *Wie sieht's aus mit schlechtem Gewissen?*

Ellen: »Kurz danach – ja. Da ist diese Frage im Raum: Wieso denn jetzt ausgerechnet der, was fehlt mir wirklich? Das einzige, was ich versuche, ist dann eine Hygiene-Phase von vierundzwanzig Stunden einzuhalten, um auch meine Selbstzweifel zu überprüfen. Doch sobald ich dann wieder zu Hause bin, ist das schlechte Gewissen weg. Vielleicht ist es auch ein System, was ich betreibe: Dieses kurzes Aufflackern von Moral lässt mich zu meinem

Liebsten ganz besonders nett sein. Zwar frei von moralischer Quälerei, aber mir selbst fällt es auf. Ich denke mir: Hey, ich nehme ihm nichts weg, im Gegenteil, ich bin ja da und freue mich immer noch an ihm. Keine Ahnung, ob das eine Art Verdrängungstaktik ist …«

Barbara: »Moral ist von Männern gezeichnet. Jede Frau muss für sich selbst entscheiden, wo sie ihre Grenzen zieht. Und sich selbst nicht gleich vorm moralischen Kriegsgericht anprangern, wenn es ›mal‹ passiert.«

Nikki: »Ich würde zum Beispiel nicht mit dem Ex einer Freundin rummachen. Sobald mehr Menschen verletzt werden könnten, ziehe ich mich lieber zurück.«

Lisa: »Wenn Männer fremdgehen, sind's die Gene, wenn Frauen es tun, ist es Nymphomanie. Ich bekomme in dem Moment ein schlechtes Gewissen, wenn ich daran denke, wie es ihm dabei gehen würde, wenn er wüsste, was ich tue. Dann sage ich mir ganz schnell: Er weiß es aber nicht!«

Gewissenlos sind trotzdem nicht alle: Besonders ungeübte Wilderinnen in fremden Gefilden und Frauen unter 30 leiden an Mitteilungssucht und einer Art fanatischer Moral. Einen Seitensprung zu beichten, um sich besser zu fühlen oder auf Absolution zu hoffen, geht jedoch in jedem zweiten Fall schief. Eine Forsa-Umfrage ergab, dass 45 Prozent der Männer (und 53 Prozent der Frauen) Untreue nicht verzeihen und sich stante pede empfehlen würden. »Über kurz oder lang wird sich bei den meisten Partnern das Gefühl von Eifersucht, mangelndem Vertrauen und fehlender Wertschätzung einstellen und sich Verlustangst breitmachen«, erklärt die Diplom-Psychologin Katja Sundermeier, warum es sich lohnt, zu schweigen. »Eine positive Wirkung ist nur zu erwarten, wenn beide Partner sich klar sind, dass sie Verantwortung für die Situation tragen – dann besteht auch die Chance, die auslösenden Probleme zu beheben und die Beziehung weiterzuführen.«

■ **Butter bei die Fische, wie halten es meine Ladys:** *Beichten oder schweigen?*

Ellen: »Ich würde selbst bei Nachfragen lügen, denn ein Seitensprung ist gewollt und damit etwas, was ich für mich tue. Ich fühle mich lebendig, ich will mich ausleben – aber nicht auf anderer Menschen Kosten. Und dazu gehört: Schweigen.«

Barbara: »Mit meinem Schweigen schütze ich meinen Mann und unsere Beziehung. Was soll ich ihn unnötig verunsichern, wenn er doch trotz allem derjenige ist, mit dem ich alt werden möchte?«

Nikki: »Wer den Mut hat, fremdzugehen, sollte auch den Mut haben, auf Nachfragen die Wahrheit zu sagen. Wäre das sonst nicht schäbig?«

Lisa: »Mal ehrlich: Bevor ich etwas zugebe, kalkuliere ich ein, was ich aufs Spiel setze. Beziehung, Umfeld – ein leichteres Gewissen hat noch nie das Leben leichter gemacht.«

Nikki: »Verdammt berechnend.«

Barbara: »Aber gelebtes Leben, Schnucki. Solche Überlegungen existieren immer und überall. Da sind wir nicht die einzigen.«

Schluss mit der Opferrolle: Die Frau als leidende Geliebte, als betrogene Ehefrau, als benutztes Mäuschen – hiermit verabschieden sich diese gern kommunizierten Rollenmodelle. Martina Rellin, die frühere Chefredakteurin der ostdeutschen Zeitschrift *Das Magazin,* lässt in ihrem Buch *Ich habe einen Liebhaber* Frauen zu Wort kommen, die beweisen, dass es auch andersherum funktioniert. Sie nehmen sich ihren Schattenmann als Flucht, als Zauber, als Stabilisator für die Ehe – und als etwas, worauf sie ein Recht haben, ohne skrupellos zu sein. Sie unterscheiden zwischen Sicherheit und Leidenschaft, voller Rücksicht und Verantwortung, ohne dabei ihre Bedürfnisse zu unterdrücken. Der Blick ins Bücherabteil zeigt, dass der weibliche Griff zu Nachbars Juwelen im Trend liegt: Von *Seitensprung ohne Risiko* über *Zimmer Nr. 51* bis zu *Drei sind ein tolles Paar* und *Eine Affäre in Ehren:* Untreue Frauen bringen's.

Die Qual der Wahl – ein Hupfer in Ehren funktioniert ja bekanntlich nicht mit jedem Mann. Die einen stehen am nächsten Tag mit Plüschaugen, gepackten Koffern und Scheidungspapieren vor der Tür, die nächsten erzählen großspurig ihre Eroberung rum, und der übernächste entpuppt sich gar als Stalker, der einem auf dem Nachhauseweg auflauert, einfach nur deshalb, um einen noch mal rumzukriegen. Das nennt sich, by the way, *proacher*, aber zu denen kommen wir nach den zehn Gründen, warum Männer fremdgehen (aus der Sicht von Männern, siehe S. 248 ff.).

■ Zurück zu uns: *Welcher darf's denn sein?*

Ellen: »Ich habe mir auf einer Party einen Mann gegriffen, von dem ich wusste: Der will nur das eine. Wie ich. Wenn ich aber merke: oh, er verliebt sich, dann fange ich gar nicht erst mit Knutschen an.«

Barbara: »Manchmal kommt es weniger darauf an, wie er aussieht, sondern was er tut. Schwitzehändchen und Kuschelsex, das ist nicht das, was ich von einem Liebhaber will. Sondern guten, handfesten Sex ohne Verpflichtung. Ob man's glaubt oder nicht: Mein Mann hat kaum Interesse an Sex. Soll ich deswegen für immer darauf verzichten?«

Lisa: »Ich habe bemerkt, wenn er spürt, dass du von ihm keine Beziehung willst, lässt er sich mehr gehen, als wenn er befürchten muss, man würde ihn am nächsten Tag mit Plüschaugen ansehen. Ohne Druck sind sie richtig gut.«

Nikki: »Doch vor Liebe warnt dich keiner. Wenn er plötzlich in dein Leben einbricht, du dich selbst verguckst, ist die Situation viel schwieriger, als wenn du dir einen Mann nach Plan suchst.«

Auf der einen Seite der betuliche Beschützer, auf der anderen der aufregende Adonis: Eine deutsche Studie will herausgefunden haben, dass die Damenwahl während der fruchtbaren Tage des weiblichen Zyklus auf Machos mit kantigem Kinn und Dreitagebart fällt und die restliche Zeit mit dem flauschigen Fuzzy vorliebgenommen wird.

■ **So. Frauen tun es.** Männer tun es auch. Aber wie sieht es mit dem eigenen aus, liebste Freundinnen: *Darf mein Mann dann auch eine Geliebte haben?*

Ellen: »Was ich nicht weiß, macht mich nicht heiß. Früher dachte ich, eine funktionierende Beziehung kann nur mit Treue existieren. Inzwischen sehe ich an mir, dass es utopisch ist. Er soll machen, was er will, aber es mir bitte nicht aufs Butterbrot schmieren.«

Barbara: »Ich gebe zu, ich hätte damit ein Problem. Verletzte Eitelkeit, Vergleichsangst, das Bild von ihr um ihn als Schatten in meinem Bett… Mir selbst erlaube ich zwar Seitensprünge, doch ihm nicht. Dieses gedankliche Loslassen fällt mir schwer.«

Lisa: »Geht mir auch so. Ich ärgere mich darüber, weil es eine Doppelmoral ist. Schließlich ist es toll, zu wissen, er begehrt nur mich. Aber ob das wirklich so ist, will ich lieber nicht in Zweifel stellen.«

Nikki: »Wow. Damit seid ihr weiter als ich. Ich schließe von mir auf ihn und frage mich deshalb, ob mein Liebhaber nur ein Joker auf der Warmhalteplatte ist oder ob ich wirklich die toughe Frau bin, die sich nimmt, was sie will. Ich denke nicht.«

Sich nehmen was man will – das scheint ja sowieso die Aufgabe des neuen Jahrtausends zu sein; obwohl wir alle feststellen müssen, dass der Pragmatismus nicht sehr gut funktioniert, weil das kleine dumme Herz immer wieder mal dazwischenkommt. Wir tun's und fühlen uns schlecht und gleichzeitig göttlich. Das mag bei Frauen bisher unter der Decke gehalten worden zu sein – denn wie, bitte, fühlen sich eigentlich Männer, wenn sie fremdgehen?

Da ich kein Mann bin, bat ich einige Beichter, mir zu erklären, was sie daran finden, Sex mit einer fremden Person zu haben, während die Frau, die ihn liebt, zu Hause Brötchen schmiert.

Zehn Gründe (und 2 Vermutungen), warum Männer fremdgehen, erhoben durch männlichen Beistand, die Namen zum Teil anonymisiert. Ja, um die Kerle zu schützen, was dachten Sie – oder soll ich den Herren die Verantwortung abnehmen, ihr Tun zuzugeben? Also.

Hier die Gründe männlicher Aspiranten für den Verirrungsvorgang in eine andere Dame:

1. Andis (35) Ansicht: *Weil es das Ansehen hebt.*

Und zwar bei Männern wie bei Frauen. Ein untreuer Mann weckt bei Frauen zwar Skepsis, mehr aber noch Neugier – wie gut muss der denn sein, dass er sie alle rumkriegt? Dazu eine schnelle Fortbildung zum Thema »Self-Marketing für Anfänger«:

A) Du gehst auf eine Party und siehst ein attraktives Mädchen auf der anderen Seite des Raumes. Du gehst zu ihr und sagst: »Hallo, ich bin großartig im Bett, wie wär's mit uns?« – Das nennt man Direct Marketing.

B) Du gehst auf eine Party und siehst ein attraktives Mädchen auf der anderen Seite des Raumes. Du gibst einer Freundin einen Zehn-Euro-Schein. Sie steht auf, geht zu dem Mädchen und sagt: »Hallo, mein Freund dort hinten ist großartig im Bett, wie wär's?« – Das ist Werbung.

C) Du gehst auf eine Party und siehst ein attraktives Mädchen auf der anderen Seite des Raumes. Du gibst zwei Freundinnen von dir einen Zehn-Euro-Schein, damit sie sich in Hörweite des Mädchens stellen und darüber sprechen, wie großartig du im Bett und wie heiß du bist. – Das nennt man Public Relations.

D) Du gehst auf eine Party und siehst ein attraktives Mädchen auf der anderen Seite des Raumes. Du erkennst sie von früher wieder. Du gehst zu ihr rüber, frischst ihre Erinnerung auf und bringst sie zum Lachen und Kichern. Und dann wirfst du ein: »Also, ich bin großartig im Bett, wie wär's mit uns?« – Das ist Customer Relationship Management.

E) Du gehst auf eine Party und siehst ein attraktives Mädchen auf der anderen Seite des Raumes. Du ziehst deine tollen Klamotten an, läufst herum und spielst Mr. Beschäftigt. Du setzt dein bestes Lächeln auf, läufst herum und spielst Mr. Sympathisch. Du kramst in deiner Erinnerung, um deinen Wortschatz etwas aufzufrischen, und spielst Mr. Höflich. Du unterhältst dich mit sanfter und weicher Stimme, du öffnest allen Frauen die Tür, du lächelst wie ein Traum, du verbreitest eine Aura um dich herum, du spielst Mr. Gentleman, und dann gehst du zu dem Mädchen und fragst: »Ich bin echt großartig im Bett, wie wär's mit uns?« – Das ist Hard Selling.

F) (Das F-Prinzip, um genau zu sein, F für »fucking hard to believe but exciting«): Du gehst auf eine Party und siehst ein attraktives Mädchen auf der anderen Seite des Raumes. SIE KOMMT HERÜBER und sagt: »Hallo, ich habe gehört, dass du großartig im Bett bist, wie wär's mit uns?« – Nun, DAS, sehr geehrte Damen und Herren, das ist die KRAFT DER MARKE.

Gegenmaßnahmen: Verlassen Sie die Party vor zwei Uhr – der magischen Zeit, nach der Männer nicht SIE, sondern was Warmes für die Nacht suchen. Und: Je weniger Sie über die Qualitäten eines Liebhabers erzählen, desto weniger funktioniert die Mundpropaganda und die Marken-Masche ... Mit Diskretion gegen Don Juans.

Übrigens, auf die Frage »Wären Sie gern ein Frauenheld?« antworteten jüngst 87 Prozent der Männer zwischen 18 und 38 mit ja. Weitere 11 Prozent behaupteten: »Ich bin es.« Niedlich. Klarer Fall von Ansehen durch Marken-Masche.

2. Hans' (39) heimliche Hoffnung: *Weil sie Bestätigung brauchen.* Wir ahnten es ja immer schon und haben es bereits kurz in dem Macho-Manifest weiter vorn angeschnitten (»Was Männer wollen«, S. 83 ff.): Männer brauchen Lob, bis es ihnen zu den Ohren herauskommt. In diesem Fall für ihr sexuelles Selbstbewusstsein. Schließlich wollen sie potent sein, gute Liebhaber, einfach alles, was das Ur-Männliche auch mit ausmacht. (Sie erinnern sich an das limbische Gehirn? Uralt, und dank dieser Gen-Erbschaft gehört der Supertrieb eben auch dazu, tja, und dafür all die Nobelpreise ...) Heute fürchten Männer oft um ihre Männlichkeit. In einer Zeit, in

der die Unterschiede zwischen Frau und Mann immer wieder dem Versuch unterworfen werden, sie aufzuheben (was zwar kaum möglich ist, aber dennoch zu Unsicherheiten führt), bleiben die männliche Tribute auf der Strecke. Männer sitzen eher auf der Straße, Männer werden eher krank, Jungs leiden heute eher unter Psychosen als Mädchen und unter schlechterer Bildung, und dazu kommt auch noch die Krise des neuen Mannes, der sich damit konfrontiert sieht, dass zunehmend mehr weibliche Eigenschaften für ein angesehenes Leben als notwendig gelten als andersherum. Das einzige, was ihnen bleibt, ist der Schwanz als hervorstehendes Merkmal der Männlichkeit. Muss ich weiterreden, um verständlich zu machen, was das bedeutet?! So brauchen einige der Kerls also stets neue Zeuginnen für ihre Männlichkeit, die ihnen sagen, wie toll sie sind, wie super; oder die zwar schweigen, sich aber bereitwillig hingeben.

Präventivmaßnahme: Eine feste Partnerin kann gegensteuern, indem sie fleißig Komplimente macht. Sagen Männer. Frauen mit Lovern an der Seite, die der Bestätigunssucht und -suche verfallen sind, haben außerdem festgestellt: Je länger die Leine, desto weniger Seitensprünge fallen an. Der Grund: Auch Flirts heben den Stolz ungemein.

3. So argumentiert der Biolehrer Klaus (45): *Weil die Chemie sie steuert.*

Für Lust sind im Gehirn »Phenylethylamine« verantwortlich, körpereigene Drogen, die wie Aufputschmittel wirken. Im Zustand der Verliebtheit werden sie pausenlos produziert. Nach drei bis sechs Monaten sinkt der Pegel, nach zwei Jahren ist er ziemlich am Ende. Das jedoch geschieht bei Männern und Frauen nicht in derselben Zeit. Der US-Endokrinologe John Money hat herausgefunden, dass bei Frauen die Ausschüttung des wonnigen Chemikals für mindestens 18 Monate auf hohem Niveau bleibt. Bei Männern sinke der Pegel allerdings nach drei bis sechs Monaten auf den Zustand *vor* der Verliebtheit zurück. Ähhh! Nach einiger Zeit leiden Männer dann unter Entzugserscheinungen und wollen instinktiv die Produktion wieder ankurbeln – durch Fremdgehen. Setzen, sechs. Könnte mal einer da ein paar Pillen auf den Markt werfen, wenn wir das schon so genau wissen? Oder stecken diese Naturdrogen nicht sowieso auch in Schokolade? Tja – kaufen Sie als Herzdame Ihrem Prinzen also öfter mal eine Herzpackung Milka Schokoherzen, und dann wollen wir doch mal sehen, ob wir diese Psychodrogen nicht in den Griff bekommen!

Ernsthafte Vorbeugung: Verliebtheit geht bekanntlich nicht nur mit Glück und Optimismus einher, sondern auch mit latenter Ängstlichkeit, ob es denn wirklich was wird. Je mehr Sie als Frau gesunde Distanz wahren, neben intimer Nähe auch Freiheiten nehmen und gönnen, statt permanent aufeinander zu glucken – desto eher hält sich auch die begleitende Unsicherheit. Männer wollen jagen dürfen. Was sie haben, wird uninteressant, und je sicherer sie sich ihrer Beute sind, desto rascher sinkt der Hormonpegel. Das deckt sich fast mit der nächsten Erklärung:.

4. Wolfgang (41), der kernige Senegalreisende, meint dagegen: *In jedem Kerl steckt ein unverbesserlicher Abenteurer, ein Eroberer* (ich meine: eher einer, der sich schnell für Neues begeistern kann, aber gut, hören wir uns seine Version mal an):
Ein Relikt aus den Urzeiten als Jäger des Stammes, von Vatti großspurig anerzogen, von den Kumpels abgeguckt und im Kino still vor sich hin geträumt und gefiebert mit Indiana Jones: Männer wollen Abenteurer sein. Sie sind es nur selten, doch sie träumen viel davon – neben Bausparvertrag, Vorsorgeuntersuchung und Sushi-Essen muss es doch mehr geben, mehr Kick, mehr Risiko, aber bitte nicht so nervenaufreibend wie Bungeespringen?! In wechselnden Affären erfahren diese verkappten Eroberer davon noch einen Hauch. Die Gefahr des Entdecktwerdens, das Spiel mit dem Feuer, die Entdeckung eines neuen Landes außerhalb der eigenen Lebenswelt. Andere Leute, andere Orte, andere Gerüche – hm. Das will organisiert werden, strategisch vorbereitet, das Survivalkit gepackt für den Notfall, und dann rein ins Unterholz, Dickicht,

in die Frau sowieso. Das Drumherum ist spannender als der Akt selbst.

Gegenmaßnahmen? Schwierig. Da bleibt als Frau das Spiel von Beute und Jäger. Man schränke die gemeinsamen Unternehmungen für einige Wochen ein. Die Frau sucht sich selbst einen neuen Intimkreis. Macht Sachen, die sie vorher noch nie gemacht hat, aber immer schon machen wollte. Haare färben, endlich mal Chanel Nr. 19 tragen oder getigerte Jeansröcke, oder einfach einen Porsche mieten und Spaß haben. Diese neue Welt darf er dann miterobern. Kann allerdings anstrengend sein, diese Show und das ständige Neuerfinden seiner selbst!

5. Anton (32) schwört auf *Autonomie* und vertritt in Ansätzen *die Theorie der beängstigenden Nähe.* Wobei »beängstigend« auch »beengend« heißen könnte...
Männer haben es ja ganz wichtig mit »Freiheit«. Meist sind es Männer, die sich in ihrer Intimsphäre durch die emotionale Bedrängung einer Frau eingeschränkt fühlen und irgendwann anfangen zu jaulen, dass ihnen Freiheit fehle, Luft zum Atmen, und überhaupt. Einige Psychologen nennen das die Angst vor Nähe, andere formulieren es positiver und heißen diesen Ausbreitungsdrang als »Wunsch nach Autonomie« gut. Dazu gehört nun eben mal Unabhängigkeit – in physischer Form, weswegen Kerle vor ihrer Frau in den Hobbykeller, Garten, Krieg oder Fußballverein flüchten, um allein zu sein; oder in psychischer Form, die sich in (künstlicher) emotionaler Unabhängigkeit äußert. Frei nach dem Motto: »Ich brauch dich nicht, um glücklich zu sein. Das muss ich mir beweisen, damit ich nicht zusammenbreche, wenn du mich eines Tages verlässt.« Deshalb möchten Männer sich immer mal wieder dieser Unabhängigkeit versichern. In einer engen Beziehung fühlen sie sich verletzbar, weil sie gefühlsmäßig abhängig werden könnten. Um der Angst davor zu entgehen, müssen sie Distanz schaffen. Und das geht am leichtesten, indem sie einer anderen Frau nachsteigen.

Gegengift: Autonomie lassen. Wenn sich ein Mann dieser Sorte erst seine »Freiheit« erkämpfen muss, wird er eher fremdgehen, als wenn man ihm die lange Leine lässt. Paradox: Je mehr man ihn laufen lässt, desto weniger wird er das Gefühl haben, sich seine Unabhängigkeit beweisen zu müssen, und fremdgehen. Also, lassen Sie ihm Raum. Verzichten Sie darauf, seine Hobbys zu lernen oder die Fußballregeln, lassen Sie ihn freitags mit den Jungs weggehen und nötigen Sie ihm keine Geständnisse ab wie: »Ich brauch dich so, du mich auch?« Eine kluge Frau weiß das und zögert nicht, zu taktieren.

6. Marcells (34) Meinung ist typisch für ihn: *Weil ihre Beziehung gut ist.*

Ausgerechnet wenn die Beziehung intakt ist, gehen Männer auf Beutejagd! Bei Frauen ist es umgekehrt. Sie gehen fremd, wenn die Beziehung schlecht ist, ihnen etwas fehlt oder sie sich abnabeln wollen. Gut, manchmal auch nur aus Spaß. Aber meist aus einem Gefühl des Defizits heraus.

Manche Männer müssen sich dagegen zum Fremdgehen stark fühlen. Dazu brauchen sie als Basis eine gute Beziehung. Sie glauben: Diese Bastion ist mir sicher. Jetzt kann ich es wagen, neue dazuzugewinnen. Einige treiben auch ein perfides Spiel mit sich selbst: Um sich die Nähe zu der legalen Liebsten zu erhalten, machen sie sich selbst ein schlechtes Gewissen, das sie wieder besonders nett sein lässt. Quasi danach. Also auf der Hut sein, wenn er urplötzlich mit Opernkarten winkt oder das Collier an Land bringt. Besonders Ultra-Romantiker verlieben sich immer wieder neu – und meist hoffnungslos. Sie brauchen einerseits das legale Glück, andererseits das selbst provozierte Leiden.

Gegenmaßnahmen: Ihn eifersüchtig machen (funktioniert übrigens am besten, wenn man ihm von den Vorzügen anderer Männer erzählt, gaaanz beiläufig, und wie nett die zu Ihnen sind), ihn ein wenig in der Schwebe halten, auch mal keine Zeit haben. Lassen Sie ihn ab und an ein wenig um Sie ackern, wenn Sie meinen, Sie hätten so ein Exemplar an Ihrer Seite. Ach, hilfreich wäre auch, seine Minderwertigkeitskomplexe zu kennen. Denn selbst wenn der Kerl in Ihnen die Traumfrau sieht, die ihn liebt und akzeptiert, so können auch Sie nicht alle seine Selbstzweifel auslöschen. Er will es auch von »Unparteiischen« hören, dass er der tollste Lecker oder der bombastischste Küsser ist. Meist sind Selbstzweifel und die Lust am Leiden nämlich der zweite Antrieb solcher »Mir geht's prima, also kann ich mir die nächste schnappen«-Aktionen.

7. Dirk (36), der Diplomat, hat an Fremdgängern in seiner Altersgruppe und Bildungsklasse etwas Erstaunliches festgestellt: *Sie sind immer auf der Suche, ob sich nicht was Besseres findet.*
Tatort Harvard University. Bei einer Befragung von über zehntausend Männern kommt zum Vorschein: Je besser die Bildung eines Mannes, desto größer seine Neigung zum Fremdgehen. Erklärung: Erst mit dem Grad der Bildung wächst sein Gefühl, dass ihm etwas fehlt an seinem Glück. So macht er sich auf die Suche. Er sucht neue Erfahrungen. In der Kultur, in anderen Ländern, bei anderen Menschen – bei anderen Frauen.

Diese Art Fortbildung ist meines Erachtens kein Anzeichen höheren Geistes. Aber egal, zu dieser Sucherei gesellt sich noch ein weiterer Grund: Das Institut für Psychologie in Rom befragte Männer, wann sie sich in ihrem Leben wie sehr verliebt hatten. Und stellte bei Kerlen zwischen 30 und 40 eine Art Wüstlingsdekade fest. Der Mann werde in dieser Zeit sexuell aktiver (mit oder ohne Ehefrau), reifer, und genieße das Leben mehr. Mit 40 erreiche der Mann die Phase, in der er sich entscheide, ob die Ehe gut für ihn ist oder nicht.

Und bis dahin sucht er sich einen Wolf. Da unsere 30 +-Generation ja sowieso eine ist, die einen Horror vor Entscheidungen hat, die das ganze weitere Leben betreffen, enthält die große Gruppe der Sucher einen hohen Anteil Fremdgänger. Wie sollen sie sich heute für jemanden entscheiden, mit dem sie alt werden wollen, wenn sie doch gar nicht alt werden wollen? Wie kann es sein, dass man nur eine Frau im Leben lieben kann – vielleicht ist man ja mit mehreren und vielleicht noch viel tolleren kompatibel, und das gleich mehrmals im Leben? Solange diese Zweifel einen Suchenden noch zur Pseudoverzweiflung treiben und damit von Bett zu Bett, wird es schwer, ihn davon zu überzeugen, er könnte die Rasterfahndung jetzt mal lassen.

Mögliche Gegenmaßnahmen: Wie soll man jemanden, der nicht weiß, was die Traumfrau ausmacht, überzeugen, treu zu sein? Klar, Sie können mit ihm über Lebenshoffnungen, seine Wunschplanung, seine Sehnsüchte reden, wenn er nicht ganz so ein Introvertierter ist. Und sich überlegen, ob Sie das bringen und bringen wollen, was er so gern möchte, oder, besser: Sie suchen sich als Frau einen Finder, statt im Wechselspiel des »Most wanted today, most wanted tomorrow« nur ein weiteres Kapitel von des Suchers Versuch und Irrtum zu sein. Denn eins ist klar: So lange er erwartet, dass es noch Dinge und Ebenen und Frauen da draußen gibt, die er dringend für seine innere Welt braucht, so lange werden Sie nicht ihn allein in Ihr weites Land mitnehmen können.

8. Auch Papa (65) weiß was: *Es sind doch die Gene (immer wieder).*

Mein Vater mag im Lauf seines Lebens so manchen Fremdgang begangen und bei anderen miterlebt haben. Zum Glück hat er eine Frau – meine Mutter –, mit der er selbst über Fehltritte reden und nachdenken kann. Trotzdem steht er nicht auf der quatschigen Metaebene vom Defizit- und Casanova-Gehabe, sondern waschecht auf den Klassiker aller Theorien: Es sind dann doch die Gene. Hua. Jeder Mensch trägt in seinen Genen den Auftrag, den Fortbestand der Art zu sichern. Die Frau kann das am besten, indem sie einen sorgsam ausgewählten Mann zum Schutz an sich bindet. Der Mann, indem er seine Gene möglichst vielfältig verteilt, vor allem auf fruchtbare, also junge Frauen. Historisches Indiz: Mehr als 1000 von 1154 Menschheitskulturen erlauben Männern die Polygamie.

Sollen sie. Auf der anderen Seite sollten sich die Gene mal tunlichst den Gegebenheiten anpassen. Im Zeitalter der Pille kann ein Typ mit noch so vielen jungen fruchtbaren langbeinigen gutbetitteten gelockten Frauen poppen – dank der Pille wird sich da nix im

Fortbestand tun. Ich befürchte ja, dieses ganze Gengetue, das zwar stimmt, aber auch nur ne Ausrede sein kann, bedeckt schamhaft die wahre Motivation: Spaß am Sex. Welcher Kerl will heute noch massenhaft Bälger in die Welt setzen, für die er Alimente bis zur Rente zahlen soll? Und auch noch in diese Welt?! Och, nö.

Gut, es gibt diesen Urtrieb. Aber im Gegensatz zum Geruchssinn, der definitiv den Verstand ausschaltet und uns unmittelbar reagieren lässt, kann der Samenverbreitungstrieb vom bisschen Hirn immer noch ansatzweise kontrolliert werden. Man muss eine Straße nicht nur deshalb befahren, weil sie zufällig gerade da ist. Männer baumeln nicht wie Marionetten an ihrer DNS. Nicht wahr, die Herren?

Gegenmaßnahmen: Hören Sie auf Ihren Gentrieb, meine Damen, und greifen Sie sich reihenweise schnuckelige kräftige Kerle, Sie können ja nix dafür, nicht wahr?! Oder, etwas lebensnaher: Überlegen Sie sich, ob Sie trotzdem mit dem Mann alt werden wollen. Und lassen Sie ihn. Weil Sie wissen: Das hat irgendwann ein Ende. Es ist wichtig für einen Mann, selbst dahinterzukommen, was er will und was er wirklich braucht (meist nicht dasselbe).

9. Martin (48), Machtmensch, meint: *Es ist das Machtgefühl.* Männer wollen Macht demonstrieren. In der Geschichte war es immer so: Je höher der Status eines Mannes, desto mehr Geliebte hatte er. Jeder Herrscher hatte seine Mätressen. Und jeder Mann will ein Herrscher sein. Männer, das zeigt die Statistik, gehen desto häufiger fremd, je erfolgreicher sie sind. Erstens weil sie mehr Gelegenheiten haben. Zweitens weil Erfolg erotisch auf Frauen wirkt. Sexforscherin Kaye Wellings sagt: »Frauen suchen instinktiv den besten Versorger. Deshalb fallen sie auf Männer herein, die ihnen scheinbar Sicherheit garantieren – die sich in Wahrheit aber nur ein weiteres Juwel in die Krone stecken wollen.«

Ich sach mal: Klarer Fall von Alphatier-Syndrom. Das Gesetz der Masse. Wie eine Studie an der Uni zu Louisville ergab, ist ein Mann um so interessanter, wenn er von anderen Frauen umschwärmt wird. Er ist ein Alphatier. Frei nach dem Motto: Tausend Fliegen können sich nicht irren, sind Prominente, Chefs, Stars und andere Hähne im Korb die ganz große Nummer. Allein die Tatsache, eben kein Single zu sein, macht Männer spannend: Irgendwas muss er ja haben, dass eine ihn genommen hat.

Wollen wir hoffen, dass Sie nicht zu jener Handvoll Überforderter mit Entscheidungsnot gehören, die einen Mann nur deshalb anflirten, weil's die anderen auch tun – oder als Frau an der Seite eines Alphatiers um diese Anziehung wissen und sich entweder wappnen oder ihm zutrauen, sein Machtgefühl in anderen Bereichen auszuleben. Nur eins dürfen Sie niemals: duckmäusern oder betteln. Widerstand ist es, was Machtmänner in Wahrheit anturnt.

Anti-Macht-Mittel? Solange sein Selbstbewusstsein, seine Selbstwahrnehmung, sehr stark von Erfolgserlebnissen abhängig ist, lässt sich nur schwer dagegen vorgehen. Ihm Macht zu verweigern ist unklug – er wird sie woanders ausleben. Ihm das Ohr volll oben? Bringt ihn nur zu noch mehr Selbstüberschätzung.

10. Sebastian (34), Börsenfredi, sieht's wie einen Hort für Kinderkram: *Weil sie Spieler sind.*
Von den Spielhöllen in Las Vegas über Lotto bis zur Eisenbahn – wenn gespielt werden darf, opfern Männer Zeit und Geld, das darf sich dann Spieltrieb nennen. Männer probieren herum, ohne über die Konsequenzen nachzudenken. So gehen sie auch fremd: Sie wollen nur mal kosten, nur mal anprobieren, nur mal gucken, wie das funktioniert. Nebenbei verlieren sie sich darin. Männliches Fremdgehen ist wie Würfeln und Dosenwerfen, jippieh, noch eine! »Ich wette, ich krieg die Blonde da am Tresen in zehn Minuten dazu, mir auf der Herrentoilette einen zu blasen.« – »Wetten, du kriegst die Kleine nicht mal dazu, dir ihre Telefonnummer aufzuschreiben? Die kriegst du nie!« – »Wetten doch!«

Diese Art spielerische Gruppendynamik ist es oft auch, die Horden von Kerlen wechselseitig dazu bringt, untreu zu werden. Daraus folgt nämlich Punkt 1 – das Ansehen. Wer ist Sieger im Wettrennen um die Gunst der Schönen und Willigen? Wer gewinnt im Contest

»Sex an unmöglichen Orten«? Wer lässt sich am ehesten als befreiter Pantoffelheld feiern, wer beweist als erster, dass angekauftes Reihenhaus und zweites Kind im Bauch der Trauten daheim noch lange nichts zu bedeuten haben?

Spieler haben nun ein Gutes an sich: Wenn sie älter werden, verlieren sie so nach und nach diesen Trieb. Spätestens nach der Midlifecrisis, wenn ihnen bewusst wird, dass das Leben kein Legoland ist. Prävention: Bis dahin wartet die Dame des Hauses ab und hört aber vor allem auf, ihn wie einen kleinen Jungen zu behandeln, ihn zum Beispiel durch Veränderungssucht erziehen zu wollen oder ihm dauernd aufs Brot zu schmieren, dass sie weiß, was das beste für ihn ist. Denn Jungs spielen, Männer machen Ernst.

11. *Meine Vermutungen:*

Weil ihnen im Bett etwas fehlt, was sie meinen bei anderen zu finden?
Ja. Und doch, ist die Wahrscheinlichkeit des Findens eher gering. Denn um etwas zu erhalten, was man sich wünscht, muss man es sich entweder holen (und wissen wo) oder es kommunizieren, sonst kommt da nie einer drauf. Und was machen die Bübchen statt dessen? Schweigen und ziehen los auf der Suche nach der Lady, die ihnen den Hintern versohlt oder mit einem Schuhband um den Hals eine Brücke macht, um ihn den Reiter geben zu lassen? Sie versuchen es per trial and error, immer wieder – anstatt nur bei einer einzigen mal den Mund aufzumachen.

Weil sie Revierwettkämpfe lieben?
Auch das. In den USA erschien eine Studie zu sogenannten »Proachern«. Das sind Männer (nur wenige Frauen), die sich nur dann für das andere Geschlecht interessierten, wenn die Dame fest gebunden war. »Proachern« vermittelt es demnach einen ungeheuren Kick, einem Rivalen die Liebste weggenommen zu haben. Es geht dabei weniger um eigene Untreue, sondern um die doppelte Trophäe: Frau gekriegt und Mann abgewatscht. Ließe sich eine Frau für ihn scheiden, wäre er schneller weg als sie die Papiere unterschrieben

hätte. Gegenmaßnahmen? Stellen Sie ihm nicht Ihre Freundinnen vor (es sei denn, die sind Singles) und lassen Sie sich von einem Proacher, der nur sein Ego aufpoliert, nicht einfangen.

Ach so, warum Frauen fremdgehen, hat das Institut für Rationelle Psychologie, München, in Zahlen erfasst (Mehrfachnennungen möglich): 64 Prozent der Frauen, die einen Seitensprung gemacht haben, gaben an, sie seien fremdgegangen, weil sie sich verliebt hätten. 51 Prozent wollten begehrt werden, 49 Prozent neue sexuelle Erfahrungen machen. Nur gerade 15 Prozent gaben an, einen Seitensprung ihres Partners rächen zu wollen.

Altar Schönheit – da kniet man nieder, aber hat keinen Sex

Da fragen wir uns doch: Warum hat jede Mittelklasse-Trulla einen Kerl und wir nicht? Elisa Streuli hat in ihrem Buch *Alleinleben in verschiedenen Lebensphasen* eine gute Beobachtung gemacht: »Auf der anderen Seite findet sich unter den Alleinlebenden – und dies gilt primär bei Frauen – eine bedeutsame Gruppe hochintegrierter, beruflich-sozial hochkompetenter Menschen. Das Alleinleben bei dieser Gruppe ist eine spezielle Form des beruflich-sozialen Erfolgs.« Ja, ja. Die Schönen, aber vor allem die Erfolgreichen, ausgerechnet die sind ohne Anhang. Macht und Erfolg scheint Männer sexy zu machen, Frauen dagegen unsexy. Wenn auch noch, unabhängig vom Erfolg, eine überirdische Schönheit dazu kommt, ist es völlig vorbei.

Das Problem: Manche Männer, definitiv mehr als Frauen, wollen Schönheit anbeten. Aber bitte doch nicht besudeln, geschweige denn wahrhaben, dass Lady Madonna ebenso Allerweltssex haben will wie alle auf der Welt. Nein, nein, Eva wird angebetet, die Reine, die Schöne, die Unerreichbare, weil Schwelgen und Schwärmen so schön ist, und mit Lilith, der nachtschwarzen Dämonin mit Hang zum Singlesein, wird gebumst.

Und was macht die Erfolgreiche, wird auch sie angebetet? Ja – auf eine andere Art. Sie wird bewundert für ihren Biss; gleichzeitig traut Mann ihr den Egoismus zu, nur sich und den Job in den Mittelpunkt zu stellen, aber niemals ihn. Zudem wollen nur die wenigsten als »Mann von ...« durch die Gegend laufen. Schade.

Der Macho für gewisse Tage

An vierundzwanzig von achtundzwanzig Tagen im Monat reicht der Rainer völlig aus. Treu. Ergeben. Tolerant. Innere Ruhe und Kraft und, leider, eine gewisse Unaufgeregtheit zeichnen den Mann aus, für den sich Frau entschieden hat, inklusive Kuschelbierbäuchlein und Wollsocken, aber Verlässlichkeit.

An vier von achtundzwanzig Tagen ist es jedoch Ricardo, der heißblütige Macho, dem man so weit trauen kann wie sich um die Ecke gucken lässt, mit Dreitagebart, Sixpack, animalischem Getue und rotzfrechem Distanzgebaren.

Rainer und Ricardo. Der eine ist gut, um die Brut aufzuziehen. Der andere, um sie zu produzieren, und für diese Fehlfunktion haben Wissenschaftler auch noch einen Namen: Genpool-Fishing. Man nehme sich den stärksten Typen, der gesund und kräftig und lecker aussieht, schnappe sich sein Sperma und damit seine Gene, gehe nach Hause und baue ein Kuckucksnest. Angeblich soll jedes zehnte Kind nicht vom eingetragenen Vater sein, der für die Brut auch noch Geld nach Hause bringt; aber fangen Sie jetzt bitte nicht an, im Kindergarten nachzuzählen. Vulgo: Der eine Kerl ist gut zum Kindermachen, der andere zum Behalten. Es gibt Macher und Pfleger.

Nein? Doch. Wenn Frau keine Pille nimmt und demnach nicht von Hormonen verseucht ist, gehorcht sie um die Zeit des Eisprungs zumindest gefühls- und sehnsuchtsmäßig dem alten Erbe Evolution. Das Dumme an uns Menschen ist ja: Wir fangen nicht mit jeder Geburt oder Generation bei Null an, nee, nee, wir tragen in den Windungen des Gehirns die Informationen und gebräuchlichen Verhaltensmuster von Jahrmillionen in uns. Dazu gehört eben auch das Fischen nach Fischen und Genen; es gibt Alphastiere, die als Erzeuger top sind, weil sie stark und unabhängig und gesund sind – und genau aus demselben Grund inakzeptabel für die Aufzucht; dafür gibt es ja die Alphabullen oder Betamännchen.

Brutale Kiste, diese Biologie.

Deswegen hier das Aber: Sich darauf auszuruhen zählt nicht, denn kollektive Erinnerung hin oder her, es hat doch jeder den Verstand bekommen, sich nicht wie eine Marionette von seinen reflexhaften Trieben herumschleifen zu lassen. Und doch ist es so, dass Frauen um den Eisprung herum jene Männertypen begehren, für die sie ganz bei Sinnen nicht mal einen Tee übrig hätten. Ficken ja, aber Gottchen bloß keine Beziehung.

Sich darüber zu ärgern wäre schade. Sie müssen es aber besonders als Frau mitbekommen, dass Sie nicht an jedem der achtundzwanzig Tage nur von Lust getrieben werden, und dürfen sich auch nicht darauf einlassen, Lust mit Liebe mit Beziehungswunsch gleichzusetzen. Schlafen Sie mit dem geilen Macho, aber reden Sie sich nicht ein, dass Sie mehr von ihm wollen, wenn Sie es doch besser wissen. Sie dürfen auch Lust haben, ohne eine Partnerschaft zu wollen, also geben Sie ihm nicht Ihre Telefonnummer, um auf einen Anruf zu warten, in dem er zugibt, sie zu vermissen. Tut er nicht.

Und wie finden das die verlässlichen Rainertypen, wenn Ricardo plötzlich des Wegs kommt? Sollen sie Mademoiselle Anglerin einsperren, so vom zehnten bis zum sechzehnten Tag, nur um sicherzugehen?

Wäre ne Idee, aber keine gute. Nutzen Sie lieber die Gelegenheit und lassen den verschütteten Minimacho in Ihnen heraus, und zergeln Sie sie an den Haaren hinter sich her bis ins Bett. Zärtlich, versteht sich.

Dumm fickt gut?

Widmen wir uns einem entzückenden Klischee, das seinen Ursprung in einer Zeit hat, als es mehr und mehr intellektuelle oder existentialistisch eingestellte Frauen gab, die hochgeschlossen mehr auf den geistigen Fick denn auf den tatsächlichen standen. Um diese Damen in ihrer Selbstwahrnehmung zu treffen, die einigermaßen gebildet und dem Durchschnittsmanne über waren, weil sie nicht nur das letzte Wort hatten, sondern meist auch noch ein entwaffnend kluges, erfand man also das Gerücht, dass dumme Frauen besser im Bett seien. Zu etwa derselben Zeit entstand die Mär, schöne Frauen seien selten klug oder kluge Frauen meist hässlich, deswegen bliebe ihnen ja nichts anderes übrig, als durch den Verstand aufzufallen.

Süß, nicht wahr.

Wahr ist jedoch: Dumm kann gar nicht gut ficken. Dumm ist vielleicht gut *zum* Ficken, weil es nicht darüber nachdenkt, was es da tut, weil es nicht vorher oder hinterher über die Rolle der Frau in der Gesellschaft im allgemeinen oder in seinem Leben im speziellen diskutiert, und weil es nicht auf die Idee kommt, bei der Liebe von hinten anzunehmen, der Mann würde die Frau nur deshalb beim Sex unterwerfen, weil er es im wahren Leben nicht mehr schafft. Und weil Dumm wenig denkt, kann es sich fallenlassen beziehungsweise ganz auf das Wesentliche konzentrieren, anstatt sich währenddessen Gedanken über die Weltpolitik zu machen oder zu denken, dass die Laken ausfransen. Ist also ganz gut zu vögeln. Vor allem, weil Dumm dran glaubt, wenn sie gesagt bekommt: »Ich liebe dich«, und sich zu Dreiern, Fünfern oder auch Sechs Richtigen hinreißen ließe. Oder weil Dumm weiß, dass es dumm ist, und durch körperliche Vorzüge glänzen will.

Sie sind eklig und gemein, solche Männer, die mit Frauen schlafen, sie aber nicht ihren Freunden vorstellen, weil sie sich ihrer angeblichen geistigen Einfachheit schämen. Übrigens sagen mehr Männer über Frauen das hässliche DFG, während Frauen eher annehmen, der gebildete Intellektuelle sei zu wenig Mann, und deshalb von der

Unverbrauchtheit eines Mittelständlers schwärmen. Gern in Blaumann oder Cargohose, nacktem Oberkörper und Maschinenöl. Mit dem wollen sie aber nicht vögeln, weil er ihnen dumm vorkommt, sondern weil er männlich wirkt. Denn er handelt lieber statt zu reden, und davon lassen wir Frauen uns gern überzeugen.

Ja, ich messe mit zweierlei Maßstäben, denn sonst hieße das Buch *Warum Männer und Frauen eigentlich dasselbe sind.* Frauen reden von einfachen Gemütern mit dem Body eines Pin-up-Leckerlis selten verachtend, sondern bewundernd. Sie führen ihn vor, ihren Spielboy, sie widersprechen sich nicht selbst, indem sie sagen: »Hey, er ist zwar dumm, das finde ich verachtenswert, aber er fickt so gut.« Frauen vermeiden es, mit jemandem zu schlafen, den sie verachten. Sie schwärmen von seiner romantischen Simplizität, anstatt sie niederzumachen.

Dumm fickt also eigentlich nicht besser oder gut, denn was die Erotik braucht, ist der Kick im Kopf. Wenn da nix ist, was gekickt wird, dann wird der Dummfick einmal spannend sein, aber um auf Dauer guten Sex zu entwickeln, wird das Dummi nicht taugen. Es funktioniert zwar maschinell, aber nicht experimentell. All die erotischen Zwischenwelten sind für das Dummi in etwa so hoch wie die Frage nach der Bedeutung der Bedeutung. Das Dummi wird nicht fähig sein zu erotischen Spielen, verbalen Scheinkämpfen oder lustvollen Inszenierungen, weil das Dummi nicht darauf kommt, dass es mehr gibt als reinstecken, stöhnen und vor dem Spiegel Sekt aus dem Nabel saufen. Gut, die Stärke des männlichen Dummis soll seine Kontinuität und Kondition sein; aber da wären wir gleich beim nächsten Vorurteil, dass Akademiker alles Schnellspritzer sind. Kann ja nicht sein.

Wenn Sie einen Mann treffen, der diese Fehlinformation von DFG in den Raum flüstert, dann seien Sie gewiss, dass sein Niveau in etwa dem eines Hefebrots entspricht (das hat zwar zu 20 Prozent dieselbe DNS wie wir, aber dumm ist es, oder?). Es ist nicht machohaft, was er sagt, er ist nur ein erotischer Einseiter. Er weiß es nicht besser, und er wird die bessere Seite auch nicht herausfinden, weil ihn keine

Frau mit Verstand ranlässt. Dumm lässt sich gut ficken, ach ja, da muss er sich nicht anstrengen, aber klug fickt besser.

Andere Frage. Was heißt eigentlich dumm? Welche Menschenwesen stehen da vor dem geistigen Auge der DFG-Gläubigen? Handwerker? Sekretärinnen? Groupies? Bohlen-Häschen? Prominentengeile Lackminiträgerinnen? Oder einfach all jene, die über Mantawitze lachen, keine Fremdsprache können, gutmütig sind, zur Arbeiterklasse gehören, sich nichts leisten können oder einfach nur dumme Dinge sagen, oder was? »Dumm« liegt im Auge des Arroganten.

Ich habe schon dumme Chefredakteure getroffen und kluge Bauarbeiter. Ich weiß, dass ich mit einem dummen Menschen nicht schlafen möchte. Und jene, die es tun, um hinterher damit aufzutrumpfen, wie sie ihre geistige Überlegenheit ausspielen, sollen sich ihrer Übermensch-Mentalität zutiefst schämen.

Und um allen Dummfickern noch richtig einen mitzugeben, nehmt dies: Intelligenz ist ein rein weiblicher Erbfaktor. Von den etwa vierzigtausend menschlichen Genen sind vierundzwanzigtausend für die geistige Entwicklung zuständig. Eine besonders hohe Dichte davon findet sich auf dem weiblichen Geschlechtschromosom X. Auf dem Y-Chromosom, das den kleinen Unterschied und Menschen zu Männern macht, fanden die Wissenschaftler hingegen kein einziges Intelligenzgen! Kein! Einziges!

Deshalb, so schließt der Forscher Horst Hameister von der Uni Ulm, neigen Männer eher zu Geisteskrankheiten und sind »im sehr niedrigen Intelligenzbereich« zahlenmäßig stärker vertreten als Frauen. Der Grund: Wenn sich auf dem einzelnen X-Chromosom, das Männer erben, eine ungünstige Kombination von Intelligenzgenen findet, fehlt – anders als bei Frauen, dem XX-Geschlecht – eine Kopie des X-Chromosoms, die den Mangel ausgleicht. Dieses Prinzip ist von der Bluterkrankheit bekannt, an der nur Männer erkranken. Andersherum ist eine geniale XY-Kombi zuständig für die Hochbegabten. Männer.

Hameister meint weiter: »Biologisch ist der benachteiligte (dumme) Mann schon von Beginn tot, da keine Frau ihm die Fortpflanzung ermöglichen wird.« Fragt sich nur, warum die menschliche Dummheit nicht längst ausgestorben ist. Der Vererbungslehre zum Trotz gibt es Kombis von selten dämlichen Männern, die halbwegs normale Frauen von Ehe und Kindern überzeugen konnten. Umgekehrt gilt dasselbe. Was vielleicht daran liegt, dass sexuelle Selektion im Menschenreich auch Liebe genannt wird, und – trotz fabelhafter Intelligenzgene – den Verstand zeitweilig außer Kraft setzen kann. Vor allem bei Frauen.

Doch erst Kultur, Gesellschaft, Erziehung, Bildungschancen machen aus den Anlagen das, was wir mit Intelligenz und Verstand meinen. Hierbei waren Männer über Jahrhunderte im Vorteil, was sich in der Berufswelt erkennen lässt. Trotz nachgewiesener weiblicher Intelligenz ist hierzulande nur ein Drittel des mittleren Managements mit Frauen besetzt, im Topmanagement sind es 6 Prozent, in den hundert größten börsennotierten Unternehmen Deutschlands sitzt keine Frau im Vorstand. Obwohl Mädchen im Schnitt die besseren Abiturnoten haben und bei den Studienanfängern die Mehrheit bilden, stellen sie am Ende nur ein Drittel der Doktoranden. Dafür sind Verkäufer immer noch zu 80 Prozent weiblich und Sprechstundenhilfen zu 99,7 Prozent. Männer sind »klug« genug, solche mies bezahlten und arbeitsintensiven Beschäftigungen zu meiden. Warum sind Frauen so wild darauf?

Während Männer zu 80 Prozent den Beruf an die erste Stelle ihres Lebenskonzepts setzen, wollen 80 Prozent der Frauen Liebesglück und Familie. Sogar am Arbeitsplatz ist es 75 Prozent aller Frauen wichtiger, sich wohlzufühlen und gemocht zu werden, als Asche zu machen.

Vielleicht haben Genetiker nicht ganz unrecht mit der zynischen Behauptung, Frauen seien nur mit Intelligenzgenen ausgestattet, um sie an Männer zu vererben, weil sie selbst nichts Besonderes damit anfangen wollen – außer clever heiraten. Eine Schande.

Warum Männer zu Huren gehen und Frauen nicht zu Callboys

Männer gehen zu Huren – vierzehn Gründe, weshalb sie es tun, plus drei Gründe, wegen denen sie es bestimmt nicht tun:

1. Sie können sich straflos dazu bekennen, dass sie auf einen bestimmten Typ Frau abfahren, ohne sich dafür schelten lassen zu müssen, ein bloß aufs Aussehen fixierter Scheißkerl zu sein.
2. Sie müssen keine Liebe vorgaukeln, um Sex zu bekommen. Und haben so ihre Gefühle unter Kontrolle.
3. Sie können sagen, was sie sich wünschen, ohne dafür eine gewischt zu bekommen oder tagelang als Perversling geahndet und verachtet zu werden. Selbst wenn es sich nur darum handelt, eine Stunde lang im Arm gehalten zu werden.
4. Sie sparen sich den Aufwand, eine Frau kennenzulernen, sie mit zwei bis fünf Dates zu umgarnen, um sie endlich ins Bett zu kriegen, und sich hinterher damit auseinanderzusetzen, warum sie keine Beziehung haben wollen.
5. Eine Geliebte wäre teurer und würde nach zwei Jahren auf Scheidung drängen.
6. Sie üben mit Huren Praktiken aus, die sie von ihrer eigenen Frau, der heiligen, nicht verlangen würden, weil sie sie dann nicht mehr verehren könnten. Stichwort: Altar Schönheit oder warum Männer zwischen Eva und Lilith taumeln (siehe S. 259 f.).
7. Sie wissen, wie Geschäfte funktionieren, aber nicht, wie eine Beziehung geführt wird. Tauschhandel ist für sie fassbarer als Kompromisse.
8. Weil sie so unattraktiv sind, dass eine Frau sich mit ihnen nur einlässt, wenn sie blind ist.
9. In gewissen Kreisen gehört es zum guten Ton, wie der sonntägliche Bridgeabend.
10. Weil sie schon immer mal wissen wollten, ob der Sex besser ist.
11. Weil sie ihre Frau lieben, aber nicht begehren, und für sie das

Geschäft mit einer Hure der Idee der geistigen Monogamie und menschlichen Liebe am nächsten kommt.
12. Weil sie es aufregend, verboten und abenteuerlich finden und der Rest des Lebens so dröge vor sich hin fließt.
13. Weil Frauen ihnen überlegen sind.
14. Weil sie nicht abgelehnt werden möchten.

Angeblich soll jeder, äh, vierte Mann bereits mal bei einer Hure gewesen sein. Ich frag mich ja, wie sich das zählen lässt. Fragt man jeden vierten Mann, der aus dem Puff kommt, ob er gerade drin war??! Aber gut – warum gehen Männer bestimmt *nicht* zu Huren?

1. Weil Huren etwas Aufregenderes machen als Nicht-Professionelle. Nö. Sie machen nichts anderes, sie machen, was er will, und das nur, weil er fähig ist, es auszusprechen.
2. Weil er seine Frau nicht mehr liebt. Auch nicht. Dann hätte er eine Geliebte.
3. Weil er einen Unterleibsstau hat, den er loswerden will, bevor er jemanden zu Sex zwingt. Unsinn. Vergewaltiger werden nicht dadurch von der Tat abgehalten, dass sie auch zu Huren gehen könnten. Sobald Geld im Spiel ist und also gegenseitiges Einvernehmen herrscht, fällt ja das Machtspiel weg.

Frauen haben es dagegen nicht sosehr mit Callboys. Ihnen missfällt es, dass etwas so Intimes wie Sex allein mittels Geld zu einer Sensation werden soll. Sie wollen begehrt werden, weil sie es sind, die Lust auslösen, und nicht das Knistern der Scheine. Obwohl ein Callboy genau dazu da ist, Wünsche zu erfüllen, bietet er nicht das Umfeld, damit sich Frau überhaupt zu ihren Wünschen bekennt. Sie will, dass er sie auch dann noch wunderbar findet, wenn sie abgrundtiefste Phantasien gesteht, und nicht, weil sie für ihre Absolution gezahlt hat.

Schade eigentlich, denn wo kann es einer Frau mehr egal sein, was ein Mann von ihr hält, wenn nicht bei dem gemieteten Mann? Worin besteht der Unterschied zu einem One-Night-Stand? Klar, im Geld, sie muss den One-Night-Stand nicht dafür bezahlen, dass er sie will, aber unter Garantie ist jeder zweite One-Night-Stand genauso wenig mit dem Herzen bei der Sache wie ein Bestboy.

Frauen ist es auch nicht egal, ob sie einem Gigolo gefallen oder nicht. Als gelernte Frau wollen sie auch dem Huro gefallen.

Klar gibt es einige, die ihre bestellten Buben inspizieren und jemand anders anfordern, wenn sie nicht genau dem entsprechen, was sie wollen. Die befriedigt es, sich ohne Umschweife und ohne Verabredungsstress den »Traummann« ins Bett zu holen, auf dass er es dort genauso macht wie sie sich das wünscht.

Voraussetzung ist allerdings das offene Gespräch. Für Frauen ist es immer noch entzaubernd, wenn er nicht in der Lage ist, ihr Innerstes zu erforschen und zu erobern, ohne dass sie Anweisungen geben. Oft hoffen die Damen mit der Kreditkarte, der Callboy wüsste schon, wo's langgeht, und einer, der wirklich gut ist, wird es auch herausfinden, ohne dass bereits per Telefon sämtliche Stellungen und Spiele vorgeplant werden. Doch letztlich ist es für eine Frau nur eine flaue Befriedigung, Sex gegen Geld zu bekommen. Etwas, was sie theoretisch auch jederzeit umsonst haben könnte, fragt sich eben nur, mit wem.

Klischee: Ein Mann, der zu einer Hure geht, ist ein Macho. Eine Frau, die zu einem Huro geht, hat's wohl nötig und ist zu bedauern – so zumindest die öffentliche Meinung. Dabei sind viele Frauen sehr, sehr neugierig, wenn ich sie auf Callboys anspreche: Ist da vielleicht der Schlüssel zum sexuellen Glück verborgen …?

Nein, der Schlüssel liegt in der Frau selbst. Wenn Sie fähig sind, Ihre erotischen Innenwelten für sich zu formulieren und dann auch laut gegenüber einem Mann, der sie erfüllen soll – das ist der Anfang der Reise ins erotische Ichzentrum. Wenn Sie es mal ausprobieren wollen, achten Sie aber bei der Bestellung des Herrn auf folgendes:

Suchen Sie sich ein paar Anzeigen aus den Tageszeitungen heraus oder halten Sie direkt nach Agenturen Ausschau. Bei den Jungs, die auf eigene Kappe arbeiten, sagen Sie am Telefon nicht Ihren vollen Namen und unterdrücken die Rufnummer. Lassen Sie sich erzählen, wie er aussieht, was er im Repertoire hat, wie die Preise sind. Wenn er Ihnen unsymphatisch sein sollte, legen Sie auf. Bestellen Sie ihn *nicht!* nach Hause, sondern treffen Sie ihn zum Vorgespräch in einem Café. Gucken Sie sich ihn genau an. Machen Sie es nicht bei sich zu Hause, sonst droht immer noch die Gefahr, dass er Sie erst folgsam ans Bett fesselt und dann seine Jungs anruft, damit die Ihnen die Bude ausräumen. Gehen Sie mit ihm in ein Hotel. Wenn er kein Verhütungszeug dabei hat: Raus. Stören Sie sich nicht daran, dass er im Zweifel jemanden anruft, um zu sagen, wo er ist, das dürfen Sie auch machen und dient der gegenseitigen Versicherung. Bestätigen Sie noch mal den Preis und die Zeit. Eine Nacht beziehungsweise ein Abend dürfte im Moment zwischen 250 und 500 Euro schwanken, Stundenpreise entsprechend geringer. Nehmen Sie nicht mehr Geld mit als das, was abgesprochen war. Lassern Sie sich verführen. Lassen Sie sich aber, solange Sie noch kein inniges Geschäftsverhältnis aufgebaut haben, nicht gleich am Anfang ans Bett ketten, vor allem müssen Sie auch wissen, ob er die entsprechende Zubehörerfahrung hat, bevor er Brustwarzenklemmen oder Brenneisen an Ihnen ausprobiert. Küssen ist drin, warum auch nicht, die Kerle wissen, dass Frauen das mögen. Wenn Sie es mögen. Er kann Sie ja zum Beispiel erst massieren, dann salben, dann lecken, dann ketten.

Für den Fall, dass er sich in Sie verlieben sollte, was theoretisch möglich ist, überlegen Sie sich, womit der talentierte Mann sein Geld künftig verdient, auch wenn er Sie auf Händen zu tragen gedenkt. Lassen Sie es im Zweifelsfall lieber bleiben, der Start aus dieser Konstellation ist denkbar schlecht, vor allem, wenn Sie mal Kundin waren. Hört er nämlich irgendwann auf mit seinen Zärtlichkeiten, was in einer Beziehung durchaus denkbar ist, werden Sie versucht sein, sich seine Lust zu erkaufen, und stehen dann dumm da, wenn Sie sogar von ihm, den Sie früher bezahlten, abgelehnt werden. Ansonsten vergessen Sie beim Umgang mit ihm nie: Er ist ein Mensch mit Hoffnungen, Wünschen und Träumen wie Sie, und Sie werden ihn nicht dafür verachten, dass er seinen Körper verkauft. Oder verachten Sie Ihren Bäcker dafür, dass er Geld nimmt für seine Ware? Eben. Jeder nach seinen Talenten.

Groß, stark, dunkle Haare – wen Frauen wollen

Und es ist doch kein Klischee, dass Frauen auf die »inneren Werte« abfahren. Gut, für jede fünfte Frau ist nach Erkenntnissen von Meinungsforschern die äußere Erscheinung wesentlich, damit sie überhaupt darüber nachdenken, für ihn die Haarbüste in die Hand zu nehmen oder ihn in ihr Leben aufzunehmen. Die Ladys, die so viel Wert aufs Aussehen legen, sind im großen und ganzen auch jene, die auf seinen Job und nach seiner finanziellen Lage schielen: Auch das tut jede fünfte, und in der Mehrzahl der Fälle sind es die Good-looking-Anhängerinnen. Sie erkennen solche Frauen übrigens daran, dass sie zuerst erzählen, was der Typ macht und wie er aussieht; seinen Namen oder ob er charmant ist, werden Sie nie erfahren, wenn Sie nicht danach fragen. Meist bleibt es beim »nett«, der ungebührlichsten aller Aussagen; ich hasse dieses Wort.

Ansonsten sind gelackte Dandys, bodygestylt und fashion-geleckt für die Mehrzahl der Frauen nur eins: indiskutabel. Sie regen auf, nicht an. Typen ohne Ecken und Kanten sind das, aber keine Männer für eine Partnerschaft. Es sind der Blick, die Stimme, die Gestik, das persönliche Etwas, was den Mann so anders als die anderen macht, und oft findet sich eine Frau, die von sich behauptet, die großen Dunkelhaarigen hätten es ihr angetan, glücklich an der Seite eines blonden Moppels wieder. Was Frauen wollen, ist: Ausstrahlung. Anstand. Zärtlichkeit. Vertrauen. Sex – nein, der ist überschätzt, lieber: Liebe. Gut riechen soll er, das ist wichtiger als reich sein, lieber ein Charmeur, der sich in Kleinigkeiten bemüht oder auch im großen und zum Beispiel die Karriere hinter die Familie stellt und Erziehungsurlaub nimmt.

Das tun gerade mal 2 Prozent aller Männer.

Was uns das aber sagt, all diese Forschungsergebnisse: Dass Männer manchmal völlig unnötigerweise damit beschäftigt sind, cool und modisch zu sein, dass ein fettes Bankkonto und Angeberstatussymbole längst nicht mehr der Hit sind und dass Sexgötter zwar nett, aber nicht der Reißer sind. Nicht mehr die Pfauenfedern sind es, sondern das ungespreizte Pfauenherz. Je besonderer das Aussehen ist – nicht auf das glatte, beliebige, verwechselbare Durchschnittsschönheitsgesicht kommt es an, sondern auf den Bruch darin –, desto eher ist Mann wie Frau interessant.

Das sollte doch mal gesagt werden, oder?

Warum Männer sexuell belästigen

Erstens: Weil SIE es wollen, nicht die Frau (wie hinterher behauptet wird). *Zweitens:* Weil Irren männlich ist. Unbefriedigte Männer deuten weibliche Signale oft falsch, normale Kerle deuten sie gar nicht oder nur ansatzweise richtig. Sie rechnen häufig mit Sex, während Frauen nur ein unverfängliches Spiel im Sinn haben oder mit ihrer Körpersprache rein GAR NICHTS ausdrücken wollen. Das ergab eine Studie von Forschern der US-Universität Princeton. Deren Ergebnissen zufolge begehen allerdings hauptsächlich solche Männer diesen eklatanten Irrtum, die mit ihrem Liebesleben nicht zufrieden sind. Umgekehrt seien Männer, die in einer erfüllten Beziehung leben, weniger empfänglich für Signale, auch wenn es sich um eindeutige Avancen handelt. Generell aber litten Männer unter der evolutionsbedingten Angst, eine sexuelle Gelegenheit zu verpassen. Ha. *Drittens:* Weil sie es können, im Gegensatz zu uns.

Die ganze Unterdrückungstheorie (vor allem in Konstellationen von Chef und Abhängiger oder innerhalb männlich dominierter Berufsgruppen) ist ein weites Feld von Kann-sein und Muss-abernicht. Es kann sein, dass ein Kerl sich vor den Kollegen profilieren will und eine Kollegin mit Worten oder Patschefingern sexuell belästigt. Es kann sein, dass er meint, es gehör zusammen, was die Natur passend füreinander gestaltet hat, und sie solle sich mal nicht so zickig anstellen, schließlich sei er ja ein Mann und sie eine Frau. Es kann sein, dass ein Mann seine Dummheit und sein Defizit an Macht an der körperlich unterlegenen Frau ausgleichen will. Kann aber auch sein, dass er Signale absolut falsch versteht oder welche sieht, wo gar keine sind. Nach den Leutchen von Princeton wäre das absolut möglich.

Warum Macht auf Frauen sexy wirkt, auf Männer eher nicht

Macht. Was heißt Macht? Leute befehligen. Für Fehltritte weniger geahndet werden. Schutz bieten. Zukunft, Sicherheit, Geld. Sich im Machtkreis eines Mannes zu plazieren kann für einige Frauen das Leben lebenswert machen. Sie setzen Macht mit Alphatierpotential gleich: Kann er mich, meine Brut, angemessen versorgen? Prima. Her damit.

Dieses Versorgungsding haben Männer weniger drauf; im Gegenteil, von einer Frau zum Beispiel finanziell ausgehalten zu werden kann Männer mental fast kastrieren. Wenigstens gleichwertig wollen sie sich fühlen, Nutznießer der Machtstellung einer Frau zu sein, halten sie für unerotisch und männlichkeitsbeschneidend.

»Aber er will nur mein Geld«, höre ich einige Frauen sagen. Hey! Früher war's der Körper! Nein, ernsthaft: Wir reden hier von Dauerstellungen, nicht von Heiratsschwindlern oder Kerlen, die sich an der Frau mit Macht rächen, indem sie sie hinsichtlich ihrer Zuneigung in der Schwebe lassen oder sich rächen, indem sie IHR Geld ausgeben für Amüsemang mit Bordsteinschwalben.

Der kleine Unterschied zwischen Frauen und Männern, die einen Partner in gesellschaftlich überlegener Position haben, ist so: Frauen haben kein Problem, das zu nutzen und es als persönlichen Erfolg zu nehmen, einen Gewinner abgecatcht zu haben. Männer dagegen vergleichen, wie sie sich immer schon mit anderen verglichen haben (Stichwort Neid: Mein Nachbar hat schon das Rad und das Feuer erfunden, und er hat eine dänische Blondine, ich will auch!), um sich gut zu fühlen oder sich weiterzuentwickeln. Wenn sie bei dem Vergleich schlecht abschneiden, und auch den Wettbewerb nicht aufnehmen können (welcher Mann konkurriert schon gern mit einer Frau, die ist so … anders?), fühlen sie sich unwohl. Unsicher. Eine Frau mit Macht, Geld, Selbstbewusstsein könnte ja sagen: Na, du Pupser, was willst du, du genügst mir nicht. Klar ist es sein Problem, dass er sich das einbildet. Anstatt stolz auf seine tolle Frau zu sein, grübelt er, was sie, andere, und vor allem er, davon hält, dass er ihr in dieser einen Sache nicht gewachsen ist. Und dass sie ihn nicht braucht. Herzchen, sieh es so: Wenn Sie von einer so tollen Frau geliebt werden, müssen Sie ja ein Held sein. Sonst wäre die Wahl nicht auf Sie gefallen!

Shaved the Queen? Von nackten Hügeln und Dreitage-Kriegen

Eine Geschichte zum Thema Intimrasur:

Hach! Dreitagebärte sind ja so männlich! Huch! Und machen rote Flecken. Überall! Im Gesicht, und … äh, bäh, rasier dich, Samson, aber flott.

Rasier du dich doch, Delilah!

Du Lüstling, kreischte die Schöne, du willst doch nur, dass ich ein Mädchen bin! Unschuldig! Vor dem du keine Angst zu haben brauchst, das du schänden, der du das Blümchen der Ehre entreißen kannst, na warte!

Halte ein, Delilah, rief der Mann mit dem Wallehaar, ich will doch nur deine zarte weiße Haut sehen und sie küssen und kosen, ohne dass ein Härchen sich zwischen meinen Zähnen festsetzt! Und außerdem weiß doch jeder, dass erwachsene Frauen, die sich die Scham rasieren, alles andere als unschuldig sind, das ist ja der Spaß dabei: Sieht so rein aus und ist doch ganz anders! Die Verheißung des Abenteuers! Die Verlockung des Verbotenen! Hure und Heilige zugleich in einer Person, wow! Hier ist der Wilkinson …

Und Delilah dachte nach. Spätestens nach drei Tagen würde ihr Venushügel übersät sein mit roten Pünktchen. Sobald die Haare nachwuchsen, würden sie jucken, und man könnte eine Weile keine enganliegenden Sachen tragen, weil es so schabte und schubberte! Och, nö!! Und überhaupt, wie stellte er sich das vor, überall rasieren, die Schamlippen klappen nach innen, da sind auch Härchen dran, wie soll man da rankommen? Und was ist, wenn man sich schneidet? Etwa wachsen, mit Wachs, Heißwachs, Kaltwachs gar?! Hallo, sind wir hier in Kalifornien oder Brasilien? Und wo sollen sich jetzt die Duftstoffe sammeln, wenn nicht im Busch? Och, nö!

Och, bitte, flehte Samson, es sieht aber so schön aus und fasst sich so schön an. Na, gut, es ist kein Unterschied, wenn ich meinen Lanzelot in deiner Tralala versenke, aber es sieht einfach klasse aus. Finde ich. Ich bin ja nur einer. Von einigen. Anderen ist das wurscht, ob mit oder ohne, aber es sieht einfach schön aus, wenn deine Blume erblüht, sich die Schamlippen im sexflush verändern, schwellen, erröten, sich öffnen, schwelgen, duften … und das will ich sehen! Augenmensch, ich! Los, Weib, nimm Rasierschaum.

Na jut. Sie tat es denn, so wild war's nicht, und sie wurde sich ihrer Mitte bewusst. Sie konnte an nichts anderes mehr denken als: Ich bin da nackt, wo andere nicht nackt sind. Aber es fühlte sich gar nicht so schlecht an. Gut, das Jucken war blöde, aber Delilah ließ sich nicht jucken und rasierte einmal die Woche nach, und siehe da, Pünktchen wie Juckreiz schienen weniger zu sein. Sie vermied fortan, Kunstfasern zu tragen, und dachte daran, sich die Haare in der Pofalte zu entfernen. Zum ersten Mal konnte sie ihre Tralala betrachten, und es gefiel ihr. Sie beschloss, wenn es ihr gefiele, mache es ja nichts, wenn es ihm auch gefiele, aus welchen Gründen auch immer – muss man alles verstehen, um es zu genießen? Nein, und Haare wachsen eh von selbst wieder nach. Schnippdischnapp, und im Gegenzug schnitt sie Samson das Haar ab, wonach er in Fesseln fiel.

Mit 19 entzückend. Mit 29 hinreißend. Mit 39 unwiderstehlich (Coco Chanel) oder Warum Frauen ab 30 besseren Sex haben (wollen) und kriegen

Es ist leider so: Männer besitzen zwischen dem zwanzigsten und dreißigsten Lebensjahr ihren höchsten Sexdrive, sind also aktiv, wollen und können dauernd und genießen Sex in vollem Ausmaß, wir Frauen ziehen zwischen 30 und 45 hinterher. Dann macht uns die Sache erst richtig Spaß. Weil wir uns leichter entspannen können. Gelernt haben, zu sagen, was wir wollen. Wissen, dass ein eingezogener Bauch keinen besseren Sex macht und wir sowieso weniger darum bemüht sind, gut auszusehen, sondern uns gut zu fühlen, nicht mehr gefallen wollen, sondern versuchen, es uns gefallbarer zu gestalten. So langsam begreifen wir, dass Sex keine Erfolgsturnübung ist, sondern eine Sache, die sich auch mit drei Stellungen wunderbar erleben lässt, und dass Sex und Liebe trennbar sind. Wir wissen, dass wir nicht mehr alles sein müssen, Hure, Heilige, Dame, Erfolgsfrau, Mutter, Kindchen. Nur noch wir selbst. Und: Unser Östrogenspiegel ist der Hammer in dieser Zeit.

Wie das Zeug wirkt? Der Normwert liegt zwischen 200 Pikogramm pro Milliliter Blut und 30 pg / ml kurz vor der Menopause. Östrogene werden in den Eierstöcken und im Gehirn produziert sowie vom Fettgewebe abgegeben. Männer haben durchschnittlich nur 50 pg / ml Östrogen im Blut. Östrogene bestimmen die Fruchtbarkeit, fördern den Spaß am Sex, sorgen für weibliche Formen, feste Haut und attraktiven Körperduft, schützen das Herz und vor Stress, erhalten die gesunde Scheidenstruktur und die Lubrikation bei Erregung. Dazu kommt ein Hauch Testosteron (nach der Menopause wird aus dem Hauch allerdings ein Haufen), das sich so auswirkt: Frauen produzieren Testosteron in den Eierstöcken und Nebennieren. Es steigert sexuelles Verlangen, Libido und den Sexualtrieb, vermindert den Fettanteil im Gewebe (haHA!!), fördert sexuelle Phantasien und selbstbewusstes Verhalten. So ab Mitte 30 fallen die Östrogenwerte langsam ab, und das Testosteron nimmt zu. Was für eine schöne Zeit! Jetzt haben wir das beste von beiden Geschlechtshormonen, und es könnte richtig zur Sache gehen. Dummerweise fällt bei Männern der Testosteronwert ab 25 langsam, ab 40 dann immer schneller ab. Gerade wenn's uns Spaß macht! Macht nichts – wenn wir nicht alles vom einen kriegen, dann sicherlich mehr bei mehreren.

Huch, hab ich Ihnen jetzt Angst gemacht? Natürlich ist der dreißigste Geburtstag kein Startschuss in die Untreue. Nur wäre es nett, wenn Sie beide, Frau oder Mann, die Zeit zwischen 30 und 45 so intensiv genießen, wie Sie können.

Warum Frauen meinen, Erfolg bei Männern sei Glückssache, Versagen persönliche Schuld – und Männer genau andersherum denken

BM/dpa Hamburg – Bei der Selbsteinschätzung als Liebhaber sind vor allem Männer von sich überzeugt. Frauen dagegen sehen sich selbstkritischer, ergab eine Umfrage im Auftrag der Zeitschrift *Petra*. Das Institut für Rationelle Psychologie hatte insgesamt 3238 Frauen und Männer befragt. Mehrfachnennungen waren möglich.

So, so. Diese Information kann erklären helfen, warum Frauen Abfuhren persönlich nehmen und Männer annehmen, es hätte wenig mit ihnen zu tun, wenn sich Madame nicht willens zeigt. Männer haben den Hang, Fremdverschulden anzunehmen, wenn sie bei einer Frau nicht landen können (»Die hat ihre Tage, ihr Freund ist eifersüchtig, sie ist lesbisch, sie ist doof, sie ist heut nicht gut drauf, das

Licht war schlecht, sie hat keine Ahnung, was ihr entgeht.«), wohingegen Frauen es als ihre ganz persönliche Niederlage erleben, wenn sie abblitzen (»Ich seh scheiße aus, ich hab dummes Zeug gequasselt, ich bin zu fett, ich hab zu kleine Brüste, ich hab das falsche Bier bestellt, ich war betrunken ...«).

Warum das so ist? Aus demselben Grund, warum Männer ihre Bierbäuche stolz herzeigen und Frauen beim Sex ihren Bauch einziehen. Für viele Frauen ist Aussehen eine Art persönlicher Erfolg (und sie beziehen Misserfolg leider auch gern darauf), für Männer hat Leistung beziehungsweise Geld beziehungsweise Macht diesen Stellenwert. Oder haben Sie schon mal eine Frau mit Porscheschlüssel und Rolex winken sehen?

Die Rollenbilder, in die wir uns drängen lassen, haben ansonsten mit typisch weiblich oder typisch männlich wenig am Hut. Es ist nicht genetisch vorprogrammiert, dass Frauen Misserfolg persönlich nehmen und Männer Erfolg als persönliche Leistung ansehen, auch wenn Freund Zufall Trittleiter war. Nein, das prägt sich ihnen mit der Zeit ein, leider. Bevor Frauen annehmen, dass es nur der falsche Zeitpunkt war, diesen Mann anzusprechen, oder dass es nicht an der Körbchengröße liegt, sondern an seiner Art, nicht zuzuhören, muss noch viel passieren. Männern hingegen täte es ganz gut, nicht immer alles von sich wegzuschieben, nur weil sie von Kindesbeinen an auf Erfolg getrimmt worden sind. Denn nur wer aus Misserfolgen lernt, kann sie für sich verwerten, sonst wiederholt sich derselbe Mist immer wieder. Wenn Sie das wollen, bitte, bleiben Sie in Ihrer Rolle kleben. Aber beschweren sich nicht am Tag Ihres Todes, dass Sie Ihr Leben nicht wirklich gelebt haben, wie Sie es wollten.

Warum distanzierte Frauen anziehend wirken

Der Mann jagt der Frau nach, bis sie ihn erwischt (Redensart aus Amerika). Der Mann, der Jäger, muss jagen ...

Wir geben es zu: Ein Mann, der sich uns erst an den Hals schmeißt und dann zurückzieht, ja, der macht sich interessant. Der macht uns verrückt. Da gehen wir mit, da spielen wir mit, aber irgendwann hängt uns die Distanz zum Hals raus. Tschüss, Baby.

Anders bei Männern: Eine deutsch-amerikanische Forschergruppe hat sich mal daran gemacht, die Sache mit dem Spiel von Distanz und Nähe zu untersuchen. Ob es stimmt, dass Frauen, die sich rar machen, interessanter sind als jene, die sich ranwerfen. Und was Frauen im Gegenzug zu Männern sagen, die sich distanzieren. Frauen sagen: »Adieu.« Männer dagegen sagen: »Bleib da! Ich will dich! Du mich doch auch! Schau die anderen bloß nicht an!« Aber das gilt nur für die Zeit, da sie die ersten paar Male Sex miteinander haben; noch ganz anders und deutlicher ist es, wenn zwei sich schon als Paar formiert haben.

Je weniger ein Paar (ein Paar, wohlgemerkt, keine Konstellation, wo noch nicht ganz raus ist, was daraus wird) sich seit dem letzten Geschlechtsverkehr gesehen hatte, desto attraktiver erschien dem Mann seine Liebste, desto mehr fürchtete er, ein anderer könnte auch merken, wie toll und lecker sie ist, und sie ihm wegschnappen – desto mehr Lust bekam er auf Sex mit ihr und, tja, desto überzeugter war er, dass sie auch ganz schnell beim Wiedersehen mit ihm ins Bett möchte. Stichwort »Wochenend-Beziehung«.

Und das alles unabhängig von der Qualität der Beziehung!

Bei Frauen dagegen: Nichts dergleichen. Keine Sorge, er würde sein Sperma woanders verschleudern. Keine Panik, es würde mal eben eine andere vorbeispazieren. Dieser eklatante Unterschied hat Fragen aufgeworfen – ist die Angst des Mannes vor sexueller Untreue der Frau ein rest-evolutionäres Erbe, dass er als potentieller Schwängerer jederzeit auf der Kippe steht? Ist die Eifersucht, die Angst vor der Lust der Frau auf andere, weniger gefärbt von liebesbedingter Eifersucht, sondern biologischer Natur? Geht es für Männer vor allem darum, ihr Sperma mit ins Rennen zu schicken für den Fall, dass da vorher noch ein anderer dran war? Spermawettbewerb – wie bitte? Scheint fast so. Man ist dabei, das im Auge zu behalten. Denn so wie Männer im Gegensatz zu Frauen auf Distanz reagieren, das ist schon ein echter Hammer.

Das ganze ähnelt der Widersinnigkeit der »vorauseilenden Eifersucht«: Männer wollen zwar beim ersten Date bereits dringend mit der Frau schlafen – hoffen aber zugleich, dass sie sich verweigert. Damit riskiert er zwar eine Abfuhr, kann sich aber sicher sein, dass sie »für ihn wie für andere nicht so leicht zu haben ist«. Und das beruhigt ihn ungemein. Fazit für die Praxis: Frauen dürfen sich zieren und rar machen; Männern hingegen wird dasselbe Verhalten als Desinteresse ausgelegt.

Zehn Vorurteile – Warum Männer den G-Spot ergebnislos suchen und Frauen auf seine Nase achten

Sie: »Männer haben Angst vor starken Frauen.«
Er: »Was ist eine starke Frau?«
Dazu der Mann, der neben ihnen auf dem Sofa saß: »Die große Frage, die ich trotz meines dreißigjährigen Studiums der weiblichen Seele nicht zu beantworten vermag, lautet: ›Was will eine Frau eigentlich?‹«
(Sigmund Freud)

Warum Frauen meinen, Männer hätten Angst vor starken Frauen

Warum Männer Angst vor starken Frauen haben? »Weil es so ist«, sagte meine Freundin Ellen lapidar und wandte sich der Frage zu, ob sie mit Wilhelm lieber nach Griechenland oder in die Türkei fahren sollte. Er würde ihr eh nicht widersprechen.

Haben Männer also wirklich Angst vor starken Frauen? Einerseits: Ja. Das haben die Ausführungen zum Thema Macht im vorigen Kapitel gezeigt. Und die Tatsache, dass initiative Sexualität auf Männer eher aggressiv wirkt: Was ist, wenn ich mich nicht beweisen kann? Dann lieber das Risiko nicht eingehen. Oder auch: Och. Die ist so stark und selbstbewusst, da hol ich mir kein Ego-Polish ab, wenn ich sie »erwecke«, gibt ja nüscht zum Erwecken, die ist mir ja über. Oder auch: Nee. Da gibt's nur Kampf. Oder, aber, leider: Initiativ? Stark? Langweilig! Will jagen, nach Beute, die sich sträubt und dann schwach wird, mjamm.

Was aber heißt »stark«? Angeblich sehen die Statistiken so aus:

92 Prozent fürchten sich vor der sprachlichen Gewandheit und Intuition der Frau(en). Wie kaum anders zu erwarten, ist die Potenz der zweite Angstfaktor, der an den Männern nagt: 85 Prozent graut es vor Erektionsproblemen. 66 Prozent glauben sowieso, dass er zu klein ist. Damit aber nicht genug. Das starke Geschlecht fürchtet sich vor dem weiblichen Chef (58 Prozent). Und Angst vor der Auseinandersetzung haben Männer auch (55 Prozent).

Andererseits: Nein. Es gibt eine Menge Männer da draußen, die starke Frauen erholsam finden. Die sich befreit fühlen von bittender Pipimädchenstimme und Frauen, die nicht allein Auto fahren können. Die froh sind, wenn Frauen ihren Kram selbst erledigen, anstatt sich einen Lover mit Hausmeisterbonus zu holen. Unterbewusst wissen diese Männer: Ich brauche Führung. Oder wenigstens jemanden, die in meiner Augenhöhe im Leben steht und der ich nicht ständig zeigen soll, dass sie es wert ist, zu existieren. Oft sind es selbstbewusste, emanzipierte Männer. Wahre Männer. Die wissen, dass eine starke Frau auch weiche Seiten hat.

Aber es geht ja darum, warum Frauen MEINEN, Männer hätten Angst vor »starken« Frauen. Oft finden wir dieses Phänomen des eingeschüchterten Mannes im Job. Wenn der Chef seine Assistentin mies behandelt, heißt es gleich: Der hat doch nur Angst. Oder in der Bar. Wenn er zickt, heißt es gleich: Der hat doch nur Angst. Manchmal sagen ausgerechnet Frauen, die sich nur für stark halten, solche Sätze. Und manche sagen sie, weil sie immer noch allein sind.

Vielleicht. Frauen vermuten hinter Ängsten des Mannes vor einer starken Frau ein angegriffenes Ego. Dazu ein paar Zitate von Frauen, die sich als starke Frau bezeichnen und bei Männern merkwürdige Reaktionen erlebt haben:

»Er wollte nicht als Pantoffelheld gelten«, stellte Mirja fest. »Es war ihm wichtiger, was seine Kumpels und Kollegen dachten, als was wir zusammen erlebt hätten.« Mirja ist Ressortleiterin, er Redakteur.

»Er hatte Angst, ich würde ihn sexuell dressieren, nur weil ich genau weiß, was ich im Bett will«, stellte Anke fest, nachdem Gerald impotent wurde.

»Meine kurzen Haare machten ihm angst. Es konnte nicht daran reißen, ich trug keinen Schmuck, keine hohen Schuhe, ich war in keinster Weise hilfsbedürftig. Er fühlte sich dadurch nicht mehr subtil überlegen, er konnte keinen Schutz zeigen, und ich war ihm zu ähnlich.« Das stellte Natalie fest, als sich ihr Ex hoch angetrunken über ihre über-starke Seite ausließ.

»Er wünschte sich immer eine Kindfrau. Er sah für sich die Bindung erwachsener, gleichberechtigter Partner als nicht möglich an. Er hatte Angst, zuviel falsch zu machen und dass es mir auffallen könnte.« Harte Worte von Ayla, deren Mann sie gegen eine Philippinin »eintauschte«.

»Er hat Angst, ich entdecke seine Schwächen und verachte ihn dafür. Dabei bin ich doch auch nicht perfekt??« Mutlos klingt Claudia, aber noch ist sie mit Rainer liiert.

»Er wusste genau: Mit mir kann er nicht spielen. Er vermisste die Unverbindlichkeit, er hätte sich festlegen müssen. Er traute sich das nicht zu.« Olga nach einer Nacht mit einem tollen Typen, der ihr mit dieser Begründung seine Telefonnummer verweigerte.

»Er machte mich klein. Ich hätte zum Mond fliegen können, er würde darauf beharren, dass das nichts mit mir zu tun hat und dass Sockenstopfen die größere Leistung ist! Ich probierte das Gegenteil: Machte große Augen, gurrte, fragte oft ›Wirklich? Oh, das wusste ich nicht…‹, und was soll ich sagen: Er war ungleich charmanter, wenn ich zu ihm aufsah.« Annabelle, nach den ersten Dates mit einem Politologen.

Ich befürchte, der Satz »Männer haben Angst vor starken Frauen« ist wahr. Begeisterungsschreiben von Männern über starke Frauen nehme ich als Gegenbeweis gern entgegen.

Frauen wollen geheiratet werden, und Ehemänner lassen sich gehen. Oder?

Eigentlich wollen wir nur gern gefragt werden. Aber heiraten – och. Seit wir uns selbst versorgen, ist eine Versorgerehe nicht mehr notwendig. Was die Leute sagen, ist auch nicht mehr so wichtig. Okay, ab und an kriegen wir einen Rappel, wenn sogar Sybille aus der 10B einen Antrag kriegt und wir nicht oder die beste Freundin, die immer mehr Kerle hatte als wir und jetzt den besten von allen – aber deswegen wollen nicht alle Frauen »geheiratet werden«. Die Zeiten haben sich nämlich geändert.

Es geht ja auch das Gerücht, dass Kerle wie Frauen sich nach der Ringansteckzeremonie schlagartig gehenlassen. Dass sie fett werden und faul und träge, kaum dass die Balzphase erfolgreich abgeschlossen ist: Jetzt erst mal Füße hoch.

Das muss ja nicht immer auf jeden oder jede zutreffen, aber ein Phänomen bezüglich der männlichen besseren Ehehälfte ist feststellbar: Sie blenden das Thema Einkauf völlig aus. Auf die Frage, welche Filtertüten in die Kaffeemaschine oder welche Staubbeutel in den Sauger gehören, machen die Kerls lange Gesichter und würden lieber über die neusten technischen Errungenschaften ihres Palmtops referieren. Und: Kaum verheiratet, hören sie auf, ihre Liebste beim Bummel zu begleiten – Shopping ist für Männer Krieg. Horror. Aber damals, als sie noch meinten, nett sein zu müssen, haben sie ihre alarmierende Unlust geschickt verborgen. Jetzt, nach der Zeremonie, fordern sie das Recht auf Rückzug.

»Mutti macht das schon«, lautet die männliche Devise in der Ehe und bei jeder Konstellation, die einem eheähnlichen Verhältnis nahe kommt. Bei allem, was durchlaufende Posten wie Zahnpasta, Socken, Tüten, Toilettenpapier, Duschgel, Kartoffelsäcke angeht, hält sich Monsieur vornehm zurück, bestätigen Umfragen. Das ist eine Art letzter Rest vom »gelernten Mannsein«, das nun mal vorsieht, dass er sich um Geld, Krieg und Abenteuer kümmert, während sie sich um Erhalt, Aufzucht und Pflege bemüht.

Anders bei modisch orientierten Anschaffungen, da schlägt Mann zu. Nur keine Einkaufsbummel! Strategisch will es der Herr haben, kurz, heftig, Blitzüberfall. Alles andere ist reiner Stress. Nachgewiesenermaßen bilden sich bei vielen Männern Stresspegel wie sie sonst nur von Kampfpiloten im Einsatz oder Polizisten bei einer Demo her bekannt sind; und das bereits, wenn Normalmann Karstadt betritt. Im Kaufhaus fängt sein Herz an zu rasen. Er wird müde, unlustig, und will nur eins: Raus hier. Oder sich wenigstens schnell entscheiden, handeln, gewinnen, kaufen, Abmarsch. Das gilt nicht nur für Klamottenbummel, sondern auch für Supermärkte: Sobald Mann an der Kasse steht, schaltet sein Hormonhaushalt auf Alarm, alles in Kampfbereitschaft. Dummerweise ist nix zum Kampf da, er ist zum Warten verdammt. Das Resultat: Die Anfälligkeit für Herzkrankheiten steigt. Die Stresshormone, einst prima im Einsatz gegen Säbelzahn und Mammut, verlaufen im Sande. Besorgungen machen den Mann krank, denn ausgerechnet das männlichste aller Hormone, Testosteron, schwächt in Überfunktion die Immunabwehr.

Ähnlich wie beim Sex unterscheiden wir zwei Formen des Einkaufs: »Der Weg ist das Ziel« (sie) und »Das Ziel ist das Ziel, das schnell erreichte sogar das bessere« (er). Wir Frauen packen Klamotten an, riechen Düfte, betrachten Auslagen, und sind nach dreizehn Schuhgeschäften immer noch nicht erschöpft. Es ist das Gefühl, die Haptik, was zählt, wenn wir durch Regale flanieren, egal ob da Pullunder oder Papayas ausliegen.

Weil Männe da nicht mitzieht, weil er dafür von der Natur nicht ausersehen wurde, beginnen wir Frauen, uns zu beeilen. Und hassen ihn dafür, dass er uns so drängt, mit seinem langen Gesicht, seiner Art, zu allem und jedem »Ja! Toll!« zu sagen, auch wenn wir uns dämlich fühlen. Irgendwann streiten wir. Samstage in der City sind die Tage der Pärchen-Kleinkriege wie an Novembertagen die Selbstmordrate steigt. Der Einzelhandel bestätigt: Haltet den Mann fern von der Frau, sonst gehen wir pleite. Gebt ihm ein Sofa, was zu lesen oder am besten gleich was zu spielen, und er wird die Lady nicht an ihrem Kauferlebnis hindern. Baut Supermärkte so, dass keine Schlangen entstehen. Nicht zuviel Auswahl, Mann ist überfordert.

Doch das liegt nicht an der Ehe. Es liegt daran, dass Frauen mit ihrer fabelhaften Gehirnstruktur gefühlsmäßig voll in den Einkaufsprozess einsteigen und dabei auch noch rechnen und zählen können. Er kann nur rechnen.

Lassen Sie das mit dem Duo-Shopping am besten von vornherein. Und für die Besorgungen darf er alle zwei Wochen Geld auf den Tisch legen und später die Tüten aus dem Auto hochschleppen.

Gehen Sie mit der Freundin shoppen, das regt auch die Konjunktur an. Und falls Sie mal einen Mann auftun, der gern shoppen geht: Sie müssen nicht gleich heiraten. Machen Sie ihn zum besten Freund, denn er ist ein Einzelfall. Keine Regel.

Alle Frauen über 30 wollen Kinder

Stimmt es, dass alle Frauen über 30 ein Kind wollen? Nein. Es ist ganz anders. Und viel schlimmer. Sie ist sogar ernst, die Lage. Donnerstagabend in einer Singlebar mit dem angenehmen Männer-Frauen-Verhältnis 70 : 30, zupft mich eine Bekannte von einer Horde gutaussehender, flirtwilliger Thirtysomethings weg. »Lass mal,« meint sie bedeutungsschwanger, »die suchen was zum Heiraten, nicht für Zwischendurch.«

Ab Mitte 30 geht es bei den Männern mit der Zeugungsfähigkeit rapide bergab. Damit tickt die biologische Uhr offenbar schneller, als Forscher bislang vermutet hatten. Das ist zumindest das Ergebnis einer in der Fachzeitschrift *Human Reproduction* veröffentlichten neuen Studie: Bislang gingen die Forscher davon aus, dass die männliche Bio-Uhr erst ab 40 oder 50 langsam auf Panik dreht. Aber ist nicht: Kerle ab 30 bauen ab. Der Nestbautrieb setzt dann auch bei ihnen ein, und schon hammwa den Salat, dass junge Frauen Anfang, Mitte 20, gänzlich bindungsunwillig, frisch mit Gestagenplättchen unter der Oberarmhaut ausgestattet, auf künftige Windelpupser-Fans treffen. Männer mit Vaterschaftssehnsucht. Nix wie weg hier.

Dumm nur, wenn man auch der anderen Hälfte der Studie Glauben schenken mag. Auch bei Frauen machten die Wissenschaftler einen früheren Einbruch des Kinderwunsches aus: im Alter von 27 Jahren. Ab da nimmt die weibliche Fruchtbarkeit ab, was natürlich traurig für die Widerlegung der Mottenkiste ist, aber so ist das nun mal mit Vorurteilen: Sie müssen nicht immer ganz falsch sein.

Bislang wurde weitgehend angenommen, dass die Fruchtbarkeit bei Frauen durchschnittlich erst zwischen 30 und 35 mehr als deutlich nachlässt. Untersucht wurden in der jüngsten Studie 782 Paare aus ganz Europa. 433 Frauen wurden schwanger. Dabei war die Wahrscheinlichkeit einer Schwangerschaft schon bei Frauen zwischen 27 und 29 geringer als bei jenen zwischen 19 und 26. Kreisch! Die Schwangerschaftschancen nahmen bis 35 nicht weiter deutlich ab, dann verzeichneten die Wissenschaftler aber wie erwartet einen Knick. Insgesamt stellten die Mediziner eine doppelt so hohe Schwangerschaftswahrscheinlichkeit innerhalb eines Monats bei Frauen unter 26 gegenüber Frauen über 35 fest, wenn die Partner etwa gleich alt waren. Kommen Sie da noch mit?

Dies bedeute aber nicht, dass Frauen mit Ende 20 auf längere Sicht nicht ebenso wahrscheinlich schwanger würden, erklärte der Mediziner David Dunson vom US-Institut für Umweltgesundheitsforschung. »Was wir gefunden haben, war eine geringere Wahrscheinlichkeit, in einem Zyklus schwanger zu werden.« Ach so.

Und jetzt kommt der Casus, der uns zucken lässt – es liegt nämlich nicht an der Frau allein, die Sache mit Kind oder nicht Kind. Der Dottore sagte in seinen trockenen Ausführungen nämlich weiter: Dabei hingen die Chancen einer schnellen Schwangerschaft bei Frauen ab Mitte 30 stark vom Alter des Partners ab. Während eine Fünfunddreißigjährige mit einem gleichalten Partner der Studie zufolge noch zu 29 Prozent mit einer Schwangerschaft innerhalb einer Periode rechnen konnte, sank die Wahrscheinlichkeit bei einem fünf Jahre älteren Mann auf 18 Prozent ab. Ha! Damit ist klar: Entweder sucht er sich was Junges (eben die Mittzwanzigerinnen, die dann schreiend aus den Singlebars flüchten, weil sie sonst flugs vor den Altar und in den Kreißsaal gezergelt werden), oder er muss dreimal so oft ran, um ein Ergebnis zu erzielen. Und wir wissen ja alle, dass von häufigerem Kommen noch kein Spermium so richtig reif wird …

Anlass zur Sorge böten die Ergebnisse der neuen Studie jedoch nicht, betonte Chris Ford von der University of Bristol in Großbritannien. Auch dreißigjährige Frauen hätten noch keinen Grund, sich Gedanken zu machen.

Sondern vielmehr Männer … wer wollte also doch gleich so dringend Kinder? Doch, sie wollen Kinder. Dabei wollen sie aber nicht *nur* als potentieller Vater gesehen werden, sie wollen keine Partnerin, die von ihnen »NUR« Kinder haben will und das Reihenhaus in Norderstedt. Wenn er sich erst als Lover, als Held, als Mann beweisen darf und kann, dann ist die Kinderfrage für ihn weit mehr erwünscht als gefürchtet. Als Vatertier dagegen ist es für ihn so verlockend wie für Frauen das Etikett »Muttertier«.

Woran lassen sich potentielle Wunschväter denn erkennen? Die Wissenschaftler um Katharina Hirschenhauser vom Institut für angewandte Psychologie in Lissabon hatten Freiwillige gebeten, neunzig Tage lang den Testosteronspiegel anhand ihres Speichels zu messen. Zusätzlich sollten die Versuchsteilnehmer detailliert ihr Sexualleben dokumentieren. Alle Männer hatten über diese Zeit hinweg unterschiedliche Schwankungen im Testosteronspiegel. Doch bei Männern, die sich Nachwuchs *wünschten,* traf ein hoher Testosteronspiegel sehr viel häufiger auch mit intensiven sexuellen Aktivitäten zusammen. Fazit: Männer, die gerne Väter sein wollen, steigern unbewusst ihren T-Spiegel, das kurbelt die Spermienproduktion an, und das sorgt für mehr Reproduktionserfolg. Also, Vorsicht, Ladys, bei den Testosteron-Tieren: Der will nen strammen Max machen. Oder eine Maxine.

Aber zurück zu der Mär, dass alle Frauen über 30 Kinder haben wollen. Nach einer meiner beliebten persönlichem Umfragen, in die ich mit einem klaren provozierenden »Nein« hineinging, herrscht offenbar ein Unterschied zwischen Wollen und Bekommen. Während der europäische Gebärstreik potentieller Mütter die Geburtenraten so weit sinken lässt, dass die Wissenschaft davon ausgeht, wir seien gegen 2600 ausgestorben, ist das Wollen immer noch präsent. In Deutschland liegt die Rate gerade noch bei 1,4 bis 1,6 Kindern pro Elternpaar (ich will die 0,4 Kinder gern mal sehen), und in Staaten, in denen die katholische Kirche das Sagen hat, wie in Italien, liegt sie sogar nur bei 1,3. Tendenz: fallend. Einzig die skandinavischen Länder liegen über 2. Aber da kaufen auch Männer ein, der Staat stellt Krippen, und mehr als 50 Prozent der Regierung ist weiblich. Bingo.

Zurück zum Mutterwerdenwollen. Von zehn Frauen, denen gegenüber ich behauptete, selbst keine Kinder haben zu wollen, sagte nur eine: »Okay. Finde ich in Ordnung.« Sie selbst hatte keine. Die restlichen neun, zwischen 22 und 53 Jahre jung, waren, gelinde gesagt, verwirrt bis irritiert. Warum nicht, hieß es, und: Du wärst doch eine prima Mama, und als Autorin wäre das doch auch zu wuppen. Alle neun Frauen wollten oder hatten bereits Kinder. Wollten sie? Oder wollten sie nur wollen, weil es sich so gehört? Ist das ein tief verwurzelter Wunsch oder durch die jahrhundertelange »Kultur« der Gebärmaschinen zu einem Automatismus geworden? Um den Fortbestand der Menschheit zu sichern, muss da jede Frau Kinder bekommen? Hallo?

Es ist in unserer Gesellschaft, trotz der Unmöglichkeit, alles haben zu können (Kinder, Karriere, Kerl, Küche von Bulthaup), aber sehr wohl darauf hinzuarbeiten, offenbar eine unaussprechliche Alternative, keine Kinder haben zu wollen. Selbst wenn die Aussage nur für den Moment getroffen wird, der absoluten Wahrheit des Augenblicks unterworfen, ist sie offensichtlich irritierend.

Worüber definiert sich heute eine Frau? Manche über ihren Kerl. Schlimm genug. Manche über ihren Job. Finde ich okay, aber noch nicht sinnig. Eigentlich definiert sich eine Frau über ihr Sein, nicht ihr Tun, und das nicht mal als rein weibliches Wesen, sondern mit dem Animus in sich, ihren männlichen Seiten. Und doch – einer der wenigen, deutlichen Unterschiede ist immer noch: Wir gebären Kinder. Was passiert, wenn wir es nicht tun? Fühlen wir uns als verdorrter Strunk? Manche ja. Wir fühlen uns in der Verteidigungslinie. Und einige, die fühlen sich nicht mehr als Frau. Reduziert auf die Fähigkeit (oder Unfähigkeit) des Babybekommens. Selbstreduziert? Von anderen reduziert?

Fazit: Ja, viele Frauen wollen Kinder. Sie mögen die Vorstellung, Kinder zu haben. Aber nicht alle Frauen wollen Kinder, nicht jetzt, nicht morgen, nicht irgendwann, gar nicht. Könnte man das bitte genauso begreifen, anstatt es so als so skandalös zu betrachten wie einst die Forderung nach dem Wahlrecht? Danke. Bitte beweisen Sie mir, dass sich in den letzten dreißig Jahren etwas geändert hat, bitte auch die Töchter unserer Mütter. Solange Kinderwünsche oder Nicht-Wünsche nicht selbstverständlich genommen werden können, solange ist auch der Begriff »Frau« nicht so selbstverständlich, wie er sein sollte.

Und eins ist klar: Solange wir (Deutschen) in einem Staat leben, der Frauen mit Kindern in ihrer Karriere behindert und Männer mit Kindern zwingt, sich aus diesem Grund mehr dem Beruf als der Familie zu widmen, um die Kohle für drei zu erwirtschaften, so lange diffamiert man auch die Männer, die sich weniger in die Familie einbringen dürfen. So haben wir alle nichts davon und nur eine Sorge mehr auf der Liste schwieriger Entscheidungen.

PS: Kam gerade über den Ticker: In den USA haben sich die Kinderlosen angesichts der zunehmenden Diskriminierung zur »Bewegung der Kinderfreien« zusammengeschlossen.

Frauen sind nur eifersüchtig, wenn er sich verliebt

Es wird uns Frauen tatsächlich nachgesagt, dass wir einen Seitensprung eher verzeihen oder wegstecken, wenn es »nur Sex« war. Wohingegen Männer angeblich im Dreieck springen, wenn es »nur Sex« war, ach, hätte sie sich doch »nur verliebt«!

Nein, es ist nicht so, obwohl Wissenschaftler bis vor kurzem tatsächlich annahmen, Frauen litten unter emotionaler Untreue mehr als unter körperlicher, bei den Herren sei es umgekehrt. Doch dann nahmen sich zwei weibliche Forscherinnen dieses Themas an. Und stellten fest: Nein, Frauen reagieren auf emotionale Untreue nicht so heftig, wie unterstellt. Sie macht es wahnsinnig fuchsig, dass er mit einer anderen im Bett war. Und Männer? Die leiden bei beiden Tatsachen, nur bei sexueller Untreue deutlicher. Weil es zum Teil mit ungewollter, perfider Erregung einhergeht, sich seine Liebste in Aktion vorstellen zu müssen. Letztlich ist es also für beide, für Männer wie für Frauen, der Sex, der gnadenlos eifersüchtig macht und bei Aufdeckung eines Seitensprungs so sehr kränkt.

Zwar fragt die Frau: Liebst du sie? Um abzuchecken, ob er die Zukunft weiterhin mit ihr verbringen will. Doch dahinter steht nicht die Absicht, bei einem »Nein!« die Sexsache mal eben so wegzuschieben. Bilder drängen sich auf: Er und sie, sie!, die andere, jetzt küsst er mich mit diesem Mund, der sie geküsst hat, wer weiß wo, zwischen den Beinen, auf den Bauch, in ihr Haar, wie war sie, wie fühlt sie sich an, hat er noch die Wärme ihres Körpers unter seinen Handflächen, scheißverdammte! Das Bild wird nicht so leicht verdrängt. Egal ob er die Schlampe liebt oder nicht, es IST da.

Bei Männern ist es ähnlich: Vergleichsangst schnürt ihm die Brust zusammen. Gut, sie liebt ihn nicht, ABER SIE BEGEHRTE IHN! Nicht mich. Nicht mich. Nicht mich. – Noch ein Grund mehr, warum Männer weibliche Untreue ausblenden: aus Angst weniger begehrt zu sein.

Wenn Liebe wirklich die Hauptsache, Sex die Nebensache wäre, wären wir entspannter. Kann also nicht so ganz hinkommen, nicht wahr? Sex macht uns manchmal ganz schön verrückt. Vor allem, wenn er als Zeichen der Liebe gewertet wird.

Dabei ist doch klar: Monogamie fällt uns nicht in den Schoß. Sie ist eine tolle Idee, eine schützenswerte. Treue fällt den meisten zwar schwerer als Untreue, aber alle tun so, als wäre es andersherum normal. Statt dass es Leitfäden gibt: »Wie gehe ich mit Seitensprüngen meines Liebsten um?«, gibt es zahllose Ideen für richtiges Fremdgehen. Was mit der Seele aller Beteiligten passiert, scheint nicht weiter zu interessieren. Klar ist nur: Eine Abweichung vom Weg ist immer auch eine Chance, sich neu und nochmals bewusst füreinander zu entscheiden. Dinge aus der Beziehung auf den Tisch zu legen und als Auslöser zu enttarnen und zu ändern. Sich selbst zu entwickeln. Ein Seitensprung ist nicht immer das Ende; und wenn es doch eines ist, so folgt nach einem Ende immer ein Neuanfang.

Na schön. Aber Frauen sind doch immer eifersüchtig!

»Du hast sie angeschaut.« – »Hab ich nicht!« – »Doch, findest du sie schöner? Soll ich sie dir vorstellen? Geh doch gleich mit ihr ins Bett!« – »Wo gehst du hin? Wo warst du? Waren Frauen da? Hat sie einen Freund? Hat sie ihn schon lange? Liebst du mich noch?« – »Das Flittchen hat dich angestarrt, und du hast es dir gefallen lassen! Ich will gehen, jetzt! Wie sieht deine Sekretärin eigentlich aus?«

Kennen Sie das? Von sich, von ihr? Meinen Sie deshalb, Frauen seien grundsätzlich eifersüchtig, eifersüchtiger, IMMER eifersüchtig?

Laut einer repräsentativen Umfrage leiden drei Viertel der Deutschen an Eifersucht. Eifersucht kann zum bestimmenden Lebensinhalt werden. Zwanghafte Überprüfungsstrategien beschämen zwar die Betroffenen, lassen sich aber nicht beherrschen. Manche bleiben von der Arbeit fern, um vor dem Haus lauern zu können, schnüffeln an Kleidung, suchen nach fremden Haaren, inspizieren Handtaschen, Kalender und Müllsäcke nach Spuren. Ununterbrochen werden per Wiederholungstaste Telefonnummern recherchiert, was meist nur den einen Zweck hat, die oder den vermeintlich Untreue/n in Widersprüche zu verwickeln und so zu überführen. Der giftige Stachel der Eifersucht sticht sehr früh, bereits Kleinkinder reagieren heftig auf die geteilte Aufmerksamkeit der Mutter, wenn sich neue Geschwister zur Familie gesellen.

Aber: Die Fachwelt streitet darüber, ob Männer oder Frauen eifersüchtiger sind, erwiesen ist nur, dass eifersüchtige Frauen eher zur Depression neigen, Männer öfter zur Aggression. Doch wer tendiert eher zum Othello-Syndrom – also von der gesunden, bestätigenden Eifersucht zur krankhaften Wahnvorstellung?

Weibliche Eifersucht ist, evolutionsmäßig gesehen, ein Überlebens-Muss. Eifersucht als Kontrolle über die Spermaverteilung – macht er anderswo Kinder, kann er sich nicht um meine, unsere kümmern. Das ist sicher ein Punkt. Jedoch: Männer sind genauso eifersüchtig – Stichwort Vaterschaftsunsicherheit, Ego, »Besitz«. Schon der Verdacht der Untreue bewirkt eine erhöhte Spermienproduktion bei Männern. Die während des Geschlechtsverkehrs erzeugte Spermienzahl fällt um so höher aus, je stärker ein Mann an der Treue seiner Frau zweifelt.

Die evolutionäre Logik der männlichen Eifersucht ist leicht nachzuvollziehen: Ein Mann, der unwissentlich ein Kind großzieht, das ein anderer gezeugt hat, erleidet – evolutionär gesehen – einen hohen Schaden. Er hat sich um den Nachwuchs eines anderen bemüht und dadurch seinen eigenen Genen die Möglichkeit der Fortpflanzung genommen. Folglich sorgen sich Männer stärker darum, ob ihre Frau mit einem anderen Mann geschlafen hat, während Frauen mehr an der ungeteilten Aufmerksamkeit und Zuneigung des Mannes interessiert sind, um nicht den Zugang zu seinen »Ressourcen« wie Geld, Status und Schutz vor anderen Männern zu verlieren. Batsch! Zehn Minuspunkte, Männer sind eifersüchtiger. Frauen holen durch Eifersucht Bestätigung ein, die Männer ihnen aus verschiedenen Gründen nicht geben (das berühmte Thema: Was Männer sagen würden, wenn sie über Gefühle reden könnten). Auch das ist sicher ein Punkt. Aber: Männer stehen hinsichtlich ihrer Sexualität unter Leistungsdruck, und die sexuelle Untreue der Frau signalisiert ihnen, dass sie nicht genügend »geleistet« haben. Frauen hingegen beurteilen die emotionale Untreue des Partners als eigenes Versagen in der Beziehung.

Fazit: Frauen und Männer drücken ihre Eifersucht sehr unterschiedlich aus. Männer neigen dazu, ihre Eifersucht zu leugnen, und versuchen, einen Ausgleich für ihr beschädigtes Selbstwertgefühl zu schaffen. Sie sehen die Ursachen primär in äußeren Bedingungen wie einem Rivalen. Frauen dagegen neigen dazu, die Ursachen bei sich zu suchen und entwickeln Schuldgefühle. Dementsprechend gehen Frauen auch anders mit ihrer Eifersucht um: Sie versuchen, die Beziehung zum Partner zu verbessern.

PS: Eifersucht aus der Welt zu schaffen ist weder möglich noch sinnvoll. Ganz abgesehen davon sind nur Menschen mit einem übersteigerten Selbstwertgefühl sich ihres Beziehungspartners völlig sicher.

Die braucht's doch mal so richtig ...

»Die braucht's doch mal so richtig«, sagt der Mann am Stammtisch, als er einer Frau hinterhersieht, die ihn gerade zickenmäßig abgekanzelt hat. Manche Männer glauben, sie könnten durch einen Koitus eine Frau »wachrütteln«. Sogar manche Frauen meinen, wenn eine ihrer Geschlechtsgenossinnen übellaunig und ziegig ist, dass sie nur mal wieder einen Stecher bräuchte. Tja. Messen wir der Sexualität durch solche eindimensionalen Sprüche doch mehr Macht bei, als es das verkopfte Wesen in uns wahrhaben möchte? Geht's um dominanten, brutalen Sex, der wieder auf Spur bringt? Oder was??!

Ach was. Es ist nur eine Vereinfachung. Anstatt sich damit zu beschäftigen, was in dem Menschen vor sich geht, wählen wir alle, ohne Unterschied, den Weg der Aburteilung ihres Sexuallebens, frei nach dem Motto: Wer keins hat, ist unleidlich. So können wir uns gleichzeitig über denjenigen erheben. Bei Männern kommt noch eine skurrile Rachevorstellung hinzu: »Wenn sie mir erst mal dankbar wäre für den Sex, wäre sie lieb, und dann würde ich sie so behandeln wie sie mich gerade behandelt hat.« Ist dumm, ja, aber was gibt es nicht alles für merkwürdige menschliche Regungen?!

Abgesehen davon entspannt Sex tatsächlich ungemein. Hilft auch bei schlechter Laune, nachweisbar, und gegen Kopfweh und jünger ausschauen tut man auch. Aber das meinen die Leute mit diesen Sprüchen leider nicht.

An der Nase eines Mannes ...

Schön wäre es ja, wenn man an der Nase eines Mannes tatsächlich seinen Johannes erkennen könnte. Mann, Mann, hätte ich ein Glück! Wenn ich mir Hans so ansehe ... aber, nein. Sehen Sie sich im Zweifel seine Füße an. Und seine Hände. Ganz abgesehen davon werden Sie eh erst im ausgefahrenen Zustand wissen, was Sie an ihm haben – ich erinnere bei dieser Gelegenheit an die Blut- und Fleischpenisse und die Frage, warum Männer mit dem Schwanz denken, sobald er steht (siehe S. 107 ff.).

Na gut, einen Tip habe ich: Achten Sie auf sehr schlanke Männer, sehnig gebaute, mit schlanken, aber großen Händen. Da könnte was Längerfristiges dabei sein.

Männer mit Glatze sind potenter (oder gar bessere Liebhaber)

Haarausfall. Das Samson-Syndrom schlägt zu, Mann fühlt sich unmännlich und bittet seine männlichen Kollegen aus der Wissenschaft, rasch ein möglichst logisch klingendes Gerücht zu streuen: Männer mit Glatze sind potenter als andere. Die These lautete bisher, dass eine Überproduktion an Testosteron, das männlichste aller Männerhormone, für Haarausfall sorge. Ergo: Glatze, Monster-TT im Leib, Super-Liebhaber.

Nein. Haarausfall beruht unter anderem auf einer allergischen Empfindlichkeit der Haarwurzeln auf Testosteron, das T-Level der Glatzen ist nicht höher als das der Samsons. Sorry, Yul, Bruce, Klaus: Denkt euch was Neues aus.

Wo geht's hier zum G-Punkt?

Falls Sie mal den männlichen suchen wollen: Er befindet sich in seinem Hintern. Der weibliche soll, nach Gräfenberg, angeblich hier zu finden sein: Man nehme den Zeigefinger, plaziere ihn hinein und krümme ihn dann mit einer »Komm her«-Bewegung; an der oberen Scheideninnenwand soll er denn nu sein, der Punkt aller Punkte, der das Vorspiel und Nachspiel und überhaupt alles ersetzt. Auch a tergo soll er prima kommen, der G-Spot. So lautet der jedenfalls der Plan.

Die G-Zone befindet sich in einer Entfernung von etwa vier bis fünf Zentimetern vom Scheideneingang hinter der Scheidenvorderwand. Sie liegt nicht direkt in der Scheidenwand, sondern dahinter in der Nähe der Harnröhre. Die weibliche Harnröhre ist von einem Gewebe umgeben, das bei Erregung – ähnlich dem männlichen Penis – anschwellen und hart werden kann. Zusätzliche Drüsen lassen den Vergleich mit der männlichen Prostata zu. Deswegen der Hinweis auf den männlichen Hintern. Es heißt, dass der Druck auf den G-Punkt oder dessen Stimulation bei Gebärenden zu einer Erhöhung der Schmerzschwelle führt. Das beruht darauf, dass die Reizung der G-Zone zur Ausschüttung körpereigener Schmerzmittel – sogenannter Endorphine – führt. Führen soll. Könnte. Ja.

Feierliche Verkündung: Bei manchen Frauen bringt das was. Bei den meisten überhaupt nichts. Manche spüren nur Druck, die nächsten Unwohlsein, die übernächsten Erregung, andere Harndrang, aber bitte bestimmt nicht so, dass sie von multiplen Orgasmen überrollt werden.

Es gibt keinen Orgasmus auf G-Knopfdruck. Verlockend wär's ja, aber: Nein. Und wo wir gerade dabei sind, mit Mythen aufzuräumen, die teilweise noch aus der »sexuellen Revolution« der sechziger Jahre und aus Männerköpfen stammen: Es gibt keine Orgasmusgarantie. Es erreichen sowieso »nur« ein Drittel aller Frauen beim GV einen Höhepunkt, dagegen drei Viertel regelmäßig beim Masturbieren. Ihnen ist allen eins gemeinsam: Die Klitoris ist immer Hauptfaktor, egal ob allein oder zu zweit. Vaginal, klitoral – alles Müll, vor allem schon die Bewertung! Es gibt nicht den erwachsenen, weil vaginalen Orgasmus. Nein. Es gibt ihn nicht. Die Klitoris, das wunderbare Gewächs, ist ein weitverzweigtes, wunderbares Teilchen, das tief in den Unterleib hineinreicht und mit vielen Nerven verbunden ist, innerlich wie äußerlich.

Und was machen wir? Stochern nach Mister Super-G, finden ihn nicht oder nur mittelprächtig aufregend, fühlen uns unvollkommen und nicken dennoch, wenn alle davon reden. Schluss mit Nicknick. Suchen Sie nicht. Finden Sie andere, individuelle Spots, wir sind hier ja nicht im Leistungscamp.

»Na, kriegst du deine Tage?« Über die Gleichung Frau + Blut = launisch

Frau ist mit irgendwas nicht einverstanden, was Männe sagt. Männe daraufhin (genervt): »O Mann, kriegst du deine Tage oder was?«, als ob das alles entschuldigen, erklären, aber leider auch abwerten würde (»Sie hat oder bekommt ihre Tage« soll bedeuten, dass sie nicht ganz zurechnungsfähig sei).

Also: Wir bluten. Einmal im Monat. Hormone, chemische Prozesse machen's möglich, Gewebe macht sich dünne, wir verlieren etwas von uns, da bleibt ein Einfluss auf die Psyche nicht aus, weder vorher noch nachher. Eisenmangel. Blutverlust. Kreislaufschwankungen. Wir wissen alle, wie die Werbung für Tampons abläuft: Die Verdrängung wird zum Exzess getrieben, frau sieht, riecht, spürt *nichts* mehr oder sollte nichts sehen, riechen, spüren, um »normal« zu sein. Normal ist das nicht. Eine psychoanalytische These lautet: Was verdrängt wird, wandert ins Unterbewusste und schlägt von dort verzerrt zurück. Gibt es darum das prämenstruelle Syndrom mit Wutanfällen und schlechter Laune? Klar ist: Wir sind nie gleich, bei keiner Periode immer weinerlich oder unausstehlich, also ist ein Pauschalurteil nicht möglich.

Frauen, die an prämenstruellen Beschwerden »leiden« (obwohl es völlig normal ist, kein Leiden, Himmelherrgott; in den USA gelten die hundert oder mehr Symptome von PMS als Krankheitsbild, wie krank ist das denn, müssen wir wirklich alles nachjaulen, was aus Amerika kommt?), haben kurz vor der Periode zu große Mengen des Hormons Prolaktin im Blut. Genau dieser hohe Prolaktinspiegel ist es, der die Hormonbalance durcheinanderbringt und Symptome wie Stimmungsschwankungen, Brustschmerzen & Co. auslöst.

Eigentlich ist die Mensis ein politisches Ding, ein immer wiederkehrendes Argument, um Frauen ein wenig die Luft aus den verbalen Segeln zu nehmen oder sich ihre Empfindlichkeit, angebliche Launenhaftigkeit, ihr Anlehnungsbedürfnis, ihre Hysterie, Weinerlichkeit oder sonstwas zu erklären. In Ermangelung logischer Wahrnehmungen werden sämtliche Begleiterscheinungen, die sogenannten PMS (prä-menstrualen Syndrome), auf die Mense geschoben. Interessanterweise hat eine Frau in New York sich mal erlaubt, Fragebögen mit diesen ach so typischen PMS-Dingens zu verteilen, ohne zu sagen, dass es sich um PMS-Symptome handelt. An Männer. Dem PMS werden rund hundertfünfzig Symptome zugeordnet. Die Männer berichteten sogar von mehr Beschwerden als die Frauen! Demnach müssten Männer ständig arbeitsunfähig sein.

Also. Eine Frau kann auch ohne Vorperiodenzeit zickig sein. Ein Mann, der seine Frau so wertlos angranzt, dass sie doch wohl »nur« ihre Tage bekäme, sei hiermit freundlich gebeten, das zu unterlassen. Es verletzt und ist nicht mal der Weisheit letzter Schluss.

Männer gucken nur nach schönen Frauen

Falls Sie es noch nicht wussten: Bloße Schönheit hat einen Hang zu Unauffälligkeit. Symmetrische Gesichter, symmetrische Körperformen, all das, was heute so angestrebt ist, hat einen entschiedenen Nachteil: Es macht beliebig und auswechselbar. An wen erinnern Sie sich zum Beispiel, wenn Sie jetzt an Models denken? An die kleine dünne Kate Moss, an Naomi Campbell mit den großen Lippen, an Cindy mit dem Muttermal, an Linda Evangelista wegen ihres Blicks?

Hallo! Und da draußen laufen zirka zwanzigtausend Models rum, alle gleich schön, alle gleich leicht zu schminken und zurechtzumachen, alle gleich dünn. Und doch: Nichts fällt einem an ihnen auf, nur das Besondere, der Bruch in der Symmetrie, der bleibt hängen. Hinzu kommt, dass erstens auch jeder Mann einem inneren Wertesystem der Anziehung unterliegt, zweitens nach einem Spiegel seiner selbst sucht oder sich im totalen Gegensatz verliert, und sich letztlich damit weniger vom Schönen denn von dem für ihn AUFFÄLLIGEN den Kopf zum Hinterherschauen verdrehen lässt. So. Und zudem ist die Sache mit dem Gucken und Handeln ein fließender Prozess; aus Hinterherschauen wird frühestens dann Handeln, wenn Frau folgende Eigenschaften aufweist (ich liebe Wissenschaftler; die haben das alles mühsam zusammengetragen):

- Nicht zu schlanke Figur, deren Reize durch passende Kleidung und Schmuck nur teilweise enthüllt werden. Andeutung ist Trumpf.
- Blickkontakt und Lächeln.
- Sanfte, fließende Bewegungen und Gesten.
- Mischung aus selbstbewusstem Auftreten und Hilfsbedürftigkeit.

Sex ist Geschlechtsverkehr, oder?

Nein. Es geht auch ohne Koitus. Es geht auch ohne Erektion und erst recht ohne Ejakulation. Sex ist alles andere als Reinstecken. Warum das mal gesagt sein muss? Weil sich Männer wie Frauen unter Druck setzen. Manchmal gibt es nicht mal ein »Ziel« (Spermabäche, Ekstasegekreisch). Nur Nähe, Tiefe, Gefühl. Das ist Sex, mit vielen Facetten. Vorspiel ist Sex. Küssen, Petting, Ansehen, Anfassen. Das ist Sex. Ihn auf den Koitus zu reduzieren wäre ein Verlust.

Elf Spezialwünsche – Warum Männer sich einen Dreier wünschen und Frauen selten Fetischisten sind

Sie: »Hast du einen Fetisch?«
Er: »Nur dich, mein Schatz (und das Auto und den Job und Weizenbier).«

Devote Frauen, gemeine Männer?

Es geht das Gerücht, dass sowohl masochistische als auch sadistische Frauen (als griffige Äquivalente die Lustsklavin, die Zofe, die Domina, die Herrin) eine Erfindung seien, Männerphantasie. Es gebe so was bei Frauen nicht.

Stimmt nicht. Die sexuellen Untiefen der Frauen sind weitgehend unerforscht. Hier und da traute sich mal einer, meist ein Mann, und behauptete Sachen wie: »Frauen wollen Zärtlichkeit. Sie masturbieren nicht. Sie sind nicht von Natur aus nicht von Gewalt zu beeindrucken, weder passiv noch aktiv.« Das war vor hundert Jahren. Man sollte meinen, inzwischen sei was passiert. Die Ideologie der Gewaltfreiheit hat bewirkt, dass Spielarten des Sex ausgeblendet und auch in Form von gewollter Gewalt abgelehnt werden.

Andere unterstellen sogar, es sei typisch weiblich, masochistisch zu sein (sexuell befreit durch Bestrafung), oder es sei typisch für Machtmänner, sich verhauen zu lassen; quasi ein Fehlgriff der Natur. Quatschkram. Das ist alles nur eine weitere Form des Versuchs, Geschlechter in Normen zu kleiden. Wenn man nicht weiterweiß, verfährt man einfach nach der Formel: Mann, dominant, Gewalt, Sadist; Frau, Besitzgier, unterlegen, Masochistin. Grusel.

Natürlich, wir werden geradezu überschüttet mit Berichten über die S/M-Szene und über Fetische. Angeblich gehört Bondage light mittlerweile zu jedem besseren Haushaltssex dazu. Und doch – die Seelen hinter diesen oft reißerisch und einseitig dargestellten Lüsten zu betrachten, davor scheut sich der Mensch. Vor Abstufungen sowieso. Lieber schnell ein paar Schubladen aufmachen und alles reinpacken. Oder wussten Sie, dass S/M überhaupt nicht auf Schmerzen besteht? Dass Unterwerfung oder Dominanz durch Worte passiert, durch Rollenspiele, Fesseln, Techniken, durch Spiele mit Kleidung, Elementen, die prickeln, aber nicht verletzen, und dass dazu keineswegs immer Schmerz oder Leder eingesetzt werden?

Freud wies bereits 1905 in seinen *Drei Abhandlungen zur Sexualtheorie* darauf hin, dass Sadismus und Masochismus zwei Seiten der gleichen Perversion sind, deren aktive und passive Form sich in veränderlichen Proportionen beim gleichen Individuum finden. Dumm nur: Bei seinen Befragungen fragte auch er nur Männer. Witzbold.

Nichts ist typisch männlich oder weiblich, wenn es um die Spielarten von Bondage, Discipline, Sado, Maso, Submission (BDSM) geht. In dieser Welt, die eine Art Erweiterung der gängigen Sexualität ist (ich sage deshalb »gängig« und nicht »normal«, weil normal eine gesellschaftliche, anerzogene Haltung ist und vor allem flexibel), gelten mehr Regeln als bei dem »Vanilla-Sex« der »Stinos« (Stinknormalen), die die körperliche wie seelische Gesundheit, Sicherheit, Würde und Zustimmung umfassen, Grenzen beachten und wenig dem Zufall überlässen. Klar ist: S/M-Betreiber, gleich welcher Form, sind weder zwingend krank, noch wird ihr Liebesleben eskalieren; und S/M-Kandidaten sind nicht gewaltbereiter, im Gegenteil, es törnt sie nicht mal an, wenn der andere keinen Spaß hat (anders ist es bei Vergewaltigern). Und was wichtig ist: Sie sind nicht typisch Mann oder Frau. Hier werden die Unterschiede zwischen den Geschlechtern immer kleiner. Ich kann Ihnen nur empfehlen, im Internet mal einen Blick auf *datenschlag.org* oder *schlagzeilen.com* zu werfen, anstatt sich von den Kabelsendern mit irrigem Müll zuwerfen zu lassen. Echt jetzt, weg mit den Denkverboten und dem Nachplappern der Verachtung!

Zeigt her Eure Sch… – männlicher Exhibitionismus

Paragraph 183, Strafgesetzbuch, Absatz 5. Da steht es. Der Täter (von exhibitionistischen Handlungen und Straftaten) kann nur ein Mann sein.

Frauen werden einfach ausgeklammert. So schlecht ist das ja nun nicht, wir könnten jetzt in die Parks und Seniorenheimstiftegartenlandschaften laufen, mit nichts außer Chanel Nr. 5 unterm Mantel, und »Ha! Bu!« rufen. Oder wir zeigen unseren Hintern, der nachweislich noch am häufigsten angestarrt wird, wenn wir es angeblich nicht merken. Prima. Mantel auf, bücken, bu. Sieht man jetzt ja auch schon nett in Hiphop- und anderen Videos, wenn Frauen mit einem Hintern an der Grenze zur Verkaufsauslage (herzliche Grüße an Christina Aguilera) ihre Teile schmeißen, aber gut, das ist Show, kein Drang.

Machen wir aber nicht. Flitzen, ja, vielleicht, aber so vereinzelt und ungeschlechtsspezifisch, das gilt nur politisch, nicht sexuell orientiert.

Flasher sind meist männlich, und sie brüskieren oder wollen zumindest schockieren durch die eindeutige Genitalpräsentation. Wir kennen das aus einer beliebigen Bar, wenn sich ein Kerl breitbeinig hinhockt, nur mit dem Unterschied, dass Shorts und Bundfaltenhose die Sache gnädig überdecken. Hier schreitet der Staat nicht ein. Genausowenig wie bei Exhibitionismus auf GEZ-Gebühren im TV, wo wir auch mehr sehen, als uns lieb ist.

Was treibt aber den Mann zur Selbstentblößung? Wieso nimmt er in Kauf, dass eine Frau ohnmächtig wird – vor Lachen, besonders wenn's kalt ist? Legen wir ihm doch für seine Darbietung das nächste Mal 50 Cent hin, vielleicht freut ihn das …

Okay, ohne Kichern. Er verletzt unsere Schamhaftigkeit. Es törnt ihn an. Er will Aufmerksamkeit (wie einst als Dreijähriger: Guck mal, Schniedel, Applaus). Er will Sex auf Distanz, ungefährlich für die Seele und ohne Versprechungen. Er leidet auch an diesen Anfällen. Der Trench-Opener ist immer ein Er. Er muss sich vergewissern, dass jemand, eine Frau, auf seine Männlichkeit reagiert, und leitet daraus erst die Existenz seines Mannseins ab. Er demonstriert Stärke, die er nicht hat. Er reflektiert sich nicht selbst, sondern sucht die Spiegel in den Reaktionen fremder Menschen, macht sich also quasi von deren Reaktionen abhängig. Ein Flasher kann nur mit Ignorieren mehr gedemütigt werden als mit dem Ruf nach der Polizei.

In 99 Prozent der Fälle ist es ein Er. Frauen brauchen sich nicht zur Schau zu stellen, wir werden eh angesprochen.

Spanner!

Es sind meistens Jungs, die durchs Schlüsselloch starren und der Schwester vom Kumpel beim Baden zusehen. Jedenfalls wenn man den Filmen glauben darf, und sind Filme nicht angeblich eine konzentrierte Wiedergabe des Lebens? Bis heute wurden in Hollywood zirka tausend Filme produziert, die sich mit Voyeurismus beschäftigen. Die auftretenden Spanner / Zuseher sind Perverse, Vergewaltiger und Mörder, Detektive und Spione, Fotoreporter und Kameramänner. Oft verschwimmen in den Filmen dieses Genres die Grenzen zwischen den verschiedenen Rollen, so dass die auftretenden Fotoreporter und Kameramänner zu zwielichtigen Gestalten werden, die einen gesellschaftlich anerkannten Weg gefunden haben, ihre Perversion profitabel auszuleben. Wohlgemerkt: Männer! Zwar hat der weibliche Blick im Kino der letzten Jahre an Raum gewonnen, doch der typische Voyeur ist nach wie vor – im Kino wie im Leben – ein Mann, der mit seinen Blicken Frauen nachstellt.

Was aber ist Voyeurismus? Die Fachhochschule Lübeck definiert es so: »Wiederholt auftretender oder ständiger Drang, anderen Menschen bei sexuellen Aktivitäten oder Intimitäten wie zum Beispiel beim Entkleiden, zuzusehen. Dies passiert in der Regel heimlich und führt zu sexueller Erregung und Masturbation.« Und *Medicine Worldwide* schreibt: »Unter Voyeurismus versteht man die Tatsache, dass sich Menschen beim Betrachten der Sexualität oder Nacktheit anderer Lust, Freude oder Befriedigung verschaffen. Voyeurismus gibt es aber auch außerhalb der Sexualität, so zum Beispiel bei Unfällen, Naturkatastrophen und ähnlichem.« Ah! Katastrophentouristen! Und weiter: »In der Sexualität ist Voyeurismus ein kaum eindeutig zu definierender Begriff. Das intensive Betrachten des (der) Partners(in), das Betrachten erotischer Bilder, zum Beispiel in Zeitschriften, sowie von Filmen oder TV-Sendungen gilt als normales Tun und ist gesellschaftlich voll akzeptiert. Das Betrachten von Nackten auf FKK-Geländen, zum Beispiel mit Ferngläsern, beginnt fragwürdig zu werden, obwohl niemand dadurch einen Schaden hat. Und was ist dagegen einzuwenden, wenn Menschen anderen bei der Sexualität zuschauen? Und wo liegt das Verwerfliche, wenn Befriedigung dadurch erreicht wird, dass dem eigenen Partner mit dessen Wissen und / oder Wollen beim Sex zugesehen wird? Solange bei den Betroffenen kein Leidensdruck besteht und die Rechte anderer nicht verletzt werden, kann Voyeurismus als eine legitime Spielart menschlicher Sexualität angesehen werden. Wie vielfältig derartige Praktiken sind und wie schwer eine Beurteilung fällt, zeigt sich darin, dass in einigen Regionen Deutschlands, wie zum Beispiel in Bayern, das Fensterln bis heute als akzeptiertes Brauchtum gilt.« Fensterln?! Uii, die Bayern.

Dazu muss man sagen: Damit eine Belästigung der Menschen verhindert oder so weit wie möglich vermieden werden kann, gibt es im Baurecht zahlreiche Bestimmungen über Mindestabstände von Häusern sowie die Größe und Anordnung von Fenstern. Und das nicht wegen Feuergefahr.

Der Voyeur (französisch für »Zuschauer«) ist nicht allein Schau-

Lustiger, sondern zieht geschlechtliche Befriedigung (und nicht nur Appetit) aus seinem Tun. Die Psychologie sieht das als Verhaltensstörung an: Eigene Sexualkontakte werden dann aus Mangel an Selbstbewusstsein oder anderen seelischen Blockaden heraus in der Regel vermieden. Voyeurismus ist also ein Ersatzverhalten für eine aufgrund von Blockaden nicht auslebbare Sexualität. In der Praxis handelt es sich um ein Phänomen, das ausschließlich Männer und männliche Jugendliche betrifft. Die Betroffenen fühlen sich oft schwach, gehemmt, Minderwertigkeitskomplexe spielen eine große Rolle.

Tatsächlich sind leicht voyeuristische Verhaltensweisen jedoch bei fast jedem Menschen zu beobachten, so dass nicht automatisch von Sucht oder Krankhaftigkeit gesprochen werden kann. Die Grenzen sind vielmehr fließend, da auch »normale« Männer wie Frauen durch die Beobachtung nackter Körper oder sich liebender Paare erregt werden. Bei einer normal entwickelten Sexualität *kann* dies erregend wirken, bei echtem Voyeurismus jedoch ist es *zwingend notwendig* zur Erregung.

Lass mich dein Fetisch sein …

Besitzen Sie einen Glücksbringer? Gibt es ein Paar Schuhe, das Sie lieben? Riechen Sie am Shirt Ihres Liebsten, am Slip Ihrer Herzdame? Lieben Sie Ihr Auto? Sind Sie stolz auf Ihre Brille? Rauchen Sie nur eine bestimmte Zigarettenmarke? Würden Sie nur Cola trinken, aber niemals Pepsi?

Alles kleine Fetische. In den Populärmedien wird längst mit Fetischelementen gespielt, nur wird es da verkauft als »Wanna haves« oder »Must haves«, von der Mode über Parfüm bis zum Wäschestück: Ohne das geht's nicht. Was auch immer dann nicht geht. Nur wird dann wieder die scharfe Grenze gezogen: ECHTER Fetischismus sei ja bähbäh. Dabei gibt's zwischen Mögen und Brauchen noch einige Abstufungen, und es sind NICHT allein Männer, die Stiefel und Lederbustiers zu »Mini-Fetischen« machen.

Es gibt Frauen, die ohne das getragene Shirt ihres Liebsten auf dem Kissen nicht einschlafen. Es gibt Männer, die keinen hochkriegen, wenn ihre Liebste nicht Strümpfe und Militärstiefel anhat. Andere sind willenlos, wenn sie einen Pelz sehen, die nächsten, wenn sie einen bestimmten Duft erschnüffeln. Ich kenne Frauen, die sich von ihrem Lover abgewendet haben, weil er das Parfüm wechselte. Ich kenne Männer, die beim Anblick von Strapsen vor Lachen umkippen, während andere vor Lust in Ohnmacht fallen. Einige lieben das Geräusch reißender Strumpfhosen, andere den Geruch der Haut in der Pofalte, die nächsten werfen sich bei grauen Slips der Dame vor die Füße. Krank? Oder eine Erweiterung der Sexualität in das dunkle Land?

Die Sexualpsychologie versteht unter Fetischismus die Verhaltenstendenz, sich durch Gegenstände erregen zu lassen. Soweit, so ungefährlich. Oder gelten Dessous als Fetisch? Nein. Wenn sie kein restloser Ersatz oder unabdingbare Lustkrücke sind, dann nicht. Die harmlosen Fetische können unbesorgt in Ihre Lust eingebaut werden.

Die sprachlichen Wurzeln des Begriffs »Fetisch« kommen aus dem lateinischen Verb »facere« (machen) und dem portugiesischen Wort »feitico« (Zauber). Bei Naturvölkern steht der Begriff für die Verehrung lebloser Gegenstände. Dort werden Fetische in religiösen Zusammenhängen oder in der Naturheilkunde benutzt. Der französische Psychologe Alfred Binet hat den Begriff Fetischismus angewendet, um die sexuelle Fixierung mancher Menschen auf Objekte zu erklären. Bestimmte Kleidungsstücke wie Stiefel, Handschuhe oder Pelzmäntel, heute vermehrt Kleidungsstücke aus Leder oder Gummi, können Objekte der Fixierung und damit Fetische sein.

Aha. Fixierung. Wenn der Gegenstand Ersatz wird für die sexuelle Beziehung, erst dann ist von »krankhaft« zu sprechen. Ich würde es als einsames, sehr einsames Vergnügen bezeichnen. Und das, die suchtähnliche Form, wiederum ereilt fast ausschließlich Männer. Einige, die verklemmt sind oder gerade erst beginnen mit der Suche nach Sexualität, sind vorübergehend davon betroffen, andere ein Leben lang. Diagnostische Leitlinien dabei: »Fetischismus soll nur dann diagnostiziert werden, wenn der Fetisch die wichtigste Quelle sexueller Erregung darstellt oder für die sexuelle Befriedigung unerlässlich ist. Fetischistische Phantasien sind häufig und stellen keine Störung dar, außer sie münden in Rituale aus, die so inakzeptabel werden, dass sie den Geschlechtsverkehr beeinträchtigen und für die Person zur Qual werden.«

In der Praxis heißt das: Solange der Fetisch zusätzlich und nicht anstatt Ihrer Person anturnt – wunderbar. Weitermachen!

Dreier und andere Kombinationen

Erst anlässlich einer Recherche zum Thema Swinger stieß ich darauf, dass mehr Männer als Frauen swingen – quasi die Absolution der Abwechslung – und dass Männer immer noch dem Dreier mit zwei Frauen hinterhergeiern. Auch wenn Mann da viel zu tun hätte. Es ist der Beweis der potenten Männlichkeit mit dem visuell erotischen Bild von zwei sich liebenden Frauen; ein angenehm erotisch anzusehender Tabubruch.

Was sagen Statistiken dazu? Jeder zweite Mann und jede dritte Frau zwischen 25 und 40 Jahren träumen von der Liebe zu dritt; von diesen träumen wiederum über 70 Prozent der Frauen von zwei Männern und einer Frau, über 80 Prozent der Männer von zwei Frauen und einem Mann. Aha. TRÄUMEN. Damit ist die »Ménage à trois« zwar ein Longseller der sexuellen Phantasien, bleibt jedoch für viele ein Traum. Denn nur 6 Prozent der Frauen und 13 Prozent der Männer haben bereits einen Dreier in die Tat umgesetzt. Zu groß sind die Ängste, dass eine bestehende Beziehung daran zerbrechen könnte, oder auch vor dem sexuellen Kontakt mit dem eigenen

Geschlecht. Für die einen ist es ein Reizfaktor, für die anderen eine Hemmschwelle.

Fazit: Es ist mehr die Bestätigung männlicher Potenz, von einem Dreier zu träumen. Und bei Frauen? »Mindestens einer wird sich schon um mich kümmern«, gibt Silke zu. »Das Vorspiel könnte besser sein, vier Hände, hui!« träumt Isa vor sich hin, »Endlich Sandwich«, sagt Jana. Und was mir das sagt: Wir Frauen sind schon wieder auf dem Gefühlstrip.

Nachwort Was wäre, wenn wir alle gleich wären?

Ach, was wär das schön: Wären Mann und Frau sich doch gleich oder wenigstens ähnlicher, würden sie einander viel besser verstehen! Es gäbe weniger Streits, jeder könnte sich in jeden einfühlen, alle wollten immer dasselbe, und keine Ratgeber würden mehr die Regale verstopfen und die Hirne gleich dazu.

Ach, wie wär das furchtbar. Denn gerade die Unterschiedlichkeit ist es, die uns davon abhält, uns umzubringen. Gerade das komplementäre Verhalten macht aus zweien eins, egal ob Mann oder Frau.

Denn, so meinten Verhaltensbiologen, als sie sich mal wieder in Münster trafen, um ihre Ergebnisse auszutauschen und zu zerpflücken, gäbe es nur Zwitter auf der Welt, würde es keinen Deut friedlicher zugehen. Da sind sie sich mit ihren Kollegen aus der ganzen Welt so was von einig, dass sich Ratgebertanten keine Sorgen zu machen brauchen. Eher das Gegenteil sei der Fall: Forschungen an zwittrigen Tieren wie Regenwürmern, Wattwürmern und Schnecken hätten ergeben, dass diese extrem brutale Paarungsmechanismen entwickeln, hieß es. »Unter Zwittern gibt es Paare, die sich halb abschlachten«, meint zum Beispiel Nico Michiels.

Gut, das sind Schnecken, denken Sie jetzt, aber, hey, auch wenn wir zu 80 Prozent dieselbe DNS wie ein Fadenwurm haben, so sind wir doch … anders. Menschen eben. Die Wesen mit Hoffnung und Seele und so.

Horchen wir mal weiter: Zwitter seien deswegen brutaler, weil sie gleiche Interessen hätten, erklärte Michiels. Daraus lasse sich für getrenntgeschlechtliche Konstellationen ableiten, dass trotz der leicht unterschiedlichen Interessen weniger extreme Konflikte entstünden.

Mit seiner Forschung zu Konfliktfragen im Verhältnis von Mann und Frau steht Michiels nicht allein: Die dreitägige Konferenz in Münster beschäftigte sich vor allem mit dem Thema Konflikt und

Konfliktlösung. Eben genau damit, was wir aneinander faszinierend finden. Die Unterschiede bringen uns zusammen, ohne sie wäre das Leben grau und leer.

So lange wir nur ahnen, was im anderen vorgeht, und es immer wieder herausfinden wollen, um einander zu begreifen – so lange gehen wir auch behutsamer miteinander um. Suche und Gesucht-Werden ergänzen sich, das gegenseitige Sich-Öffnen ist der Begleiter von Verlieben und Liebe. Wer sich in den Gegesätzlichkeiten öffnet und Geheimnisse offenbart, erst dem gelingt Symbiose. Die Unterschiede zu entdecken holft, dass Sie als Partner in Ihrer gemeinsamen Entwicklung nicht stehenbleiben. Es lebe der Unterschied!

Literaturhinweise

Margot Anand: *Tantra oder die Kunst der sexuellen Ekstase,* München 1995

Nobuyoshi Araki: *Tokyo Lucky Hole,* Köln 1997

Nobuyoshi Araki: *Shijyo Tokyo. Markt der Gefühle,* Zürich 1998

Isabelle Azoulay: *Phantastische Abgründe. Gewalt in der sexuellen Phantasie von Frauen,* Frankfurt a. M. 1996

Dr. Gloria Brame: *Come Hither. A Commonsense Guide to Kinky Sex,* New York 2000

Susie Bright / Laura Meritt: *Best of Susie Sexpert,* Berlin 2001

Sabine Erdmann / Wulf Schreiber: *Seitensprung ohne Risiko. Wie man erfolgreich fremdgeht, ohne erwischt zu werden,* Frankfurt a. M. 2002

Nancy Friday: *Befreiung zur Lust. Frauen und ihre sexuellen Phantasien,* München 1992

Ingrid Füller: *Eine Affäre in Ehren oder Warum Frauen Verhältnisse haben,* Reinbek 1994

Nina George: *Der Weg der Kriegerin. Die neuen Waffen der Frauen,* München 2003

Ruth Gogoll: *Taxi nach Paris. Eine Liebesgeschichte,* Tübingen 1996

John Gray: *Männer sind anders, Frauen auch. Männer sind vom Mars, Frauen von der Venus,* München 1998 (1992)

John Gray: *Mars, Venus und Eros. Männer lieben anders. Frauen auch,* München 1999

Klaus Heer: *Ehe, Sex und Liebesmüh. Eindeutige Dokumente aus dem Innersten der Zweisamkeit,* Zürich 1995

Klaus Heer: *WonneWorte. Lustvolle Entführung aus der sexuellen Sprachlosigkeit,* Reinbek 2002

Klaus Hurrelmann / Dieter Ulich: *Handbuch der Sozialisationsforschung,* Weinheim, 1998

Kerstin Jentzsch: *Zimmer Nr. 51,* Erfurt 2000

Tobsha Learner: *Quiver. Erotische Phantasien,* München 2000

Kathy Lette: *Drei sind ein tolles Paar,* München 2000

Michael Mary: *5 Lügen, die Liebe betreffend,* Hamburg 2001

William H. Masters / Virginia E. Johnson: *Liebe und Sexualität* Berlin 1993
William H. Masters / Virginia E. Johnson / Volkmar Sigusch: *Die sexuelle Reaktion,* Reinbek 1994
Julia Onken: *Die Kirschen in Nachbars Garten. Von den Ursachen fürs Fremdgehen und den Bedingungen fürs Daheimbleiben*, München 1999
Lou Paget: *Die perfekte Liebhaberin. Sextechniken, die ihn verrückt machen,* München 2000
Lou Paget: *Der perfekte Liebhaber. Sextechniken, die sie verrückt machen*, München 2001
Allan Pease / Barbara Pease: *Warum Männer nicht zuhören und Frauen schlecht einparken. Ganz natürliche Erklärungen für eigentlich unerklärliche Schwächen,* München 2000
Allan Pease / Barbara Pease: *Warum Männer lügen und Frauen dauernd Schuhe kaufen. Ganz natürliche Erklärungen für eigentlich unerklärliche Beziehungen,* München 2003
Pauline Réage: *Geschichte der O,* Paris 1954
Martina Rellin: *Ich habe einen Liebhaber. 20 Frauen erzählen von ihren Begegnungen mit dem ganz besonderen Mann*, Berlin 2001
Katharina Rutschky: *Emma und ihre Schwestern. Ausflüge in den real existierenden Feminismus*, München 1999
Leopold von Sacher-Masoch: *Venus im Pelz,* München 2003
Friedemann Schulz von Thun: *Miteinander reden 3. Das »innere Team« und situationsgerechte Kommunikation,* Reinbek 1998
Dietrich Schwanitz: *Männer. Eine Spezies wird besichtigt,* Frankfurt a. M. 2001
Elisa Streuli: »Alleinleben in verschiedenen Lebensphasen«, in: dies.: *Alleinleben in der Schweiz. Entwicklung, Verbreitung, Merkmale. Dissertation am Soziologischen Institut der Universität Zürich,* Zürich 2002
Roy Stuart: *Roy Stuart Bd. 1 – 3,* Köln 2000 / 2001 / 2002
Rachel Swift: *Wege zum weiblichen Orgasmus. Die Geschichte mit dem O,* München 2001
Christoph Thomann / Friedemann Schulz von Thun: *Klärungshilfe 1. Handbuch für Therapeuten, Gesprächshelfer und Moderatoren in schwierigen Gesprächen*, Reinbek 2003
Christiane Tramitz: *Irren ist männlich. Weibliche Körpersprache und ihre Wirkung auf Männer,* München 1993

Jürg Willi: *Was hält Paare zusammen? Der Prozess des Zusammenlebens in psycho-ölologischer Sicht,* Reinbeck 2002
Thomas Zaunschirm: *Kunst als Sündenfall. Die Tabuverletzungen des Jeff Koons,* Freiburg 1996